普通高等教育经管类专业"十三五"规划教材

信用管理

(第3版)

刘澄　张峰　主编

鲍新中　程翔　刘祥东　副主编

清华大学出版社

北　京

内 容 简 介

本书以实用性为主线,涵盖了信用管理领域的全部知识内容。全书共分七章,包括从信用理论到信用制度和信用监管,从信用风险计量技术到具体的企业信用、政府信用、个人信用、银行信用等管理制度。通过对信用管理知识体系简洁明晰的阐释,为读者提供了信用管理的全景概览。

本书具有阐述简明、知识体系完备等特点,便于组织教学,适用于高等院校信用管理、企业管理、会计、金融等相关专业的课程教学,同时也可供企业管理人员,尤其是信用管理人员培训和自学之用。

本书提供完整的教学课件,可从 http://www.tupwk.com.cn/downpage 网站免费下载。

图书在版编目(CIP)数据

信用管理 / 刘澄,张峰 主编. —3 版. —北京:清华大学出版社,2020.6(2024.8重印)
普通高等教育经管类专业"十三五"规划教材
ISBN 978-7-302-53425-9

Ⅰ. ①信… Ⅱ. ①刘… ②张… Ⅲ. ①信贷管理—高等学校—教材 Ⅳ. ①F830.51

中国版本图书馆 CIP 数据核字(2019)第 179417 号

责任编辑:崔 伟 马遥遥
封面设计:周晓亮
版式设计:思创景点
责任校对:牛艳敏
责任印制:杨 艳

出版发行:清华大学出版社
　　　网　　址:https://www.tup.com.cn, https://www.wqxuetang.com
　　　地　　址:北京清华大学学研大厦 A 座　　　邮　编:100084
　　　社 总 机:010-83470000　　　邮　购:010-62786544
　　　投稿与读者服务:010-62776969, c-service@tup.tsinghua.edu.cn
　　　质 量 反 馈:010-62772015, zhiliang@tup.tsinghua.edu.cn
印 装 者:北京嘉实印刷有限公司
经　　销:全国新华书店
开　　本:185mm×260mm　　　印　张:17.25　　　字　数:445 千字
版　　次:2010 年 3 月第 1 版　 2020 年 7 月第 3 版　　印　次:2024 年 8 月第 4 次印刷
定　　价:55.00 元

产品编号:083352-01

前　言

　　诚信——诚实守信，社会交往与经济活动中的道德规范和行为准则；信用——诚信精神与原则的应用，是为自己积累的重要社会资本。市场经济就是信用经济。一个民族不能缺乏信用观念；一个国家不能缺乏信用制度；一个社会不能缺乏信用体系；一个企业不能忽视信用管理；一个人不能忽视自己的信用生命！

　　信用缺失的危害性已经为全世界所认同，信用管理在发达国家已经成为新的社会管理制度。中国历来有诚实守信的传统，诚信在社会道德体系中扮演着至关重要的作用。但是，在当今社会，由于忽视信用教育，以及法律制度的不健全，毁信、乱信行为屡见不鲜，信用危机严重影响着社会经济秩序的正常运转，建立健全信用制度尤为重要并迫在眉睫。党中央、国务院高度重视信用建设，明确提出建设诚信社会、培育信用文化的具体要求。强化信用高等教育，加速信用人才培养首当其冲！有鉴于此，高等院校开设信用管理课程，乃至开设信用管理专业成为新的潮流。本书希望通过对信用管理知识全面、系统的介绍，为普及信用知识、提高信用从业人员信用管理能力尽微薄之力。

　　本书共分七章。导言部分通过具体的事例描述了信用的力量和失信的危害，强调了加强信用管理的重要性。第一章为信用管理概述，主要阐释了信用和信用管理的概念、信用分类、社会信用体系等内容。第二章集中介绍信用评级体系以及具体的信用风险计量方法，是全书的理论基础，以后各章凡涉及信用风险计量的部分不再重复讲述。第三章介绍企业信用管理，主要讲授企业信用管理制度，以及企业客户管理、赊销管理、应收账款管理的具体方法；本章对企业信用管理制度进行了比较详细的阐述，为节约篇幅，以后各章凡类似的信用管理制度不再详细阐述。第四章阐述政府信用管理，主要介绍政府信用管理体系和公债信用管理办法。第五章阐述个人消费信用管理，主要介绍消费信用分类和形式、消费信用管理内容、消费信用评级体系和个人信用报告等内容。第六章阐述银行信用管理，介绍了银行信用管理体系、银行信用产品、银行信用风险管理和授信管理制度。第七章阐述信用监管，介绍了信用监管制度、政府信用与个人信用监管、信用管理法律体系、信用监管配套体系等内容。

　　本书具有以下几点鲜明的特征。

　　(1) 实用性。本书在体系设计、内容取舍、行文方式等方面都试图突出实用、简洁的特色，便于实际应用。通过大量翔实流程阐述与案例分析引导学生快速掌握信用管理的精髓，便于教学的组织。

　　(2) 全面性。以实用性为主线，本书几乎涵盖了信用管理领域的全部内容。具体内容涵盖从信用理论到信用制度和信用监管，从信用风险计量技术到具体的企业信用、政府信用、个人信用、银行信用等管理制度。本书通过简洁明晰的阐释为学生提供了信用管理的全景概览。

（3）知识性。本书通过案例、专栏等形式为学生提供了大量信用领域的背景知识和实际应用，一方面可以激发学生的学习兴趣，另一方面为提高学生的分析解决问题能力提供相应的知识储备。

本书是在第 2 版内容的基础上，结合近年来的教学实践，历经 5 年修订而成。与上一版相比，本次修订比重约占 60%，增补了三分之一的案例，对相关章节的定义和阐述进行了精简；结合信用理论和实践的发展，重点修订了第一章、第三章、第五章到第七章的相关内容，使教材的逻辑性和实务性进一步增强。参与编写的有刘澄、张峰、鲍新中、程翔、刘祥东等，全书由刘澄定稿。

由于编者水平所限，文中错误和遗漏在所难免，恳请读者批评指正。

刘　澄

2020 年 5 月于北京

目　录

导 言
信用的力量

一、守信的力量

（一）诚信是中华民族的传统美德

中华民族历来倡导仁、义、礼、智、信，纵览先秦儒、法、道、墨、兵各家学说，无不肯定了"信"在治人、治兵、治国、治世方面的功用。墨家强调"志强智达，言信行果"；兵家认为将者必须具备"智、信、仁、勇、严"五德；道家的老子认为"信者，吾信之；不信者，吾亦信之，德信"；孔子一句"人而无信，不知其可也"更是表明，诚信是基本的社会行为规范。

秦末楚将季布，曾经使刘邦吃足了苦头，刘邦誓杀之以雪耻。后来，西楚霸王项羽战败自刎，刘邦重金悬赏捉拿季布。奇怪的是，虽有千金利诱，严刑威逼，人们仍然把季布保护起来，甚至还有胆大者到刘邦那里为季布求情。这是为什么呢？当时有句俗语："得黄金千两，不如得季布一诺。"季布因为讲信用，以守信而闻名天下，免得一死。

唐太宗李世民曾下令年龄不满18岁，但体格健壮的男子也要应征入伍。因为他认为，有些"奸民"会为逃避兵役而谎报年龄。谏臣魏征说："陛下常说自己以诚信待天下，要人民不可诈欺，可你心里却先失去诚信，所以才会疑心人民诈欺。"李世民深以为然，立即收回成命。

（二）诚信行为可以提高企业竞争力

诚信是企业家的生命，是企业最为宝贵的无形资产。真正的企业家十分重视维护自己的信誉。

中国企业在历史上就非常注重信用的培养。商人把关公的信义当作至关重要的商业信用、信条予以崇奉。

清朝晋商的票号遍布全国甚至海外，当时只要简单的手续钱就借出去了。辛亥革命时晋商的票号很多钱压在武汉的企业，企业因革命爆发无法还钱，票号为信守承诺，只好倾家荡产偿付给债权人。

同仁堂药店内的一副对联传达着他们的信念："品味虽贵，必不敢减物力；炮制虽繁，必不敢省人工。"正是靠着这份承诺，同仁堂历经 300 年风雨而不倒，从一家普通的家族药铺发展为国药第一品牌。

日本松下电器的创始人松下幸之助说过"偷税比破产更可耻"，决不为公司的利益去损害国家的利益，做一位诚实的企业经营者，充分体现了一个企业家的高尚品德。

南宋洪迈在《容斋随笔》中记述了陈策追骡的故事。陈策买到一头不能加鞍使用的骡子，不忍心把它转售给别人，便在野外的茅屋里养着，待其自灭。陈策的儿子与狡猾的经纪人商量后，磨破了骡子的脊背，炫耀这骡子能驮东西，成功地将它卖给过路人。陈策知道后，赶紧追上那位官人，把骡子不能加鞍使用的实情相告。对方却怀疑陈策舍不得卖这个骡子。没办法，陈策现场示范，结果骡子的脊骨高高的，一整天都加不上鞍子，官人这才感谢地退回了骡子。市民百姓对"信"信奉到这种程度，确实是宋朝人的骄傲。

信用管理是企业成功的助手。绝大多数企业在谈到"信用风险"这个话题时，都把责任推到社会，似乎企业无力改变现状。不能否认社会道德水平、经济秩序和社会信用制度的发展对防止"信用风险"的重要性，但是，对企业来讲，更重要的却是企业自身的信用管理水平。

企业在经营中，借助赊销行为可以达到节约资金、加快资金周转的目的。由于企业赊销比例的不同，经营中占用资金的比例必然差距悬殊。

据统计，美国企业赊销使用比率为90%，中国企业赊销使用比率为10%；与之形成鲜明反差的是，美国企业只占用10%的资金，而中国企业占用90%的资金。仅资金一项，中美两国企业差距巨大。以图0-1所示某企业使用赊销前后其销售额、利润率、流动现金、客户数量的数据为例，从中可以发现，信用行为能够起到加快资金周转、提高企业竞争力的作用。

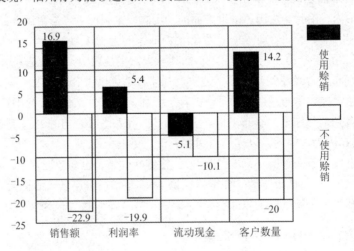

图 0-1　某企业使用赊销的前后效果对比

为何我国企业不偏好赊销行为？非不为也，实在是不能也，源于我国的信用环境恶化和企业信用管理能力低下，导致在国际上广泛使用的赊销行为反而在我国很少使用。

20 世纪 60 至 70 年代，当美国刚刚度过经济危机，步入繁荣的时候，美国企业也面临着高坏账率、高逾期账款率的状况，很多企业因此破产、倒闭，更多的企业在泥潭里挣扎。此时，企业信用管理被高度重视起来。每个美国企业都建立了科学的信用管理机制，成立信用管理部门，规范赊销行为。不到 5 年时间，美国企业的平均坏账率和逾期账款率大幅度下降，同时，赊销比例也节节上升。在美国企业建立内部信用管理制度时，美国国内的经济环境并没有什么改变，美国企业取得的成绩完全是企业自己创造的。美国企业能做到的，我国企业同样也可以做到。

世界上没有一家知名公司是靠弄虚作假撑起来的，也没有一个著名的企业家不视诚信为企业的生命。要创下企业的百年基业，必须脚踏实地，扎扎实实做好企业的经营管理，既要做诚信之人，更要做诚信的企业家。

二、失信的代价

从前，一个放羊的孩子在离森林不太远的地方放羊。村民们告诉他，如果有危险发生，他只要大声呼喊救命，人们就会来帮他。有一天，这个男孩想和村民们开个玩笑，给他们制造一点麻烦，以便从中找乐。于是他就一边向村边跑，一边拼命地大喊："狼来了，狼来了。救命啊！狼在吃我的羊！"善良的村民们听到喊声，立刻放下手中的农活，拿着棍棒和斧头赶过来打狼。可是他们并没有发现狼，于是就回去了，只剩下放羊的孩子看着他们气喘吁吁的样子捧腹大笑。第二天男孩又喊："狼来了，狼来了！救命啊！狼在吃我的羊！"人们又纷纷赶来，这次仍然没有看到狼的影子，只得摇了一下头又回去了。第三天，狼真的来了，闯进了羊群，开始吃羊。男孩惊恐万分，大叫："救命！救命！狼来了！狼来了！"村民们听到了他的喊声，但他们想放羊娃可能又在耍什么花招，于是没有人理睬他，也没有人来救他。

在《狼来了》的故事中，男孩因为说谎毁掉了自己的信用，并为此付出了生命的代价。

近年来，我国信用状况堪忧，信用缺失现象频发，危害着市场经济秩序的建立和规范。由于失信行为的泛滥，相继引发了个人信用危机、企业信用危机、商业信用危机、金融信用危机、政府信用危机，治理信用环境已成为我国经济生活中的当务之急。

信用危机造成了投资经营成本和生产成本的增加，导致了金融风险的增加和交易方式的倒退，阻碍了生产、交换的正常进行，直接结果是信用功能的发挥受到很大限制，交易方式向现金交易、以货易货等原始方式退化，大大提高了市场交易成本，降低了交易效率和经济活力。

信用危机降低了企业竞争力。西方企业把信用赊销当作主要的销售手段和竞争手段，而我国企业由于惧怕被拖欠，很少采用赊销。美国的企业坏账率是 0.25%～0.5%，我国企业平均坏账率是 5%～10%，相差 10 倍到 20 倍；美国企业的账款拖欠期平均是 7 天，我国平均是 90 多天。我国企业管理费用、财务费用和销售费用占销售收入的 14%，而美国只占 2%～3%。

信用危机可以毁掉一个企业，甚至一个行业。保健品行业就是典型的因为部分企业的不诚信行为，导致了社会对保健品行业的普遍不信任。

如果说上述的信任危机毁掉的只是一个行业，而那些体现社会公信力的权力机构的信任危机所毁坏的则是经济和社会生活的基本秩序和运行基础。广泛的失信行为毁掉了政府机构和中介机构的公信力，导致市场经济秩序混乱，投资风险增大，使得社会资源配置失当，严重影响地方经济发展。

一个充满前景的行业会被毁掉，经济生活运行的基础会被毁掉，社会秩序的基础会被毁掉，这就是信任危机对我们提出的挑战。

信用，已成为目前我国最为稀缺的资源。市场经济是信用经济，没有信用就没有现代经济。

第一章 >>> 信用管理概论

- 了解信用概念和信用发展历程；
- 掌握信用分类形式，了解信用缺失的危害；
- 重点掌握社会信用体系的架构。

第一节　信用与信用管理概述

一、信用：社会学视角

(一) 社会学意义上的信用概念

国内外对信用的定义多种多样：英语中的"credit"源于拉丁语 bonalldes 和 credere，意为信任；汉语中"信用"一词，从词源上考查，《说文解字》称"信，诚也，从人言"，意思是指诚实守诺，言行一致。按照《辞海》的定义，是指"遵守诺言、实践成约，从而取得别人的信任"。信用首次出现于《左传》的"宣十二年篇"，王曰："其君能下人，必能信用其民矣。"

历史上，我国儒家文化有许多对君子的行为规范，如"言必信，行必果""君子一言，驷马难追"等，这反映了信用的社会伦理属性。

中国传统伦理中，"诚"与"信"最初是两个分立的德目。

第一，"诚"首先是一种个人美德。《周易·乾》云，"修辞立其诚，所以居业也"，讲的是君子要以诚立业。后孟子进一步把"诚"提升为"天道"，将"诚"之意识撬升为"人道"。《孟子·离娄上》中曰："诚者，天之道也；思诚者，人之道也。至诚而不动者，未之有也；不诚，未有能动者也。"在《礼记·大学》中，"正心、诚意"被视为儒家伦理之核心理念系统"八条目"中的两个关节和德目，其重要性不言而喻。

第二，"信"同样为儒家伦理所看重。孔子讲"民无信不立"（《论语·颜渊》），从社会政治伦理的层面强调民信之于社会国家秩序的重要作用。孟子讲"朋友有信"（《孟子·滕文公上》），将"信"作为"五伦"之一，其伦理地位已经非常显要。在荀子及稍后的管子那里，"诚"与"信"被当作一个社会伦理美德的整体。荀子相信："诚信生神，夸诞生惑。"诚实守信才有力量，而虚假浮夸则导致人心不定，社会混乱。管子则把诚信的美德看作天下伦理秩序的基础，其曰："先王贵诚信。诚信者，天下之结也。"在中国传统伦理看来，作为"天下之结"的诚信美德，根源于人心，心正则诚，且只有内诚于心，方能外信于人。政治家以诚取信于民，作为道德典范的君子则以诚取信于人。

总结起来，社会学意义上的信用是指一种价值观念以及建立在这一价值观念基础上的社会关系，是一种基于伦理的信任关系。信用源自一种社会心理，是一种社会关系，具有伦理特征、文化特征和时代特征。

（二）社会学意义上的信用特征

1. 信用源自一种社会心理

信用是以信任为前提和基础的。对受信人的信任实际上是授信人对信用关系所具有的安全感。作为一种社会心理，这种安全感并非凭空产生，而是依赖于受信人的信用水平，取决于授信人的理性判断。信用因其"信任内涵"而成为一种特殊的社会心理现象。

2. 信用是一种社会契约关系

信用不是个体行为，而是发生在授信人和受信人之间的社会契约关系。随着信用的发展，信用内涵及其表现形式愈加丰富，信用作为一种社会关系也愈加复杂。在现代社会，信用关系逐步深入社会生活的每一个角落，尤其是经济领域。现代市场经济实质上是由错综复杂的信用关系所编织而成的巨大网络。

3. 信用具有伦理特征

信用属于伦理学范畴，体现为一种约束人们行为的道德准则。信用不仅是一种社会关系，也不仅仅是一种交易方式，它更是人类社会的一种价值观。诚实守信的人会得到大家的推崇和信任，失信的人则将受到谴责和孤立。当人们都认同并遵守这种价值观和道德准则的时候，社会的信用环境就会优化，失信的行为就会减少。

4. 信用具有文化特征

东西方的文化差异也表现在对信用的理解上。在中国，长期以来借债都被人们认为是在不得已的情况下做出的选择。人们常常将债务称为"饥荒"，意思是只有到了饥荒的时候才可以借债。在消费习惯上，东方人更将"寅吃卯粮"看作恶习，主张禁欲节俭和量入为出。在西方，情况则大为不同，人们对透支习以为常，超前消费成为普遍现象。尽管信用的产生是人类社会发展的共同规律，"诚实守信"是人类普遍认同的美德，但是不同的文化对信用的理解却具有差异，体现出信用的文化特征。

5. 信用具有时代特征

随着时代的发展，信用始终处于发展变化之中。不同的时代，信用有不同的表现形式，人们对信用也有着不同看法。在当今社会，传统的信用观念发生了急剧的变化，人们对信用的理解不断深化。信用前所未有地影响着经济发展和社会生活，成为一种越来越重要的社会关系。

二、信用：经济学视角

(一) 经济学意义上的信用概念

在《新帕格雷夫经济大辞典》中，对信用的解释是："提供信贷意味着把对某物(如一笔钱)的财产权给予让渡，以交换在将来的某一特定时刻对另外的物品(如另外一部分钱)的所有权。"

《牛津法律大辞典》的解释是："信用，指在得到或提供货物或服务后并不立即而是允诺在将来付给报酬的做法。"

信用是建立在授信人对受信人偿付承诺的信任的基础上，使受信人不用立即付款就可获得商品、服务或货币的能力。这种能力受到一个条件的约束，即受信方在其应允的时间期限内为所获得商品、服务或货币付款或付息。这个时间期限必须得到授信方的认可，具有契约强制性。

(二) 信用构成要素与影响因素

1. 信用构成要素

(1) 信任。即授信人对受信人的信任。

(2) 时间。即授予信用和偿还信用的时间限制。

信用是以信任为基础、以按期偿还为条件的交易关系和价值运动方式。

2. 信用影响因素

从受信人的角度看，信用受以下两个因素影响。

(1) 履约能力。履约能力是受信人在特定期限内实现付款或还款的经济能力，与受信人的经济状况有密切联系。

(2) 履约意愿。履约意愿是指受信人在特定的期限内保证付款或还款的主观意愿，与受信人的道德品质有直接关系。

失信意味着受信人由于履约能力和意愿上的限制对授信信任和时间约定的违背。

三、信用与法律和道德的关系

(一) 概念的界定

信用是授信人对受信人所做的承诺或双方约定的信任。狭义的信用实质上是一种经济关系，属于经济范畴；广义的信用包含狭义信用和诚信两种内涵，兼有经济和伦理两种属性。

法律是国家意志的体现，是由政权机关建立起来并具有强制性的社会行为规范。法律是上层建筑，属于政治范畴。

道德是社会群体普遍接受和认同的内在行为规范和准则。道德是一种社会意识形态和价值体系，属于伦理范畴。

（二）信用与法律的关系

1. 法律是信用的保证

健全的信用法律体系是信用交易发展的制度性前提。

社会信用意识的提升不能仅仅依靠道德和舆论的力量，更要以信用法规强制诚实守信。

在法律和道德、外力和内力的共同作用下，诚实守信的社会风气才能形成。

2. 信用是法律的补充

法律对各种社会关系、经济关系做出了强制性的规定。然而，经济主体之间的关系复杂而又富于变化，法律不能完成协调所有经济关系的任务。很多影响市场经济正常秩序的行为在法律上并没有清晰、明确的界定，或者这些行为是在法律允许的范围之内，法律对此没有直接的效用。以法治手段协调经济关系要发生很高的社会成本。法治手段具有事后性，它只能在问题出现以后才发生作用。

信用是一种管理手段。它以信用技术对市场主体进行管理，以经济手段对各种"未必违法但却失信"的行为进行防范，以市场机制对失信行为进行惩戒，维护社会公平，避免资源浪费。信用具有道德内涵，以道德的力量提升全社会的信用意识，使诚实守信变为自觉的行为。

信用是法律和道德的"中间地带"，只有信用、道德和法律的综合运用才能提高社会管理水平和经济运行效率。

3. 信用是信用管理法律规范的立法依据

信用法规是以法律规定对信用问题做出的制度性安排，是国家法治体系中的一个必要而重要的组成部分。信用法规在制定过程中要面临复杂的信用专业环节，需要有专业的信用理论、知识和技术为其支撑和依据。只有具备充分的专业性依据，才能保证信用法规的科学性和有效性。

（三）信用与道德的关系

广义的信用包括两个基本内涵：狭义的信用和诚信。狭义的信用是指市场主体之间的交易关系和价值流动的特殊方式。诚信反映的则是受信人的可信赖程度，与受信人的道德水平和价值观念有关。从狭义上理解信用，信用与道德无关，是纯粹的经济学概念，明确地属于经济学范畴。然而，从广义上理解信用，信用的"诚信"内涵必然使信用被纳入伦理范畴，具有道德属性。

信用的两个重要因素是履约能力和履约意愿。其中，履约意愿是受信人偿还信用的主观态度，涉及受信人的道德意识和社会责任感。这种道德意识和社会责任感实际上属于道德和伦理的范畴。因此，广义的信用所蕴含的"履约意愿"和"诚信"内涵，构成了信用与道德的部分"重合"。这一部分"重合"决定了信用的伦理属性和道德内涵，信用是道德在经济领域的延伸和表现形式，是道德伦理的社会性外延之一。

四、信用发展历程

（一）第一个阶段

信用是一个古老的经济范畴，是随私有制和商品经济的出现而产生、发展起来的。

信用产生的前提条件是私有制和社会分工。私有制出现以后，社会分工不断发展，大量剩余产品不断出现。私有制和社会分工使得劳动者各自占有不同的劳动产品，剩余产品的出现则使交换行为成为可能。随着商品生产和交换的发展，商品流通出现了矛盾，"一手交钱、一手交货"的方式由于受到客观条件的限制经常不易实现，一些商品生产者出售商品时，购买者却可能因自己的商品尚未卖出而无钱购买。于是，赊销，即延期支付的方式应运而生。

（二）第二个阶段

赊销意味着卖方对买方未来付款承诺的信任，意味着商品的让渡和价值实现发生时间上的分离。这样，买卖双方除了商品交换关系之外，又形成了一种债权债务关系，即信用关系。当赊销到期、支付货款时，货币不再发挥其流通手段的职能而只充当支付手段。这种支付是价值的单方面转移。正是由于货币作为支付手段的职能，使得商品能够在早已让渡之后独立地完成价值的实现，从而确保了信用的兑现。整个过程实质上就是一种区别于实物交易和现金交易的交易形式，即信用交易。

（三）第三个阶段

信用交易超出了商品买卖的范围，作为支付手段的货币本身加入了交易过程，出现了借贷活动。从此，货币的运动和信用关系联结在一起，由此形成了新的范畴——金融。现代金融业正是信用关系发展的产物。在市场经济发展初期，市场行为的主体大多以延期付款的形式相互提供信用，即商业信用。

（四）第四个阶段

私有制出现以后，在市场经济较发达时期，随着现代银行的出现和发展，银行信用逐步取代商业信用，成为现代经济活动中最重要的信用形式。

信用交易和信用制度是随着商品货币经济的不断发展而建立起来的；信用交易的产生和信用制度的建立促进了商品交换和金融工具的发展；现代市场经济发展成为建立在错综复杂的信用关系之上的信用经济。

五、信用分类

（一）信用类型分类

1. 按受信主体分类

按受信人的身份，可以将信用分为公共信用、企业信用与私人信用。

公共信用是指社会为了帮助政府成功实现其各项职能而授予政府的信用，其核心是政府的公债。

企业信用是指企业为了满足其生产的需要，向债权人举债组织生产，形成企业信用。

私人信用包括消费者信用与商业信用。消费者信用又可细分为零售信用、现金信用与房地产信用。商业信用可分为商品信用和金融信用。

2. 按授信对象分类

按授信对象分类，可以将信用分为公共(政府)信用、企业(包括工商企业和银行)信用和消费

者个人信用。其中，政府信用是社会信用体系的核心。

3. 按设立信用期限分类

按设立信用的期限，可以将信用分为短期信用、中期信用和长期信用。

(二) 主要信用类型介绍

下面按授信对象的分类标准来介绍主要的信用类型。

1. 公共信用

公共信用也称政府信用，是指一个国家各级政府举债的能力。政府为对人民提供各种服务，如国防、教育、交通、保健及社会福利，需要庞大的经费支出。但是政府税收的增加往往赶不上支出的增加，因此每年会出现庞大的赤字。为弥补财政赤字，政府发行或出售各种信用工具，这些信用工具代表政府对持有人所做出的将来偿还借款的承诺。这种偿还债务的承诺来自公共机关，因此称为公共信用。

2. 企业信用

企业信用泛指一个企业法人授予另一个企业法人的信用，其本质是卖方企业对买方企业的货币借贷。它包括生产制造企业在信用管理中，对企业法人性质的客户进行的赊销，即产品信用销售。在产品赊销过程中，授信方通常是材料供应商、产品制造商和批发商，而买方则是产品赊销的受益方，它们是各种各样的企业客户或代理商。买方以自己企业的名义取得卖方所授予的信用。企业信用涉及商业银行、财务公司、其他金融机构对企业的信贷，以及使用即期汇款付款和预付货款方式以外的贸易方式所产生的信用。

银行也是一种企业，而且是专门经营信用的企业。银行信用是由商业银行或其他金融机构授给企业或消费者个人的信用。在产品赊销过程中，银行等金融机构为买方提供融资支持，并帮助卖方扩大销售。商业银行等金融机构以货币方式授予企业信用，贷款和还贷方式的确定以企业信用水平为依据。商业银行对不符合其信用标准的企业会要求提供抵押、质押作为保证，或者由担保公司为这些企业做出担保。后一种情况实质上是担保公司向申请贷款的企业提供了信用，是信用的特殊形式。

企业信用取决于企业履行自身承诺的能力与意愿。这里有两层含义：一是企业是不是有积极的履行承诺的意愿，从而使企业一直保持着良好的信用记录；二是企业是不是具备保持良好信用水平的能力，对这个能力高低的判定，是信用评级机构所做的工作。

3. 消费信用

消费信用是指消费者以对未来偿付的承诺为条件的商品或劳务的交易关系。消费信用作为市场经济中的交易工具已经有很长的历史了，为了推销商品，设计出了许多创新推销方式，如分期付款、赊购证、信用卡等。消费信用的出现扩大了市场的规模，使消费者可以提前享受到他们所要的东西。

六、信用风险

信用风险一般泛指信用关系的一方因为另一方没有履约而导致的可能的损失。

由于对信用风险损失的不同理解，信用风险的概念一般有狭义和广义之分。

（一）狭义的信用风险

狭义的信用风险是指当违约实际发生后，信用资产发生的损失。在此之前，债务人信用状况的变化并不直接影响信用资产的价值，即违约模式(default model，DM)。在这种模式下，只存在两种状态，即违约发生，资产遭受损失；违约不发生，信用损失为零。信用损失取决于违约是否发生。狭义风险也被称为信用违约风险。

狭义的信用风险定义已经被普遍接受，国际证监会组织和巴塞尔委员会都使用这一概念。

（二）广义的信用风险

广义的信用风险既包括直接违约发生的资产损失，也包括违约可能性的变动给资产带来风险。即使债务人不发生违约，只要其信用状况降低，信用资产的价值也会相应减少，这样信用损失在违约之前也会发生，即盯市模式(market to market，MTM)。在盯市模式下，不同的状态损失是不同的，违约只是其中的状态之一。这种由于信用质量变化带来的风险称为信用级差风险。

随着现代风险环境的变化和风险管理技术的发展，使得对信用风险损失的盯市衡量成为可能。

（三）信用风险特征

1. 信息的不对称性

信用的提供方即卖方提供信用是建立在对买方的信任的基础上的，而这个信任又是建立在对买方了解的基础上。在信用交易中，信息对买卖双方来说永远是不对称的，信用的提供方所获得的信息越多，发生风险的概率越小。

2. 信用风险的累积性

信用风险具有不断积累、恶性循环、连锁反应、在一定的临界点可能会突然爆发而引起经济危机的特点。

3. 信用风险的内源性

造成信用风险的因素是多方面的，不是完全由客观因素驱使的，含有主观的，无法用客观数据、事实证实的因素以及很难进行有效管理的，含有明显的行为因素，出于多种目的，公司或个人可以操纵其信用状况。

七、信用管理的含义及步骤

（一）广义的信用管理

广义的信用管理是指信用活动的参与者利用管理学的方法来解决信用交易中存在的风险问题。信用管理的主要职能包括识别风险、评估风险、分析风险，并在此基础上有效地控制风险，并用经济、合理的方法综合地处理风险。

(二) 狭义的信用管理

狭义的信用管理是指授信者对信用交易进行科学管理以控制信用风险的专门技术。其主要功能包括五个方面：征信管理(信用档案管理)、授信管理、账户控制管理、商账追收管理、利用征信数据库开拓市场或推销信用支付工具。

(三) 信用管理的步骤

1. 风险识别
即识别可能产生风险的因素，确定风险存在的环节。

2. 风险衡量
即通过确定的标准衡量潜在的损失概率与损失程度。

3. 风险管理办法
即开发并选择适当的用于控制风险的各种管理方法。

4. 风险监督与控制
即实施所选定的风险管理方法，持续地对风险管理方法和风险管理战略的实施情况及适用性进行监督。

5. 风险调整
风险调整也称风险调整业绩，即通过特定的测量方法对机构内部、产品和客户之间的收益进行衡量，将可能的损失和收益进行科学匹配，为机构找到风险平衡的可行办法。

第二节　信用的经济学分析

一、经济学理论与信用

(一) 信用功能理论

经济学对信用功能典型的理论阐述主要有三种：信用媒介论、信用创造论和信用调节论。

1. 信用媒介论
信用媒介论又称自然主义信用理论，创始于 18 世纪，盛行于 19 世纪前期。其主要代表人物有亚当·斯密、大卫·李嘉图、约翰·穆勒等人。

信用媒介论认为，信用是将资本从一个部门转移到另一个部门的媒介，信用不是资本，也不创造资本；信用可以节省流通费用、促进利润率的平均化，也可以促进国家财富增加；信用对物价和商业危机有影响；银行创造信用是有限的。

亚当·斯密认为，银行通过贴现和放款，只起着将死资财转化为活资财的作用，而不能额外增加一国的资本。货币在商品交换中只不过起媒介作用，银行通过信用方式以纸币代替金属货币流通，也只能起着媒介工具的作用。大卫·李嘉图认为，信贷可以用来购买机器，但不可能创造机器，信用能够使资本转移，能够改变资本的用途，这种改变既可能是有利的，也可能是有害的。

2. 信用创造论

该理论创始于18世纪，发展于19世纪末20世纪初，盛行于现代。主要代表人物有约翰·劳、亨利·桑顿、麦克鲁德、熊彼特·韩、C.A.菲利普斯等人。

信用创造论认为，信用创造资本，信用就是货币、财富、生产资本；通过这种生产资本的扩张，即信用量的增加与扩展可以创造社会财富，繁荣商业，使国民经济具有更大活力；银行具有无限创造信用的能力。

约翰·劳认为，国家拥有的货币多，创造就业的机会就多，就能增加国家财富。亨利·桑顿认为，商品的价格决定于商品的供求比例和通货的供求比例，商品增多便对银行券的需求扩大，而银行券增多又对商品的需求扩大，所以当银行券增多而商品对银行券的需求未扩大时，就必然使物价随之上涨。物价上涨，工资缺乏弹性，一方面刺激生产，另一方面抑制消费，从而造成作为资本的商品增多。

麦克鲁德认为，信用就是货币，货币和信用都是财富，信用是生产资本，能带来利润，而银行是信用的创造者，银行所能创造的资本取决于它的存款准备率。

信用创造资本理论是现代西方社会最有势力、最有影响的信用理论，为以后许多经济学家理论体系的形成奠定了基础。

3. 信用调节论

该理论始于20世纪二三十年代，盛行于现代。主要代表人物有R.G.霍曲莱、凯恩斯、阿尔文·汉森、萨缪尔森等人。

信用调节论是在资本主义经济进入垄断阶段以后产生的，认为资本主义经济危机能够通过货币信用政策去治理，资本主义各种矛盾能够通过货币制度的机制去消除，主张扩张信用，促进经济增长。

霍曲莱认为，经济周期变动的规模与长短是由信用的发展决定的；控制经济周期变动的方法在于短期利率，信用调节的直接对象应当是商人，而不是生产者。

凯恩斯认为，经济危机和失业的主要原因是有效需求不足。货币需求的主要动机来自三方面：交易动机、预防动机和投机动机。他主张国家以宏观货币政策去作用于需求管理，企图通过银行信用调节而扩大信贷，增加货币供应量去避免资本主义危机。

汉森从国家运用宏观财政政策来干预经济生活的角度，提出中央银行要制定执行"补偿性金融政策"，在宏观上采用信用调节与直接信用管制相结合政策，在微观上采用选择性信用控制与间接信用管制相结合政策。

（二）信息不对称理论与信用

2001年度诺贝尔经济学奖被授予三位美国经济学家——约瑟夫·斯蒂格利茨、乔治·阿克洛夫和迈克尔·斯宾塞。他们获奖主要是因为在30多年前提出了信息不对称理论。

信息不对称理论是指在市场经济活动中，各类人员对有关信息的了解是有差异的，掌握信息比较充分的人员往往处于比较有利的地位，而信息贫乏的人员处于比较不利的地位。该理论认为，市场中卖方比买方更了解有关商品的各种信息，掌握更多信息的一方可以通过向信息贫乏的一方传递可靠信息而在市场中获益；买卖双方中拥有较少信息的一方会努力从另一方获取信息；市场信号显示在一定程度上可以弥补信息不对称的问题；信息不对称是市场经济的弊病，要想减少信息不对称对经济产生的危害，政府应在市场体系中发挥强有力的作用。

信息不对称理论通常根据非对称信息发生的时间进行划分，把非对称信息发生在当事人签约之前的称为事前非对称，研究事前信息不对称的理论称为逆向选择模型。把非对称信息发生在当事人签约之后的称为事后非对称，研究事后信息不对称的理论称为道德风险模型。其表现为签约之后有违背合同、不守诺言、造假、偷懒、偷工减料等的可能，这就是道德风险效应。

信用是市场经济的基础，但在当前市场经济环境下，信用越来越成为社会的稀缺资源。信用缺失败坏了社会风气，导致市场配置资源的低效率，严重阻碍了社会的消费与投资行为，如果任其发展，必然会危及整个经济基础。

信用缺失与信息不对称紧密联系。由于人们获取信息的能力、社会条件及所处的交易地位不同，因此信息不对称在现实经济生活中普遍存在。微观经济学认为，人是自利的、理性的，每个人都会追求自身利益的最大化，处于信息优势的一方采取有利于自己，甚至有损于处于信息劣势一方的行为决策就在所难免。由于信息不对称，不能履约的也敢承诺，承诺的也可以不履约，造成履约率低，这是信用缺失滋生和赖以生存的土壤。

下面以产品市场、资本市场和保险市场为例，具体分析信息不对称对信用缺失的影响和传导作用。

1. 产品市场

在产品市场上的信息不对称表现为：在产品的质量、性能、生产工艺、成本等方面，卖方(厂商)处于信息优势，而买方(消费者)则处于信息劣势，因而对产品难以准确估价。这种信息不对称可能导致的结果是：不断提高产品质量的厂商因成本提高造成价格上升，消费者的需求降低，而失去市场；以次充好、偷工减料的厂商因成本低占有价格优势，在信息不对称的情况下可能赢得市场，这就会出现经济学中所讲的"格雷欣法则"，即"劣币驱逐良币"现象。产品市场上的这种信息不对称造成市场上假冒伪劣产品增多，消费者担惊受怕，这是产品市场上商家的信用缺失。结果会导致需求不旺，产品市场萎缩，这就是"逆向选择"效应。产品市场上的信息不对称还表现为：在买方(消费者)的支付能力和信用信息方面，卖者(厂商)处于信息劣势，而买方(消费者)处于信息优势。于是在交易活动中，买方在赊销、延期支付等交易方式中可能有机可乘，逾期不付使厂商更喜欢一手交钱一手交货或以货易货的原始交易方式。这是产品市场上由于信息不对称造成的买方的信用缺失。其最终结果是大大提高交易成本，导致市场交易行动减少，市场萎靡不振，甚至波及个人消费信贷的发展。

2. 资本市场

在资本市场上的信息不对称表现为：贷方(银行)对借方的信用度、偿债能力、生产经营状况、资金真实流向、违约的概率等缺乏充分信息，而借方比银行拥有更多的信息。这种信息不对称可能使借方获得贷款后，在高额投资利润的诱使下从事高风险活动，即出现道德风险问题，违约的概率增加。一旦投资决策失误，无法按期偿还银行债务就会失信于贷方(银行)。一次失信成功未被其他的参与者发现，就会有第二次失信，不良的示范效应造成恶性循环。资本市场上的这种信息不对称可能导致的结果是：贷方担心借方的隐藏活动而惜贷，借方由于道德风险效应而失信，导致贷方宁可降低风险不贷，或不得不提高贷款利率以减少损失；真正有潜力的借方因缺乏资金而失去发展机会，造成资本市场的效率不高。

3. 保险市场

保险市场中存在典型的信息不对称，表现为：①投保前的信息不对称。投保人比承保人拥有更多的信息，风险越大的人入保的可能性越大，风险越小的人入保的可能性越小(逆向选择效应)。例如，病入膏肓的人可能隐瞒病情而积极投保人身健康险。②投保后的信息不对称。一旦保险后，投保人减少了谨慎行动来规避风险和节省开支的动力(道德风险效应)，麻痹大意以致增加风险发生的概率，甚至故意制造事故以骗取保险赔偿，更有甚者把保险作为投机活动，造成保险市场的信用缺失。保险市场中的信息不对称，会导致承保人为了弥补投保人隐瞒私人信息而造成的损失，被迫提高保险费率，这时会排除部分出于偶然性风险而投保的人。为了维持保险公司的发展，保险公司又被迫继续提高保险费率，部分原来想投保的人又被排除出保险市场，如此下去，最终将导致保险市场的萎缩。

信息不对称是市场经济中客观存在的经济现象，是直接导致信用缺失的原因之一。在经济转型期，如何针对不同市场领域的信息不对称现象，寻找防范信用缺失的措施，是一项长期且艰巨的工作，它有赖于政府、商家、个人的共同努力，有赖于人们道德水准的提高及完善的法律环境和完整的市场规则，才能保证市场经济的健康发展。

(三) 交易成本论与信用

交易(transaction)是指交互影响的活动。美国经济学家康芒斯把交易分为三种：买卖的交易(bargaining transaction)，即平等的人之间的自愿交换关系；管理的交易(managerial transaction)，即契约规定的上下级之间的关系；配额的交易(rationing transaction)，即法律意义上的上下级之间的关系，主要是政府对公民之间的关系。

交易活动至少要有两个人才能发生，包含了人与人之间的利益冲突，根据经济学中的理性人假设，交易活动可看作理性人之间的博弈，交易活动比生产活动更具有不确定性和复杂性，交易活动中存在的交易成本(以下称交易费用)比生产活动中需要的生产费用更具不确定性。对于交易费用(transaction cost)的定义，西方新制度经济学派的代表人物诺斯认为，交易费用是在交易活动中由衡量所交换物品的价格属性的成本、保护权利的成本以及监察与实施契约的成本组成。范恒森(2000)把交易费用概括为："交易费用就是为进行交易活动所投入资源的价值情况进行了解，这是交易前所必须支付的成本。"事后的机会主义的存在则要求对交易双方未了事宜进行检查和监督，防止可能的违约行为。从环境因素看，由于交易环境复杂，即不确定因素的存在，特别是信息不对称会增加交易的不可控因素，从而增加交易费用。

制度通常被理解成人们为达到一种目的并节省交易费用而提出的行为规则。美国经济学家舒尔茨在《制度与人的经济价值的不断提高》一文中认为，信用制度(credit system)是用于降低交易费用的制度之一，是以信用为纽带建立的各种制度因素的总称。借鉴新制度经济学关于制度构成的理论，可将信用制度分为社会认可的非正式信用制度、正式信用制度和信用制度实施机制。非正式信用制度是人们在长期交易行为中形成的靠非正式约束来维持并具有持久的生命力的行为规则。即使在现代，非正式制度仍起到很大的作用，但由于非正式制度缺乏强制性的实施机制，就可能出现违约现象，以致交易费用增加，从而使复杂的交易难以进行。正式信用制度是管理当局有意制定的一系列有关信用方面的契约规则、政策法规及其各种组织形式。它事实上是以规范的方式界定人们在信用领域内可以干什么、不可以干什么的规则。信用制度的实施机制是确保信用制度真正实施的配套机制。离开了实施机制，任何制度将形同虚设，因为"有法不依"比"无法可依"更糟糕。信用制度的实施机制是否有效主要看违约成本的高低，当违约成本大于违约收益时，人们就倾向于守信用。

(四) 博弈论与信用

古典经济学家亚当·斯密认为，以追求个人利益最大化的每一个理性经济人通过其"自私自利"的经济行为将导致社会福利的最大化。经济博弈理论认为，在非价格因素和博弈双方信息不对称的情况(更贴近现实生活的情况)下，个人的理性行为选择的结果往往是非理性的。

博弈理论认为，改变竞争规则是赢取博弈的根本出路。通过重复博弈对信用建设做出合理的制度安排规范博弈双方行为，可以使理性经济人降低交易成本、合理配置社会资源，使其"自私自利"的行为最大限度地增进社会福利。

重复博弈之所以能产生上述效果，因为它解决了以下两个问题。

一是重复博弈使得博弈双方都在更大程度上了解了对方的信息，使得更多的私人信息变为博弈双方的公共信息。二是重复博弈使得"以牙还牙"式的报复得以实现。"以牙还牙"式的报复指的是博弈一方永远不先背叛对方，而且还会在下一轮中对对手的前一次合作给予回报，但它也会采取背叛的行动来惩罚对手前一次的背叛。

对于信用问题可以做同样的类比分析，如果甲乙两厂商做的是一次性买卖，双方都选择违约绝对是他们的最佳选择；如果这两厂商是长期的合作伙伴关系，一方面他们有足够的时间来对失信行为进行以牙还牙式的报复，使失约方明白博弈中失信行为最多只能占一次便宜，而且这一便宜是以长期损失为代价的。一般而言，只要失信行为的短期利益小于长期利益的话，作为理性经济人的厂商便不会做这种决策。另一方面他们也有着相当长的时间来表达自己的诚意，树立自己的信誉，减少道德风险，降低交易成本，从而以较低的边际成本获得较高的边际收益。因而以彼此间的信任为基础进行的重复博弈所形成的合作关系终究会维持下去。

根据经济博弈理论，重复博弈是走出信用建设悖论的有效途径。在现阶段，要重建社会信用，应该重视以下几个方面的问题。

(1) 理性经济人行为的长期化。信用体系的基础是各种具有民事行为能力的微观经济主体(自然人和法人)。微观经济主体行为的短期效应是经济中一个极为普遍的通病，正是在一锤子交易中，信用遭到了极大的破坏。经济主体行为，首先要求经济主体必须是自主的经济人，时刻以追求自身利益最大化为目标。对企业而言，明确产权关系、合理构架公司治理结构是首当其冲之事；其次要求法人不再掌握在寻求短期政绩的经理阶层和政府官员手中；最后要求政府行为长期化，在引导和调节市场时多采取一些放水养鱼的财政、税收和金融政策，切不可竭泽而渔。只有长期存在的理性经济人，才可能有永不间断的重复博弈。

(2) 建立包括所有社会成员(法人和自然人)在内的信用信息资料库并向全社会公开。大量私人信息的存在和信息的不对称是"囚徒困境"产生的基本前提。让博弈双方拥有对方更多的公共信息，可以使重复博弈在合作的基础上进行得更久。

(3) 加强市场监督体系的建设，动员全社会力量来监督失信行为。对失信行为的监督惩罚是信用建设极为关键的部分。在重复博弈中对失信行为的惩罚是通过"以牙还牙"式的报复来实现的，这毕竟会影响当事双方的经济效益。动员社会力量监督失信行为，则可以更有针对性地对失信者进行惩罚。

(4) 健全的信用法律体系是保证上述条件实现的重要前提。市场经济是法治经济，要规范经济主体的信用行为和信用关系，没有健全的法律作为保障都是不可能实现的。

二、信用的经济表现形式

1. 信用是一种交换方式

经济学意义上的信用最初产生于商品交换领域。信用引发了产品交换方式上的革命，以信用交易取代现金交易，成为现代市场经济中交换方式的主流。这种交换方式的最大特点是将供货与兑现两个环节在时间上进行分离，以提高效率、降低成本。这种交换方式由产品流通领域向资本流通领域扩展，便出现了银行信用。

信用带来了交换方式的变化，由此导致了信用风险所有的交易都应以兑现为终结，信用只是以基于信任的契约将兑现的时间加以延迟。兑现的延迟是有时间限制的，如果这一限制被打破，则意味着失信行为的发生，这将给授信方造成信用风险。

2. 信用是一种支付方式

为了经济运行效率的提高和交易成本的降低，赊销成为企业间贸易关系越来越重要的交易方式。在赊销过程中，授信方不是以现金而是以信用作为支付方式来取得授信方的商品或服务。然后，受信方要在一定期限内再以现金方式支付，这样，交易中商品的让渡和货款的现金支付就因信用的介入而发生了时间和空间上的相对分离。相对于现金支付方式而言，信用方式已经成为现代市场经济中占据主导地位的支付方式。

三、信用的作用

1. 信用是维护市场关系的基本准则

现代经济中，信用交易之所以优于货币交易，货币交易又优于实物交易，就是因为交易成本的逐渐降低。信用交易是市场经济高度发达和完善的表现。

2. 信用可以促进资金再分配，提高资金使用效率

信用是促进资金再分配最灵活的方式。借助于信用可以把闲置的资金和社会分散的货币集中起来，转化为借贷资本，在市场规律的作用下，使资金得到充分利用。在信用活动中，价值规律的作用能得到充分发挥，那些具有发展和增长潜力的产业往往容易获得信用的支持。

通过竞争机制，信用会使资金从利润率较低的部门向利润率较高的部门转移，在促使各部门实现利润平均化的过程中，提高了整个国民经济的资金效率。

3. 信用有助于节约流通费用

利用各种信用形式能节省大量的流通费用，增加生产资金投入。

利用信用工具代替现金，节省了与现金流通有关的费用；在发达的信用制度下，资金集中于银行和其他金融机构，可以减少整个社会的现金保管、现金出纳以及簿记登录等流通费用；

信用能加速商品价值的实现，减少商品储存和保管费用的支出。各种债权债务关系可以利用非现金结算方式来处理，节约了流通费用，缩短了流通时间，增加了资金在生产领域发挥作用的时间，有利于扩大生产和增加利润。

4. 信用有利于资本集中

信用是资本集中的有力杠杆。借助信用，可使零星资本合并为一个规模庞大的资本，可以使个别资本通过合并其他资本来增加资本规模。现代兼并收购活动很多都是利用信用方式来进行并完成资本集中的。资本集中与积聚有利于大工业的发展和生产社会化程度的提高，从而推动经济增长。

5. 信用可以调节经济结构

国家利用货币和信用制度来制定各项金融政策和金融法规，利用各种信用杠杆来改变信用的规模及其运动趋势。金融机构通过各种金融业务，有效地集中和输出货币资金，形成了一个良性循环的过程，能够为社会生产力的发展提供巨大的推动力，国家借助信用的调节功能既能抑制通货膨胀，也能防止经济衰退和通货紧缩，刺激有效需求，促进资本市场平稳发展。国家利用信用杠杆还能引导资金的流向，通过资金流向的变化来实现经济结构的调整，使国民经济结构更合理，经济发展更具持续性。

四、信用对市场经济的作用机制

信用不仅为市场提供了一种交易方式和支付手段，也提供了一种市场机制。信用是通过对信用风险的发生和发展的过程产生影响来发挥其作用机制的。将信用风险的发展过程按照时间顺序可分为三个阶段：谈判阶段、风险阶段和失信阶段。

(1) 谈判阶段，即信用交易发生之前，授信人与受信人进行关于交易契约的磋商阶段。

(2) 风险阶段，即双方签订合同并由授信人向受信人提供商品和服务之后到最终账款回收或确认损失之间的阶段。

(3) 失信阶段，即由于受信人失信，授信人最终无法全部收回欠款，形成呆账、坏账，风险成为现实的损失阶段。

在信用风险发展的不同阶段，信用对市场交易具有不同的作用机制。

1. 谈判阶段的风险揭示机制

交易谈判的任务除了双方对合同的诸多条款进行磋商之外，最重要的就是授信人要研究是否应该授予受信人信用、授予多少、是否需要担保和保险等问题，并依据研究结论做出科学的授信决策，以事前避免信用风险的发生。

信用交易的风险揭示机制核心是受信人信用信息的收集和信用状况的分析。授信人首先要全面深入了解受信人的经济状况，在占有信息的基础上利用信用评级技术对受信人进行信用评估，依据评估结果做出交易和授信决策。

风险揭示机制实际上是一种市场的优胜劣汰机制。信用状况不佳、信用级别低下的市场主体将失去信用交易的机会，而信用良好的企业和个人则可以更多受益。

信用的风险揭示机制不仅可以保护授信人的微观利益，也可以在整个市场经济活动中建立一种公平竞争的机制，鼓励先进、鞭策后进，促进市场信用环境的优化和市场经济的健康发展。

2. 风险阶段的风险管理机制

授信人要在合同期限内对受信人保持动态跟踪与监控，确保授出信用(账款、贷款、投资等)的安全，要在还款逾期以后使用商账追收等各种手段对逾期信用进行追讨，力求挽回信用风险，降低损失程度。

信用的风险管理机制主要依靠信用管理的各种技术手段。越来越多的企业和银行开始重视信用的风险管理机制，有的引进外部技术建立内部信用管理部门，有的以"外包"方式将信用风险管理委托给专业的信用管理公司完成。这些都有利于提高企业和银行的自身管理水平及风险化解能力，最终有利于维护市场经济的秩序。

3. 失信阶段的失信惩戒机制

失信惩戒机制是以市场手段对失信行为进行惩罚并对守信行为给予奖励的市场机制。失信惩戒机制以信息公开为前提，以市场调节为实现手段，是一种非正式的社会惩罚机制。失信惩戒机制是市场的基础性调节功能在信用方面的实际发挥。

失信惩戒机制通过向市场如实公开信用信息，降低市场交易过程中的信息不对称程度，使不守信用的企业和个人的信用状况得到曝光，并表扬那些"重合同，讲信用"的企业和个人。失信者将进入信用黑名单，受到其他市场主体的孤立，守信者将因受到广泛的认可而得到实惠。

第三节　社会信用体系

一、社会信用体系概述

社会信用体系是一种保证经济良性运行的社会机制，它以有关的信用法律法规为依据，以信用专业机构为主体，以合法有效的信用信息为基础，以解决市场参与者的信息不对称为目的，使守信者受到鼓励，失信者付出代价，保证市场经济的公平和效率。

若一个国家的社会信用体系比较健全，公正、权威的信用产品和信用服务在全国普及，信用交易成为其市场经济的主要交易手段，这样的国家通常被称为征信国家。在征信国家，信用管理行业的产品和服务深入社会的方方面面，企业和个人的信用意识强烈，注重维护信用，有着明确的信用市场需求。因此，征信国家的对外信誉较好，信用交易的范围和规模很大，可以获得更高的经济福利。

(一) 社会信用体系功能

完善的社会信用体系是信用发挥作用的前提，它可以保证授信人和受信人之间遵循一定的规则达成交易，保证经济运行的公平和效率。

(1) 社会信用体系具有记忆功能，能够保存失信者的记录。

(2) 社会信用体系具有揭示功能，能够有效揭示和区分信用，扬善惩恶，提高经济效益。

(3) 社会信用体系具有预警功能，能对失信行为进行防范。

（二）社会信用体系结构

一个完整的信用体系由一系列必不可少的部分或要素构成。这些部分或要素相互分工，相互协作，共同守护市场经济的信用圣地，促进社会信用体系的完善和发展，制约和惩罚失信行为，从而保障社会秩序和市场经济的正常运行。

1. 从纵向延伸的角度

社会信用体系能够正常运转，必须包括以下要素：信用管理行业和信用法律体系。信用管理行业和信用法律体系有机结合，维护社会信用体系的正常运转。

（1）信用管理行业。信用管理行业是社会信用体系的"硬件"，拥有覆盖市场参与主体的信用信息数据库和训练有素的信用管理人员，为市场参与者提供各种信用信息产品和服务。

广义的信用管理行业包括：企业信用调查、消费者个人信用调查、资产调查和评估、市场调查、信用评级、商账追收、信用保险、国际保理、信用管理咨询等。

（2）信用法律体系。信用法律体系是社会信用体系的"软件"，它为信用管理行业提供"游戏规则"。

2. 从横向分割的角度

社会信用体系包括公共信用体系、企业信用体系和个人信用体系。三者共同作用，构成了完整的社会信用体系。

（1）公共信用体系。从社会信用体系的全局来看，公共信用体系是影响社会全局的信用体系，建立公众对政府的信任是建立企业和个人信用的前提条件。公共信用体系的作用在于规范政府的行政行为和经济行为，避免政府失信行为，提高政府行政和司法的公信力。

（2）企业信用体系。企业是市场经济活动的主体，企业信用体系是社会信用体系的重要组成部分。企业信用体系的作用在于约束企业的失信行为，督促企业在市场上进行公平竞争。企业信用体系的关键环节是企业信用数据库，它动态地记录了企业在经济交往中的信用信息。

（3）个人信用体系。个人是社会的基本单位，是信用的提供者和接受者，个人信用体系是社会信用体系必不可少的组成部分。个人信用体系是社会信用体系的基础，至少从两个方面对社会信用体系发挥作用：它为授信者的个人授信提供信用信息；弥补了公共信用体系和企业信用体系的疏漏。个人信用体系的关键环节是个人信用数据库，数据库的信息采集与营运模式和企业信用数据库基本相同，不同的是个人信用信息采集和查询受到更多的法律保护。

二、社会信用体系建设

1. 建立完善的信用法律法规体系

法制建设是信用体系的重要组成部分，对信用体系建设起到规范、引导、保障、推进的作用。我国的社会信用体系建设一定要立法先行。

信用立法包括政府信用的立法、企业信用的立法、金融信用的立法、消费信用的立法、信用中介服务的立法、信用信息的立法等。

专栏 1-1

2. 建立信用数据技术支撑体系

征信数据是开展征信服务的基础，是信用管理的基础，也是建立国家信用体系的基础。建立全国统一的国家征信平台，专门从事信用数据的采集和发布，可以实现信用信息全国范围共享。只有建立了国家征信数据库，才能为政府、企业、社会提供可靠的信用依据，社会信用体系才有可靠的基础。

3. 建立信用服务体系

信用服务业具有智力密集、技术密集、专业化程度高、市场集中度高的特点，承担着信用信息收集、加工、处理和传递的功能，在防范信用风险、促进信用交易方面发挥着重要作用，应大力培育和发展一批具备较高执业资质和道德水准的独立公正市场化运作的信用服务机构。

4. 建立信用产品市场体系

对信用产品经久不竭的需求，是支撑信用公司生产加工和销售信用产品的原动力，是巩固发展现代信用体系的深厚市场基础，也是信用产品不断创新的原因。因此，应通过政府立法、行业组织制定行规来引导全社会对信用服务的需求。政府有关部门要带头积极利用信用评级、评用报告等产品，对一些行业的市场准入规定提供信用产品的特殊要求。在登记注册、行政审批、经营许可、质量监督、政府委托中介机构承办事项、资质认定管理等工作中，应明确规定要按照授权和规范流程查询企业信用报告或要求企业提供信用报告。金融和商业机构在与企业和个人发生信用交易、信用消费、商业赊销和租赁等业务时，应规定按照授权和规范流程查询当事人的信用报告或要求当事人提供信用报告。对上市公司发行股票、企业发行债券，以及上市公司的信用状况等，规定实行强制评级或评估。

5. 建立健全企业信用管理体系

企业是国民经济的细胞和最重要的市场主体，企业信用是整个社会信用的基础。加强企业信用管理，可以大幅度减少因授信不当导致合约不能履行，增强信用风险的防范能力；可以加强受信企业自我信用控制能力，加强履约计划管理，防范出现偿债能力不足、无法按时履约等情况；可以形成对失信企业和机构的市场约束机制，使其失去扩大参与市场经济活动和交易的机会。

6. 建立政府信用市场管理体系

这是建设社会信用体系的组织保证。与社会信用体系建设关系最为密切的行政执法和司法部门主要包括：市场监督管理、税务、海关、外汇、质量技术监督、人事、社会保障等行政执法和管理部门，公用事业部门(通信、供水、供气、供热)，公安、法院等司法部门，银行、保险等金融部门。

7. 建立社会信用教育体系

公民诚信道德对于市场经济建设至关重要，要通过宣传、教育、典型示范来打造"诚信为荣，失信可耻"的社会氛围。

政府部门要带头提高对信用重要性的认识，进一步加强对公务员的管理和教育，努力塑造政府诚信、勤政、廉政的良好形象，提高政府的公信力。新闻宣传部门要充分发挥舆论监督的作用，正确引导舆论导向，采取灵活多样的形式，大力宣传诚实守信的重要性，推动形成诚信为本、操守为重的良好社会风尚。教育部门要把诚信教育扩展到每个人，要把信用观念、信用意识、信用道德的宣传和教育贯穿到个人的成长过程，让所有人意识到讲信用是最起码的道德底线。

开展信用教育，可从以下三方面入手。

(1) 利用广播、电视、图书、报刊、网络等现代传播工具，大力开展宣传教育活动。

(2) 组织编写现代信用知识普及性教材，普及现代信用知识，开设面向政府、企业的多种类型的短期培训和在职教育。行业协会等中介组织可以组织信用服务行业从业人员的培训，提高信用服务从业人员的业务素质和水平。

(3) 在大学开设信用管理的研究生或本科专业，培养高层次的信用管理专门人才。

8. 建立失信惩戒机制

这是社会信用体系正常发挥作用的保障。对失信者和失信行为不能给予及时、有力的惩戒，就是对失信者的鼓励，对守信者的惩罚。应综合运用法律、行政、经济道德等多种手段，使失信者付出与其失信行为相应的经济和名誉代价，直至被市场淘汰；使守信者得到各种便利和优惠，获得更多的市场机会，不断发展壮大。

专栏 1-2

思考练习题

1. 从经济学意义来看，什么是信用？
2. 简述信用的发展历程。
3. 简述信用与法律和道德的关系。
4. 分析信用在市场经济中的作用。
5. 结合我国信用状况，分析信用缺失的原因，讨论提高我国信用水平的措施。
6. 讨论如何在我国构建社会信用体系。

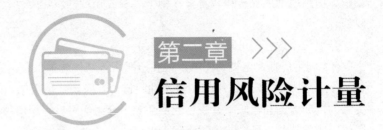

第二章 >>> 信用风险计量

第一节 信用评级

一、信用评级概述

(一) 信用评级的定义

信用评级又称信用评估，是指由独立的社会中介机构，通过对企业、债券发行者、金融机构、个人等市场参与主体的信用记录、经营水平、财务状况、所处外部环境等诸因素进行分析研究之后，就其信用能力(主要是偿还债务的能力及其可偿债程度)所做的综合评价，并且用简单明了的符号表达出来，以满足社会需要的市场行为。

信用评级的根本目的是揭示受评对象违约风险的大小，而不是其他类型的投资风险，如利率风险、通货膨胀风险、再投资风险及外汇风险等。

信用评级评价的是经济主体按合同约定如期履行特定债务或其他经济义务的能力和意愿，而不是企业的价值或经营业绩。

信用评级是为投资者提供专家意见，而不是代替投资者做出投资选择。信用评级是独立的第三方信用评级机构利用其自身的技术优势和专业经验，就各经济主体和金融工具的信用风险大小发表的一种专家意见。

(二) 信用评级的主体、客体

信用评级的主体是指各类具有评价能力的机构，其中，信用评级机构是专业的评级机构，是信用评级的骨干力量。

信用评级的客体是指被评级者或评级对象，包括被评级的各类机构、各类信用产品、信用行为等。

(三) 信用评级的服务对象

信用评级的服务对象包括投资者、融资者、企业、金融机构、政府机构。

(四) 信用评级的特点

1. 简洁性

信用评级以简洁的字母、数字组合符号揭示企业的信用状况，是一种对企业进行价值判断的简明的工具。

2. 可比性

各信用评级机构的评级体系使同行业受评企业处于同样的标准之下，从而昭示受评企业在同行业中的信用地位。

3. 广泛性

除了给评级对象自身对照加强、改善经营管理外，主要服务对象有：①投资者；②商业银行、证券承销机构；③社会公众与大众媒体；④与受评对象有经济往来的商业客户；⑤金融监管机构。

4. 全面性

信用评级就受评企业的经营管理素质、财务结构、偿债能力、经营能力、经营效益、发展前景等方面全面揭示企业的发展状况，综合反映企业的整体状况，非其他单一的中介服务所能做到的。

5. 公正性

信用评级由独立的专业信用评级机构做出，评级机构秉持客观、独立的原则，较少受外来因素的干扰，能向社会提供客观、公正的信用信息。

6. 监督性

一是投资者对其投资对象的选择与监督；二是大众媒体的舆论监督；三是金融监管部门的监管。

7. 形象性

信用评级是企业在资本市场的通行证。一个企业信用级别的高低，不但影响其融资渠道、规模和成本，更反映了企业在社会上的形象和生存与发展的机会，是企业综合经济实力的反映，是企业在经济活动中的身份证。

8. 基础性

通过信用评级，使社会逐步重视作为微观经济主体的企业的信用状况，从而带动个人、其他经济主体和政府信用价值观的确立，进而建立起有效的社会信用管理体制。

（五）信用评级的作用

(1) 信用评级为投资者提供公正、客观的信息，解决投资者与筹资者(债务人)之间的信息不对称问题，协助投资者做出较为可靠的投资选择，以优化投资选择，提高投资的安全性，取得可靠收益，从而起到保护投资者利益的作用。

(2) 信用评级是金融机构控制信用风险的一种手段或工具。金融机构依据信用评级结果筛选客户、控制金融交易风险。

(3) 信用评级为监管机构提供风险监控数据，提高了监管效率和力度。监管机构利用信用评级结果对监管对象实施风险监管，以保证其健康的财务状况或能够及时发现、识别潜在的重大风险隐患。

(4) 信用评级降低了信用信息收集成本。信用评级公司为展开信用评估活动，必须建立完善的信用数据库，而信息收集和整理工作是完善数据库的基础性工作。信用评级公司的数据库建设和完善有助于降低信用信息的收集成本。

(5) 信用评级是融资市场的通行证。债券评级是企业获准发行债券的先决条件；贷款企业信用评估是企业通过贷款年审、获取贷款的必需条件。

(6) 信用评级可降低融资成本。较高的信用等级是企业进入货币市场、资本市场的入场券。信用评级的结果决定企业的融资渠道是否通畅、广泛和稳定，决定着企业筹资成本的高低。债券信用级别在很大程度上与其发行利率挂钩。

(7) 信用评级是市场经济的身份证。高等级的信用是企业在市场经济中的身份证，它能够吸引客户与企业合作。

(8) 信用评级可改善经营管理的外在压力和内在动力。鉴于信用的价值和力量，促使企业为获得高信用评级而约束自身行为，改善经营管理。

（六）信用评级分类

(1) 按照信用工具期限的长短，信用评级可分为长期信用评级和短期信用评级。

(2) 根据评级对象的不同，信用评级可分为金融工具信用评级、企业信用评级、金融机构信用评级、公用事业信用评级、政府信用评级、个人信用评级等。

(3) 根据是否考虑主权风险，信用评级可分为主权评级和本币评级。

二、信用评级发展历程

信用评级在国外已有 100 多年的发展历史，其发展大致经历了 3 个主要阶段：初始阶段、发展阶段和成熟阶段。

1. 初始阶段

信用评级萌发于 19 世纪中期，最初以债券评级的形式出现。1800—1850 年，美国开始盛行发行国债、州债和铁路债券。1841 年，美国人路易斯·塔班在纽约建立了第一个商人信用评级机构。1909 年，美国人约翰·穆迪在研究铁路公司统计资料的基础上，出版了《铁路投资分析》。1931 年，穆迪将信用评级扩展到公用事业和工业债券上，并创立了第三方独立信用评级的评级方式，信用评级首次进入证券市场。

2. 发展阶段

20 世纪初，各主要信用评级机构相继成立，以债券评级为主的信用评级活动不断开展起来，逐步推出了公司债券信用评级、债务工具信用评级、市政债券信用评级、商业票据信用评级等评级业务。

3. 成熟阶段

从 20 世纪 70 年代起，信用评级行业逐步走向成熟，具体表现为：

(1) 信用评级形式趋于成熟。

(2) 主要信用评级机构通过兼并和收购，确立了在行业内的主导地位。

(3) 信用评级业务开始向国际化方向发展。

三、信用评级制度

信用评级制度始于 20 世纪初的美国，随着世界经济一体化进程的加快，其积极作用逐步为其他国家所认识。

(一) 美国的信用评级制度

1. 美国评级制度的发展历程

美国评级制度的产生与发展与其资本市场的产生、发展密切相关。自 19 世纪初，美国的资本市场先后经历了国债发行时代、州债发行时代和铁路债券发行时代，资本市场的投资主体从开始的以个人投资者为主逐渐发展到以投资银行为主。资金雄厚的投资银行的介入掀起了美国证券市场的投资热潮，当时的投资者通过订阅由中立机构发行的简易投资情报资料了解各种债券的优劣情况。

1909 年，美国的约翰·穆迪出版了《铁路投资分析》一书，其后，普尔出版公司(标准普尔公司的前身)、标准统计公司(1941 年与普尔出版公司合并)和惠誉公司也先后于 1922 年和 1924 年开始对工业证券进行评级。

美国信用评级制度是目前国际上最发达的评级制度。主要评级机构除对各类债券、基金、商业票据等金融工具进行评级外，还对企业、金融机构、国家主权进行评级。

在资信评级行业，目前美国国内主要有穆迪投资者服务公司(Moody's Investors Service)、标准普尔公司(Standard and Poor's Corporation)、惠誉国际信用评级有限公司(Fitch IBCA)三大巨头，它们基本上主宰了美国的资信评级市场。

在个人信用服务领域，美国有 1000 多家信用局(credit bureau)为消费者服务，这些信用局中的绝大多数或者附属于艾贵发(Equifax)、益百利(Experian)和全联(Trans Union)等三家美国最主要的信用报告服务机构，或者与这三家公司保持业务上的联系，这三家机构都建有覆盖美国范围的数据库，包含超过 1.7 亿消费者的信用记录。信用局每年会提供 5 亿份以上的信用报告，典型的信用报告一般包括 4 部分内容：个人信息(如姓名、住址、社会保障号码、出生日期、工作状况)、信用历史、查询情况(放款人、保险人等其他机构的查询情况)和公共记录(来自法院的破产情况等)。

在企业征信领域，邓白氏公司(Dun & Bradstreet Corporation)是全世界规模最大、历史最悠久和最具影响力的公司，在很多国家建立了办事处或附属机构。邓白氏公司建有自己的数据库，该数据库涵盖了超过全球 5700 万家企业的信息。

2. 美国信用评级制度的成因

(1) 20 世纪 30 年代的经济危机使人们开始重视证券还本付息的能力。

(2) 20 世纪 30 年代之前，美国证券市场上的大部分债券是有担保债券。但 1929—1933 年的经济危机中，有担保债券发行公司因无法偿还债务发生倒闭的明显高于无担保债券发行公司。原因在于：担保只是在公司发生倒闭时对实物资产回收的一种保障，并不能够降低公司发生倒闭的风险。因此投资者逐渐将注意力从实物资产担保转向企业的经营状况和财务状况。

(3) 评级机构的评级活动就是对企业经营及财务状况的一种反映，在经济危机中，评级机构的评级结果基本反映了企业债券偿还能力的真实情况。这一事实加强了投资者对债券评级的信赖。

3. 美国评级制度的作用

(1) 降低投资风险。由于投资者不可能获得证券发行人的全部信息，难以对众多证券进行精确分析和选择。专业机构对拟发行的证券还本付息的可靠程度进行客观、公正和权威的评定，即进行证券信用评级，可以显著提高证券投资和交易的质量，降低投资风险。

(2) 确定融资成本的依据。在资本市场，信用评级是债券的定价基础。信用等级越高的证券，越容易得到投资者的信任，能够以较低的利率出售；信用等级低的证券，风险较大，只能以较高的利率发行。

(3) 扩大证券交易主体的范围。证券评级不仅有利于大的机构投资者，更有利于中小投资者进行证券投资，扩大了证券交易主体的范围，拓宽了资金来源渠道。

（二）日本的信用评级制度

1. 日本信用评级制度发展历程

日本信用评级制度的发展大致可分为两个阶段。

第一阶段，由发债会进行评级。1947 年，日本建立了发债调整协议会，简称"发债会"，统一决定各种债券的发行条件和发行利率。1959 年以后，发债会开始对债券进行评级，最初划分为 A、B、C 三个等级，主要考察资本金、纯资产额、发债余额等反映规模状况的指标。进入 20 世纪 60 年代中后期，日本评级制度由注重规模向注重质量转变，指标设置日趋完善，级别分类也参照美国的评级制度做了一些调整。

第二阶段，参照美国模式建立专门的评级机构。1979 年，日本经济新闻社附设的日本公社债研究所率先开展评级业务，并在 1981 年成立了御国信用评级社。1985—1986 年间，日本信用评级公司和日本投资者服务公司也相继成立。目前日本公认的评级机构有：日本公社债研究所、日本投资家服务公司和日本评级研究所。

2. 日本评级制度与美国评级制度的区别

日本的评级制度与美国的评级制度的区别有：日本是对发行者进行评级，发行者一旦获得评级，在一年内其所发行的任何债券都可以使用这一级别；美国是对发行者的债券种类进行评级，同一发行者在一年内发行不同种类的债券时，可以得到不同的评级结果。

（三）几个欧洲国家的信用评级制度

欧洲资本市场对评级制度的需求远不如美国市场，大多数国家还没有成型的评级制度。欧洲债券市场不活跃，且银行可以兼营证券业务，对评级并没有很大的需求。欧洲的企业一般不愿公开企业内部的信息，通常不会选择要求企业公开信息的融资手段。

1. 英国

英国最早的评级制度建立于 20 世纪 70 年代。随着 20 世纪 60 年代公司债券发行市场的扩大，对公司债券进行评级的要求越来越强烈。保险会计师协会和证券分析协会联合成立了实行公司债券评级制度联合研究小组，并于 1978 年 3 月发表了题为"关于普通公司债券和劣质公司债券的评级制度"的方案，标志着英国公司债券评级制度的建立。

与美国的评级制度相比，英国的评级制度有着诸多的不同。英国的评级制度对"企业财务经营状况"和"公司债务信誉情况"分别评级；英国的评级制度排除分析人员的主观判断，完全依靠客观因素进行评价；美国拥有数家评级机构，而英国只有一家。

英国的评级制度实施得并不成功。其原因在于英国的公司债券市场远不及美国发达，而评级公司的评级方法也受到商人银行、证券交易商及一部分清算银行的质疑。

2. 瑞典

瑞典是欧洲国家中唯一存在公司债券评级制度的国家。瑞典的信用评级制度称为公司债评级制度，建立于 1974 年。瑞典独立的评级机构对债券进行评级，各公司债券的承购银行按照中央银行规定的方式决定各个债券的级别。

瑞典的评级制度是为了决定公司债的发行条件，而不像美国是为了向投资者提供风险提示。

3. 德国

德国没有专门的评级机构，也没有类似于美国的依赖企业公开信息的评级制度。德国法律允许商业银行从事证券市场所有的投资、融资业务，其中包括作为企业发行证券的主承销商，以及在投资公司持股参与二级市场交易。银行这种在证券市场上投资者和发行者的双重身份，就使独立的评级制度失去了存在的必要性。

四、信用评级程序

1. 评级准备

(1) 中介评级机构在受到客户委托后，开始进行企业信用风险评价的准备工作。

(2) 组建评估小组。一般情况下，项目小组由 3 人组成，其中 1 名项目负责人，负责整个项目的组织协调工作。

(3) 由项目负责人与受评企业指定人员建立工作联系，将信用风险评价的工作过程告知对方，以便于企业人员配合评估小组工作，同时将"企业信用风险评估所需资料清单"发给受评企业，请受评企业按照资料清单准备评估材料，并在指定时间内将资料提交给评估小组。

(4) 在收到受评企业提供的评估资料后，评估小组进行初步分析，将资料中不完整、不清楚的地方在访谈提纲中列明，便于在调研时重点了解。

2. 实地调研

(1) 实地调研的开始时间应由受评企业与评估小组协商确定，其前提是要保证评估小组如期完成调研工作，采集到评价所需的第一手资料。

(2) 现场访谈受评企业的有关人员。访谈对象主要包括：受评企业的主要负责人、财务负责人、投资项目负责人、销售部门负责人、计划发展部门负责人以及其他有关人员。访谈的主要内容包括：企业目前的经营、管理和财务方面的重点问题，决策者对外部环境的分析及内部实力的把握，企业未来发展的设想，企业决策程序、决策层的稳定性及主要决策者的详尽情况。

(3) 参观企业现场。评估小组成员对受评企业进行实地考察，以对受评企业的生产环境和经营情况建立感性认识。

(4) 对企业有债权债务关系的部门或企业(主要包括向企业贷款的商业银行、大额应付账款的债权人、企业应收账款的主要欠款单位等)进行调查与访谈。访谈的目的是了解受评企业历史信用情况、目前债务的真实压力以及企业资金回笼情况等。

(5) 补充评估资料。评级小组在实地考察和访谈之后，可根据需要要求受评企业补充相关资料，并建立完备的工作底稿。

3. 初评

(1) 在受评企业提供的资料和会谈纪要的基础上，评估小组根据"企业信用风险评价程序"，整理定量数据，并输入计算机进行处理。

(2) 评估人员开始对企业资料进行深入分析，对行业发展趋势、国家政策及监管环境、基本经营和竞争地位、管理水平和财务状况等方面进行综合的评价。

(3) 在对受评企业进行定量和定性分析的基础上，评估小组初步确定受评企业的信用风险级别。

(4) 将分析报告及附表、信用风险评价工作底稿整理后，提交给信用评审委员会进行审核。

4. 终评

(1) 终评是信用评审委员会对评估小组提交的"企业信用风险评价分析报告"进行讨论、质疑、审核，并对信用级别进行表决的过程。评级结果必须经评审委员会三分之二以上的评审委员同意，方才有效。

(2) 评估小组根据评审委员会确定的企业信用风险评价等级及评定意见，修改"企业信用风险评价分析报告"，撰写"企业信用风险评价等级评估报告"，将"企业信用风险评价等级评估报告"及"评估结果反馈意见"在信用风险级别确定之日内送交评级委托机构。

5. 评级结果反馈

(1) 若评价委托机构对评估结果没有异议，评估小组负责向委托机构提交"企业信用风险评价等级通知书"。

(2) 若评级委托机构对评估结果有异议，提供有可能对评估结果有影响的、真实的补充资料，则评估小组应向信用评审委员会申请复评。根据委托机构提供的补充资料，对企业信用风险的定量、定性评价进行修正，修改"企业信用风险评价分析报告"，将修改后的分析报告、复评调整意见、补充资料一并提交评审委员会，最终确认复评等级。

(3) 若评级委托机构对评估结果有异议，但不能提供相应的补充资料，信用评级委员会将不受理复评要求，初评结果即为最终结果。

6. 级别公告

企业信用风险评价将根据评级委托机构的要求，决定是否披露。

7. 文件存档

评估小组将项目的原始资料、评估过程中的文字资料进行分类整理，作为工作底稿存档备查。评估委托机构提供的全套资料应作为保密级别文件归档，对评估委托机构特别要求保密的文件，应作为公司保密文件单独存档。

8. 跟踪监测

由于受评企业所处的经营环境以及企业内部多种因素的变化，企业经营管理状况与评估时点相比可能会发生巨大变化，从而影响原有评估结果，因此有必要对受评企业进行跟踪复评。跟踪复评一般由原项目小组人员负责实施，分为不定期跟踪和定期复评。

五、信用评级原则

1. 真实性原则

在评级过程中，必须保障评估基础数据和基础资料的真实、准确，采取一定的方法核实评估基础数据和基础资料的真实性。

2. 一致性原则

评估人员所采用的评估基础数据、指标口径、评估方法、评估标准要前后一致。

3. 独立性原则

评估人员在评估过程中要保持独立性，不能受评估对象及其他外来因素的影响，要根据基础数据和基础资料独立做出评判，运用自己的知识和经验客观、公正、公平地实施评估。

4. 稳健性原则

在评估和对评估结果的分析过程中，下结论要谨慎，特别是在对定性指标打分时，要谨慎给分。在分析时，对影响企业经营的潜在风险要准确指出，对企业某些指标的极端情况要做深入分析。

六、信用评级方法

(一) 信用评级方法的特征

由于评级对象的偿债能力和履约能力受到一系列因素的综合影响，国际著名评级机构一般以"现金流量对债务的保障程度"作为分析和预测的核心，对相关风险因素进行定量分析和定性判断，并注重不同行业或同一行业内部评级对象信用风险的相互比较。

国际著名信用评级机构的评级方法具有以下共同特点。

1. 侧重于对评级对象未来偿债能力或履约能力的分析和评价

信用评级的一个基本出发点是评价评级对象未来若干年(而不是过去或现在)的偿债能力或履约能力。

对于长期债务工具的评级，国际著名信用评级机构特别重视对影响偿债能力的长期性因素的分析和判断。如在评价宏观经济周期和行业发展趋势的影响方面，国际著名评级机构一般通过综合考虑评级对象景气时期和不景气时期的偿付能力来确定其信用级别，而不是随着宏观经济的波动而随时调整其评级结果。

2. 定性分析和定量分析相结合

定量分析主要是对财务报表分析和相关财务指标的运用，以及受评对象基本经营和现金流量预测等；定性分析主要是针对行业风险和管理素质等方面做出的判断。最终信用等级的确定更是综合各种影响因素和专家意见而得出的一种定性结果。

信用评级采用两种方法确定评级对象的信用等级：

(1) 专家打分法。评级机构在确定影响受评对象信用级别相关因素的各项指标基础上，由项目分析人员根据事先确定的标准和权重对每一指标分别打分，再根据总得分确定其信用级别。

(2) 计量分析法。评级机构采用定量分析和定性分析相结合的方法，综合评估评级对象的信用状况。

3. 注重现金流量的分析和预测

国际著名信用评级机构都非常重视现金流量及相关比率的分析和判断。国际著名信用评级机构现金流量分析一般包括三方面的内容：

(1) 企业正常经营活动产生的现金流量。

(2) 流动资产和固定资产变现可能产生的现金流量。

(3) 现金的其他外部来源。

一般而言，企业经营活动产生的现金流量越充足，资产流动性越强，企业的信用风险就越小。

4. 以同类企业作为参照，强调全球评级的一致性和可比性

国际著名信用评级机构一般是通过同类企业的对比来决定信用等级，即选取国内外信用风险类似的其他企业作为类比组，由专家委员会投票决定评级对象的信用等级。

国际著名信用评级机构非常强调信用评级的全球一致性和可比性，即任何经济主体或债务工具的信用等级与风险大小可以与不同国家、行业及资本市场的经济主体或债务工具进行比较，为投资者进行投资选择提供方便。

(二) 信用评级指标

信用评级机构在评级过程中往往会使用一些定量和定性指标，评级指标根据被评对象及经济主体所处行业不同而不同，各评级机构所使用的评级指标也有所差异，不存在一套统一、完整的评级指标体系，也不存在评级指标的固定权重，各评级指标与信用等级之间也不存在明确的对应关系。

评级指标体系可大致分为定量指标和定性指标。定量指标主要是财务报表的分析和相关财务比率的分析及预测；定性指标主要是影响受评企业未来偿付能力各种因素的分析，一般包括经营环境、经营实力、管理素质、财务状况和其他保障五大分析要素，并针对每一评级要素设置相应指标。

基于上述评级指标，信用评级机构采用定量分析与定性分析相结合、静态分析与动态分析相结合的分析技术，对评估对象现金流量充足性进行分析和预测，揭示评级对象的违约风险和损失的严重程度，通过与类比组的相互比较来确定其信用风险的大小和最终信用级别。

1. 定量指标

(1) 资产负债结构。对受评企业负债水平与债务结构的分析，有助于了解企业管理层的理财观念和对财务杠杆的运用策略，为预测该企业再融资空间提供重要信息。债务到期安排是否合理，对于特定期间企业的偿付能力有很大影响，如果到期债务过于集中，到期不能偿付的风险会明显加大，而过分依赖短期借款，有可能加剧再筹资风险。企业的融资租赁、未决诉讼等或有负债项目会加大受评对象债务负担，从而相应增加对企业现金流量的需要量。

(2) 盈利能力。较强的盈利能力及其稳定性是企业获得足够的现金以偿还到期债务的关键因素。充足而稳定的收益往往能够反映企业良好的管理素质和开拓市场的能力，增强企业在资本市场上的再融资能力，使企业具有较高的财务灵活性。盈利能力可以通过销售利润率、成本费用利润率、净值报酬率、总资产报酬率、股东权益收益率、销售收入增长率等指标进行衡量，同时要对盈利的来源和构成(特别是价格的形成基础和成本构成)进行深入分析，并在此基础上对影响企业未来盈利能力的主要因素及其变化趋势做出判断。

(3) 现金流量充足性。现金流量及其相关比率是衡量受评企业偿债能力的核心指标，其中企业从正常经营活动中产生的净现金流量是偿还到期债务的基本来源。现金净流量、留存现金流量和自由现金流量与到期总债务的比率，反映受评企业营运现金对债务的保障程度。现金净流量、留存现金流量与资本支出相比，反映受评企业依靠营运现金维持和扩大经营规模的能力。不同行业现金流量充足性标准是不同的，需要将受评企业与同类企业相对照，以对受评企业现金流量充足性做出客观、公正的判断。

(4) 资产流动性。除了正常经营活动产生的现金之外，企业可以通过资产变现等方式来偿还到期债务。流动资产与长期资产的比例结构是衡量资产流动性的一个重要指标，流动资产或速动资产与流动负债的比率可以为评价企业内部流动性来源提供重要信息，而存货周转率、应收账款周转率、营运资本周转率、应付账款周转率等指标则可在一定程度上反映资产流动性。

2. 定性指标

(1) 行业现状及其发展趋势。行业发展阶段、宏观经济景气周期、产业政策等与评级对象未来经营的稳定性、资产质量、盈利能力和现金流量充足性都有密切关系。产业组织和集中化程度也是行业分析的一个重要方面。一般来说，垄断程度较高的行业比自由竞争的行业盈利更有保障，风险相对更低。

(2) 基本经营和竞争地位。企业的经营历史、经营范围、主导产品和提供产品的多样化程度决定了其市场定位和发展潜力。各项业务在企业整体收入和盈利中所占比例及其变化情况，可以反映评级对象收入来源是否过于集中，盈利能力是否易受市场波动，原料供应和技术进步等因素的影响。评级对象的经营目标与方针、营销网络与手段、对主要客户和供应商的依赖程度等因素也是分析要点。企业的竞争地位可以通过多项指标加以衡量，如经营规模、产品的市场占有率、研发能力、成本结构及单位成本的高低、设备、技术水平和外部支持等。受评对象与类比组相比的竞争优势与劣势，尤其是当经营环境出现不利变化时企业能否维持其盈利能力，并保持现金流量的充足性和稳定性，对评价其经营状况和未来若干年的市场竞争能力尤其重要。

(3) 管理水平。企业管理层素质的高低及管理层的稳定性是企业(特别是处于初创阶段企业)持续发展的关键。企业发展战略和经营理念是否明确、稳健，直接影响企业未来是否能产生稳定的业务收入和足够的现金来源，或在不利的经营环境下保持财务灵活性；企业治理结构是否合理关系企业经营目标能否顺利实施，经营和管理效率能否提高。

(4) 担保和其他还款保障。实力较强的企业为评级对象提供担保，可以提高受评对象的信用等级。但即使是连带责任担保也可能因为相关法规不健全或其他人为因素而不能实现，从而使债权人的利益受到损害，因此，信用评级要对担保实现的可能性和担保实力做出评估，政府直接援助、母公司对子公司的支持协议等也可以为某项债务的偿付提供程度不一的保障。若评估国际债券，国家风险及特殊事件的影响是必须考虑的内容。

(三) 信用评级标准

信用评级标准包括两个方面。

(1) 信用等级的设置及各等级所对应的风险大小和范围。各评级机构一般采用 AAA—D 的评级符号体系来表示信用风险的大小，并将 BBB 级以上的信用级别规定为可投资等级，其他信用级别为不可投资等级，但在每一评级符号所对应的信用风险大小和范围的把握上不尽相同(见表 2-1)。

(2) 信用评级机构根据被评对象的特点而选择的各项评级指标的参照标准。这一标准一般是信用评级机构对积累下来的评级资料进行统计分析的结果。因此，建立行业和企业评级数据库对信用评级机构评级结果的公正性尤为重要。

表 2-1　信用评级与评级符号

评级符号	级　　别	贷款/投资状况
AAA	最佳级	可投资等级
AA	很好级	
A	较好级	
BBB	一般级	
BB	观察级	不可投资等级
B	预警级	
CCC	不良级	
CC	危险级	
C	损失级	
D	严重	

七、信用评级机构

为了降低赊销带来的坏账风险，英国于 1830 年、美国于 1837 年出现了专门收集和提供企业信用服务的征信公司。其中，创立于 1841 年的美国邓白氏集团，奠定了企业开展信用管理工作的基础。

信用评级则相对起步晚一些。20 世纪初，美国成立了世界上第一家评级机构——穆迪投资者服务公司，对当时美国主要铁路企业进行了信用评级。经过一个世纪的演进，信用评级已成为发达国家不可缺少的金融中介服务，发展出众多世界知名的信用评级机构。在国际评级业近百年的历史中，穆迪投资者服务公司、标准普尔公司和惠誉国际信用评级有限公司是当今世界最权威、规模最大的三家评级公司。

（一）著名企业信用管理机构简介

国际上最著名的企业信用管理机构当属美国邓白氏公司。

1841 年，邓白氏公司创始人刘易斯·大班(Lewis Tappan)在纽约成立了第一家征信事务所 The Mercantile Agency；随后 The Mercantile Agency 在 1851 年由其唯一所有者 R.G.Dun 改名为 R.G.Dun & Co；同期，辛辛那提的律师 Jhon M.Bradstreet 在 1849 年创建了 The Bradstreet Company，到 1933 年 R.G.Dun & Co 和 The Bradstreet Company 两公司最终合并成 Dun & Bradstreet。

经过将近 180 年的发展，邓白氏公司成为一个全球性的征信公司。目前，邓白氏公司在 37 个国家设有分公司或办事处，在全球范围内向客户提供 12 种信用产品、11 种征信服务以及各种信用管理用途的软件，还在 50 个国家和地区替客户开展追账业务。目前邓白氏公司年营业额保持在 14 亿美元以上。

1994 年，邓白氏公司进入中国，重点在市场开拓、信用管理、应收账款管理和商务培训等方面为中国企业提供信用咨询服务，采集了 50 多万家中国企业的数百万条信息，并通过引入邓白氏中国信用风险指数和邓白氏中国风险指数行业标准等，为国内上千家外商投资企业、上市公司、进出口公司和私营企业提供商业信用调查报告。

邓白氏公司在其将近 180 年的发展历程中，多次进行技术创新：1849 年邓白氏公司出版了全球第一本商业信用评级参考书；1900 年出版了全球第一本证券手册；1963 年发明了邓白氏编码；1975 年建立了美国商业信息中心；1990 年起提供完整的商业信息服务；2000 年起致力于电子商务的发展。

邓白氏商业信息被广泛应用于风险管理、营销和供应管理决策领域。邓白氏风险管理解决方案能降低风险、提高现金流、增加收益率；邓白氏销售及市场拓展方案能增加客户收益；邓白氏电子商务方案能协助客户更快捷地识别潜在客户；邓白氏供应管理方案能通过供应商的整合有效识别采购节省项目，并能有效防止因供应链的断裂或其他严重的财务、营运和调整带来的风险。已有越来越多的企业将邓白氏公司作为获取制胜信息的最可信赖的合作伙伴。

1. 信用评级业务

邓白氏公司信用评级业务主要有两种模式：一种是企业之间进行交易时的信用评级，另一种是企业向银行贷款时的信用评级。这两种模式在咨询对象和咨询内容上有一些区别。

信用评级报告包括以下几方面内容：

(1) 公司概览。包括地址、电话号码、业务范围、成立时间、领导人有关资料、公司架构等基本资料。

(2) 付款记录和分析。包括公司12～24个月的拖欠账款记录，同行业企业付款情况的比较分析，对公司的付款能力、风险的分析预测和评估。

(3) 财务状况分析。依据资产负债表、损益表等财务报告的相关财务指标，对公司财务状况的分析，对公司的财务表现、财务压力和风险的评估及预测。

(4) 经营表现分析。包括诉讼记录、公众记录、新闻机构对公司的评价。

(5) 营运状况。包括产品品种、生产能力、产量、交易方式、销售地区、原料来源、顾客类别等资料。

2. 信用产品

目前，邓白氏公司的信用评级咨询服务项目，亦称为邓白氏信用风险管理解决方案，主要有以下信用产品。

(1) 商业信用报告。邓白氏商业信用报告是被全球企业广泛使用的信用产品。借助邓白氏覆盖全球200多个国家及地区的信息网络，企业可以方便及时地全方位了解其客户的信用状况，并交叉核实自己已掌握的客户信息，监控老客户或问题客户的风险变化，还可以快速洞悉新客户的信用状况，为业务决策提供信息支持。邓白氏商业信用报告主要包括注册信息、历史记录、付款记录和付款指数、财务信息、公共信息、营运状况及企业家族关系，以及邓白氏评级风险指数和行业标准。

(2) 信用管理咨询服务。邓白氏公司的商务咨询顾问运用邓白氏信用风险管理知识，为企业提供旨在帮助企业建立和调整其信用管理体系的咨询服务，以支持企业更好地管理客户和应收账款，减少坏账，优化现金流量。邓白氏商务咨询顾问首先通过与企业各相关部门的访谈，了解企业的行业状况、业务需求和现有信用管理水平。然后提供项目报告，协助企业确立其今后发展各阶段的信用管理目标，提出相应的信用管理解决方案，并为项目的具体实施提供支持和培训。邓白氏信用管理咨询服务帮助企业建立：信用管理职能，包括制定连续稳定的信用政策，确定标准化的信用申请和审批流程，创建客户化的评估模型，设定信用相关人员和部门的职责等；应收账款管理职能，包括系统化应收账款管理流程和建立催收政策等；客户档案管理职能，包括建立集中、完善、可及时更新的客户档案等。

(3) 风险评估管理系统(RAM)。风险评估管理系统是一个集客户管理、信用评估及应收账款管理为一体的自动化信用管理工具，它将企业内部数据和邓白氏信息以信息仓库的形式结合在一起，结合后的信息通过一系列的客户化决策模型融入企业自己的信用决策准则，进而将商业信息提升为商业情报。同时，RAM可以对每个客户自动评出风险分数，并给予建议性的信用额度，使企业的整个信用决策过程客观、一致和高效。RAM还能够细分客户群体，将不同的信用风险进行归类，让企业对其客户有更深层次的了解。

(4) 数据库管理咨询服务。通过数据整合优化，确保企业所有的分支机构、职能部门在具有相同质量信息的基础之上进行运作。这一服务将企业所有业务部门的客户和供应商信息整合在一起，使企业准确了解自己与各公司或集团公司的总体业务关系，确认以客户身份出现的供应商，从而发现属于同一企业族系的客户和供应商的额外业务发展机会。借助这一服务企业可在节省大量的时间和资源的同时，提高自身分析客户、评估供应商、设定信用额度和确定风险的能力。数据库管理咨询服务的过程包括：标准化和清理客户和供应商的主要数据；删除重复记录；统一、及时整合不同来源的数据；识别已停止和有潜在欺骗性的商业个体；提供能够被企业资源规划(ERP)系统接受的客户与供应商的数据格式等。

(5) 邓白氏付款信息交流项目。邓白氏付款信息交流项目是一个集客户信用分析与公司信息采集为一体的信用信息系统。邓白氏公司在亚洲及全球大多采用这一方法对客户提供信用分析服务，并同时采集大量信用分析评估所需的信息资料。具体的运作方法如下：参加邓白氏付款信息交流项目的客户根据交易周期的长短，将企业的付款信息按月或按季提交邓白氏公司，邓白氏公司将这些付款记录分门别类地输入相应的公司档案里，通过相应的数学模型软件进行分析比较，然后将分析结果反馈给参与项目的客户。这一项目给客户提供的服务，一是迅速判断回收货款时间及其对利润的影响；二是准确把握付款变化的趋势；三是对公司的付款记录与行业水平进行对比；四是对某一公司与其他供应商在付款上的差异比较，评估潜在的业务损失。邓白氏公司则可通过这一交流项目获取大量有关企业付款方面的信息，特别是对参与交流项目有业务往来的企业的大量信息，并依此建立相关行业、相关企业的付款及风险分析系统。

3. 信用评估保障系统和技术手段

(1) 邓白氏全球数据库。邓白氏公司的全球数据库是全世界信息量最大的企业信用数据库，邓白氏公司的信用产品和服务就是来源于此。邓白氏数据基地在美国东部，全球 37 个分支机构建有数据库分基地，有 3000 多人从事数据的收集和加工工作。数据库由 5 个子系统组成：邓白氏全球数据库联机服务系统、全球企业家谱和联系系统、全球数据库支持系统、全球市场分析系统和全球市场方案系统。为了满足客户的需求，邓白氏数据库采取多渠道、多形式收集信息，目前收集信息的主要渠道有：当地的商事登记部门，当地的信息提供机构，当地的黄页、报纸和出版物，官方的公报，商业互联网站，银行和法庭；有的时候，还采取拜访和访谈的形式收集有关的消息。目前，邓白氏全球数据库拥有全球企业信息 7000 多万条，覆盖 214 个国家和地区，使用 95 种语言、181 种货币。在全球拥有客户 15 万家，其中包括《财富》杂志 500 强中的 80%和《商业周刊》全球 1000 强中 90%的企业。数据库不仅累积了多年收集的信息，而且每天以 100 万次的频率更新。

邓白氏全球数据库采用高科技手段实行联机服务，客户可以通过计算机系统在"视窗"或网上定时检索世界各国企业的商业和信用信息，此外，客户还可以通过邓白氏的全球数据库联机服务在网上订购邓白氏公司的各种征信产品。

(2) 邓白氏编码系统。邓白氏编码(D—U—N—S Number)是邓白氏公司信息库及其信用分析系统所使用的编码系统，由 9 位数字组成。每个邓白氏编码对应的是邓白氏全球数据库中的一条记录，它被广泛用作一个标准工具，用来识别、整理、合并各个企业的信息。主要作用有管理现有客户和潜在客户档案，识别企业家族族系，连接相关贸易伙伴，扩大商机；帮助客户清理内部档案；整合企业内部数据库。此外，邓白氏编码在支持电子商务、行业网络等现代的交易系统中都发挥了重要作用。

目前，邓白氏编码在国际上得到了广泛的认可，其中包括国际标准组织、欧盟、联合国、美国国家标准学会、美国联邦政府等50多个组织机构和工业及贸易协会的认可及推荐。

(3) 邓白氏中国信用风险指数。邓白氏中国信用风险指数是基于邓白氏在中国过去几年的发展并积累的数据，运用统计学的方式分析并测试后得到的。这里，中国的平均企业倒闭率被认定为衡量风险的标准。企业倒闭的定义为在过去两年间，破产、停业或突然消失的企业。这样发展得到的数据可以确定处于某一风险等级的企业相当于其他企业发生倒闭的概率。该指数分为1～6级，1级代表企业倒闭的风险最低，6级代表企业倒闭风险最高。

(4) 邓白氏中国风险指数行业标准。邓白氏中国风险指数行业标准是从邓白氏中国数据库的现有行业样本中，利用邓白氏先进的统计原理发展出来的，可以让企业通过比照行业风险平均值来定位其客户的风险水平。所属行业按四位标准工业代码来划分，将同一行业的企业按不同的风险指数，用四等分位的方法得出同业较高平均风险指数、同业中等平均风险指数、同业较低平均风险指数；然后将客户的风险指数与其进行比较，就可以了解客户在行业中所处的风险水平。

(5) 邓白氏信用评级方法。根据邓白氏信用风险指数和邓白氏风险指数行业标准，按照客户规模由小到大的三种信用额度区间，将三种区间由低到高对应于邓白氏风险指数，最终确定其风险水平。

(二) 著名信用调查与信用评级机构简介

1. 穆迪投资者服务公司

穆迪投资者服务公司(以下简称穆迪公司)是1900年由约翰·穆迪创立的评级机构。该机构从1909年起先后开始对铁路证券和一般企业债券进行评级。经过100多年的发展，穆迪公司已发展成一家全球性的信用评级机构。

(1) 穆迪公司的评级特点。历史最长，规模最大，最具权威性；评级对象主要为债务性融资证券，如长期债、短期债等，主权评级也最具影响力；评级方法更趋于进行定性分析。

(2) 穆迪公司评级的基本原则。定性和定量相结合，强调定性分析；侧重于对影响评级对象未来偿债能力的长期性因素的分析和评价；注重现金流量的分析和预测；以同类企业作为参照，强调全球评级的一致性和可比性；考虑当地会计实际情况。

(3) 穆迪公司评级的基本要素，主要有以下几点。

① 行业趋势。考虑经济周期的敏感性、全球化定价、国内和全球竞争、进入壁垒、成本因素、技术变革的敏感性等因素。

② 国家政策和监管环境。考虑国内商业实践、监管和管制解除趋势、政府保证和支持等因素。

③ 管理质量。考虑战略方向、财务策略、业绩记录、母子公司关系、发展计划、内控等因素。

④ 基本经营和竞争地位。考虑市场份额及展望、主营业务和收入多样化、成本结构等因素。

⑤ 公司结构。考虑分支机构的重要性、相对财务状况、法律环境、合资公司伙伴、债务优先要求权、债务契约等因素。

⑥ 财务状况。考虑现金流量、资本市场融资能力、评估后备资源的相对需求、质量和来源、估计资金需要的时间等因素。

⑦ 母公司保证和保持协议。考虑母公司担保、维护协议、偿付的强制性和时间性、协议条款和条件等因素。

⑧ 特别事件风险。

(4) 穆迪公司评级的主要指标。穆迪公司评级指标体系，如表2-2所示。

表2-2　穆迪公司评级指标体系

项目	财务指标
部门指标	各生产经营部门销量及销售收入、部门资产规模、部门毛利率、部门息税前盈余/部门资产、部门经营性现金流/部门资本支出
收益分析指标	税金/股息支付比率、利息保障倍数、资产、应收账款、存货周转率、息税前盈余/平均资产、息税前盈余/平均资本支出、平均股东权益回报率
现金流量指标	经营性现金流量/总负债、留存现金流量/总负债、自由现金流量/总负债、经营现金流量/资本支出、留存现金流量/资本支出
资产负债分析指标	资产负债率、负债结构、资本化总额

2. 标准普尔公司

标准普尔公司是对各种股票债券进行评级的综合性公司，其历史可追溯到1860年，普尔先生出版了《铁路历史》及《美国运河》，并以"投资者有知情权"为宗旨率先建立了金融信息业。时至今日，早已成为行内权威的标准普尔公司仍在认真严格地履行最初的宗旨。

标准普尔公司经历了多个里程碑：1906年成立标准统计局(Standard Statistics Bureau)，提供在此之前难以获得的美国公司的金融信息；1916年标准统计局开始对企业债券进行债务评级，随即开始对国家主权进行债务评级；1940年开始对市政债券进行评级；1941年普尔出版公司及标准统计公司合并，标准普尔公司成立；1966年麦克劳希尔公司兼并标准普尔公司。如今，标准普尔公司员工总数超过5000人，分布在19个国家。标准普尔公司投资技巧的核心是其超过1250人的分析师队伍，世界上许多重要的经济学家都在这支经验丰富的分析师队伍中。标准普尔公司的分析师通过仔细制定统一的标准确保所有评级及分析的方法都是一致和可预测的。

(1) 标准普尔公司的评级特点，主要有以下两点。

① 金融机构评级、证券评级是标准普尔公司的一大特色，在其评级业务中占有相当大的份额。

标准普尔公司作为金融投资界的公认标准，提供被广泛认可的信用评级、独立分析研究、投资咨询等服务。标准普尔公司提供的多元化金融服务中，标准普尔1200指数和标准普尔500指数已经分别成为全球股市表现和美国投资组合指数的基准。该公司同时为世界各地超过220 000家证券及基金进行信用评级。

标准普尔公司的服务涉及各个金融领域，主要包括：对全球数万亿债务进行评级；提供涉及1.5万亿美元投资资产的标准普尔指数；针对股票、固定收入、外汇及共同基金等市场提供客观的信息、分析报告。标准普尔公司的以上服务在全球均保持领先的位置。此外，标准普尔公司也是通过全球互联网网站提供股市报价及相关金融内容的最主要供应商之一。

标准普尔公司在资本市场上发挥了举足轻重的作用。自1860年成立以来，标准普尔公司就一直在建立市场透明度方面扮演着重要的角色。当年欧洲的投资者对于自己在美国新发展的基础设施投资的资产需要更多的了解。这时，公司的始创人普尔先生顺应有关需求开始提供金融信息。普尔出版的各种投资参考都是本着一个重要的宗旨，就是"投资者有知情权"。在过去的一个世纪里，金融市场变得越来越复杂，业内人士千挑万选最终还是认定标准普尔独立、严格的分析及其涉及股票、债券、共同基金等投资品种的信息是值得信赖的。标准普尔公司提供的重要看法、分析观点、金融新闻及数据资料已经成为全球金融基础的主要部分。

标准普尔公司是创建金融业标准的先驱，率先开展了以下方面评级：证券化融资、债券担保交易、信用证、非美国保险公司的财政实力、银行控股公司、财务担保公司。股票市场方面，标准普尔公司在指数跟踪系统和交易所基金方面同样具有领先地位，公司推出的数据库通过把上市公司的信息标准化，使得财务人员能够方便地进行多范畴比较。标准普尔公司一系列的网上服务为遍布全球的分析、策划及投资人员提供了有效的协助。

② 评级过程中定性分析与定量分析两种方法都采用，但以定量分析为主。标准普尔公司的实力在于创建独立的基准，其信用评级能够以客观分析和独到见解真实反映政府、公司及其他机构的偿债能力和偿债意愿，获得全球投资者的广泛关注。

(2) 标准普尔公司评级原则，主要如下。

① 把分析工作分成几类，以此来提供分析的框架，而该框架是考虑了所有显著的因素；

② 信用等级是经营风险与财务风险平衡的结果；

③ 对不同行业建立不同的分析框架；

④ 各因素不是相互独立的，没有一个公式能把各因素组合出一个信用等级；

⑤ 强调全球评级的一致性和可比性。

(3) 标准普尔公司评级指标。标准普尔公司评级指标体系，如表 2-3 所示。

表 2-3　标准普尔公司评级指标体系

经营风险	财务风险
1. 行业特征	1. 财务特征
2. 竞争地位 (1) 市场　(2) 技术 (3) 效率　(4) 监管	2. 财务政策
	3. 收益性
	4. 资本结构
	5. 现金流保护
3. 管理	6. 财务灵活性

3. 惠誉国际信用评级有限公司

惠誉国际信用评级有限公司(以下简称惠誉公司)是世界领先的国际评级公司之一，是继穆迪公司与标准普尔公司之后的第三大评级机构。

惠誉公司评级业务主要有：主权评级、金融机构评级、企业评级、结构融资评级。其主要领域包括：资产抵押证券、商业分期付款证券、住宅抵押证券、信贷产品、信贷基金等。

(1) 惠誉公司的评级特点，主要如下。

① 评级业务范围很广，几乎涉及评级市场的各个方面。

② 结构融资在其评级业务中占重要地位，发明了复杂的结构融资评级标准，是对市场风险进行估价和对债券组合的易变性进行评级的第一个机构。

③ 在企业评级市场上占有优势，在美国市场上，商业票据项目几乎占 60% 市场份额。

(2) 惠誉公司的评级原则，主要有以下几点。

① 评级是考察企业及时偿还债务的能力以及和其他行业、国家公司的对比。

② 定性分析和定量分析相结合。

③ 公司表现和同类公司进行对比分析。

④ 强调对公司经营历史和财务数据的分析以及对未来的预测。

⑤ 通过情景分析，考察公司应对各种经营环境变化的能力。

⑥ 重视评估财务灵活性，其在很大程度上取决于公司从生产经营中产生现金流量的能力。

(3) 惠誉公司评级的指标体系，如表 2-4 所示。

表 2-4　惠誉公司评级指标体系

定性分析	定量分析
1. 行业风险	1. 现金流量
2. 经营环境	2. 盈利和现金流量
3. 市场地位	3. 资本结构
4. 公司管理	4. 财务灵活性
5. 会计	5. 盈利计量
	6. 覆盖比率
	7. 杠杆比率
	8. 收益比率

4. 三大评级机构信用等级符号及含义

专栏 2-1

三大评级机构信用等级符号比照，如表 2-5 所示。

表 2-5　三大评级机构信用等级符号比照

表示符号			含　义	品　质　说　明
穆迪	标准普尔	惠誉		
Aaa	AAA	AAA	最高级	最高级品质，本息具有最大的保障
Aa	AA	AA	高级	高级品质，对本息的保障条件略逊最高级债券
A	A	A	中高级	中上品质，对本息的保障尚属适当，但保障条件不及以上两种
Baa	BBB	BBB	中级	中级品质，目前对本息的保障尚属适当，但未来经济情况发生变化时，约定的条件可能不足以保障本息安全
Ba	BB	BB	中低级	中下品质，具有一定投机性，保障条件同中级
B	B	B	差、半投机性	具有投机性，缺乏投资性，未来的本息缺乏适当保障
Caa	CCC	CCC	差、明显投机性	除具投机性，利息尚能支付，但无保障，经济不佳时，债息可能停付
Ca	CC	CC	显然不佳，明显投机	比 CCC 稍差，支付利息的保障更差
C	C	C	高度投机性	信誉不佳，本息可能已经违约停付，专指无力支付本息的收益公司的债券
—	—	DDD	低级、低价值	品质差，易发生倒债
		DD	资产价值低	品质差，不履行债务，资产价值低
		D	无明显价值	品质差，无明显价值，前途无望

第二节　征信概述

一、征信的内涵

征信就是信用调查，是指征信机构通过各类手段广泛收集、处理信用信息，以验证调查对象的信用状况。

征信有广义和狭义之分。广义的征信泛指调查、了解、验证他人信用。狭义的征信主要是指信用机构对企业或个人信用进行调查、验证并出具信用报告。

二、征信法治环境

一个国家的信用管理体系建设和征信服务的全面开展，必须创造必要的法治环境。要保障征信数据的开放，规范授信和信用管理行为，保护消费者的权益，就必须有一系列相关的法律法规及相应的惩罚机制。建立完善、高效的信用管理法治环境是信用行业健康规范发展的基础和必然要求，也是跨入征信国家的最主要标志。

美国、欧洲的一些征信国家的信用管理相关法律主要是基于"保护消费者个人隐私权并维护市场公平竞争"的基本原则，通过保证企业和消费者征信信息的畅通，达到规范授信和征信行为的目的。

1. 征信数据开放的法律保障

征信数据是制作征信产品的原材料，是开展信用管理服务的基础性条件。作为全面开展征信服务的前提，征信行业的从业机构必须能够合法地取得各种真实的企业和个人信用信息、行业及社会数据，并在法律规范下对经过处理的信息进行公开和公正的报告。

世界上各征信国家都有相关法律明确规范征信数据的开放和使用，即由法律规定哪些数据可以被征信公司合法和公开地取得，哪些数据需要保密而不能被征用。

在界定数据开放范围的同时，西方征信国家的法律也强制性地要求掌握征信数据的机构和企业必须向社会开放其数据源。

2. 规范授信行为的法律保障

规范授信行为的法律可分为两类：一类目的在于保护消费者的权益，减少信用交易中的信息不对称程度，如美国的"公平法"系列；另一类目的在于控制和指导授信金融机构的工作方式和业务范围。

绝大多数国家的信用管理相关法律都是为保护消费者而订立的，几乎没有什么信用管理专业法律涉及保护企业法人。其目的在于体现市场公平竞争的原则，保护信息不对称的弱势方(消费者)，通过规范企业和金融机构的授信行为，消除授信机构对消费者个人的信息不对称对象。

3. 规范信用管理行为的法律保障

从美国信用相关立法体系构成来看，基本可以分为银行相关信用法律和非银行相关信用法律两类。

三、信用数据

(一) 信用数据概述

征信服务离不开信用数据，信用数据是征信机构从事信用工作必备的基础。征信业务，无论是企业征信还是个人征信，都是建立在对大量信用数据的收集、整理、分析和归纳的基础上。信用机构必须具备数据收集、保存、传输、整理、分析的技术能力。

信用信息记录的是信用主体经济状况、履约能力、还款意愿等信息。

按照信用主体划分，信用信息分为企业信用信息、个人信用信息、政府信用信息、商业信用信息、司法信息等。

按照信用主体获取信息渠道，信用信息分为内部信息、外部信息。

征信机构应该优化信用信息来源，低成本、高质量地获取信用数据，以便更全面、准确地采集信用信息。

(二) 信用数据服务

1. 信用信息查询服务

储存在信用数据库中丰富的企业数据和个人数据，可以为社会提供翔实、快速、高效的信用信息查询服务。

2. 利用征信数据库为企业间提供商务合作服务

征信数据包括企业的各类信息，从描述性信息(如企业性质、经营范围、联系方法等)到各种该企业的商务活动记录。这些信息为企业的商务活动提供平台，使企业能够获得行业内和行业间的各类信息，促进企业之间的商务合作和交流。

3. 利用征信数据库为企业与消费者提供商务信息服务

基于企业信用数据库和个人信用数据库，可以为企业和消费者之间搭起信息的桥梁，便于客户联系、沟通和交易活动。

4. 向社会提供综合性研究报告

根据征信数据库的信用数据制作研究报告，为企业、政府、行业管理协会提供咨询服务。定期发布不守信用的黑名单并介绍诚信企业，向社会大众公开有关资料，起到监督、约束不良商业行为，鼓励诚实守信的作用。

(三) 信用数据库建设

信用数据库用于存储企业、个人等信用信息，是信用数据中心的核心和基础。基础信用数据库应由政府牵头组建，便于方便、快速地汇集社会信用信息，一般以信用局的形式设立。

信用数据库的特点如下。

1. 全面性和广泛性

为社会提供个人或企业的信用信息服务，要保证收集到尽可能全面、广泛的信用信息，以便全面刻画客户的信用特征。

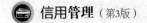

2. 时效性

信用信息要及时更新，以便准确反映和解释即时信用风险。由于对系统时效性的要求，信用数据库服务必须是 24 小时的连续服务。

3. 安全性

维护信用数据安全，防止信息泄露，对企业、个人、银行等都是十分重要的。

（四）数据整理、数据模型和信用报告

1. 数据整理

即将所采集的数据进行筛选，把一些不合格、不准确、不完整的数据剥离出去，保证入库数据的质量；对数据进行科学分类。

2. 数据模型

即借助现代数学、统计学工具，对经过整理的数据进行定量分析和处理，进行数据建模，用于信用风险的分析和评估。

3. 信用报告

即数据建模后，进行信用数据统计分析，制作各类信用报告，并对外提供服务。

（五）主要信用数据库

1. 个人信用数据库

个人信用数据库中较著名的有美国的艾贵发公司、全联公司和英国的益百利公司所拥有的个人信用数据库，存储了大量消费者个人信用信息。

2. 企业信用数据库

企业信用数据库中较著名的有美国的邓白氏企业信用数据库，拥有全球数千万家企业的档案资料。

四、征信渠道

按照征信机构获取信息的方式，征信渠道可以划分为直接渠道和间接渠道。直接渠道是指征信机构通过各种公开手段拿到企业或个人的征信资料。间接渠道是指征信机构在法律、法规允许的范围内从调查公司等其他第三方信息提供机构获得资料。其中，直接渠道是征信机构获取信息的主要途径。

一般而言，征信数据主要来源于政府信息、企业信息、公共信息、其他第三方调查信息。

1. 个人征信渠道

(1) 商业银行、信用卡公司、公用事业机构和零售商。

(2) 就业单位。

(3) 公安、法院、税务、劳动人事等政府部门。

2. 企业征信渠道

(1) 市场监督部门及税务部门。

(2) 商业银行。

(3) 法院、公安等政府部门。

(4) 官方公报及数据库。

(5) 报纸、杂志等新闻出版物及商业互联网站。

(6) 其他信息提供机构。

3. 征信渠道的使用

(1) 通过合法、公开的渠道免费获取信用信息。

(2) 企业、个人自愿提供信用信息。

(3) 依法或按照合约从政府有关部门或单位以及其他信息提供单位获取信息。

(4) 通过金融机构特别是商业银行获取信息。

(5) 通过间接的渠道获得信息。

五、企业征信调查

(一) 企业征信调查的概念

企业征信调查是指由专业化的信用管理或服务机构对有关企业信用状况进行系统的调查和评估，按照市场化原则向社会开放征信资料和数据、提供信用报告。

信用调查可以反映被调查企业的以下信息：

(1) 对金融部门贷款的按时还本付息情况。

(2) 对供应商应付账款的按期支付。

(3) 对顾客提供产品和服务的数量、质量、交货期等的保证。

(4) 对员工提供各类权益保障的履约情况。

(5) 是否能够按时足额纳税。

(6) 对国家法律法规的遵守情况。

(7) 企业财务报表的真实性。

(8) 企业信息披露的真实可靠性。

(二) 企业征信调查的产生和发展

当授信人(债权人)授信失当或受信人(债务人)回避自己的偿付责任时，信用风险就会产生。信用风险产生的根本原因是发生经济关系的市场主体之间的信息不对称。随着社会分工的深化和市场信用交易的扩大，企业信用调查机构应运而生，为企业、金融机构和政府部门提供专业化信息咨询和服务。

(三) 企业征信调查的目的

企业征信调查有利于企业把握客户、合作伙伴的信用状况。

(1) 有利于企业寻找潜在客户。

(2) 帮助企业与新客户建立业务关系。

(3) 了解竞争对手的最新情况，以制定相应的经营策略。

(4) 老客户的资料超过一定时限时，更新客户资料。

(5) 当客户改变交易方式，可以及时应对。

(6) 有重大合作项目时，降低风险。

(7) 处理与客户的纠纷，包括各种诉讼等。

(四) 企业征信调查报告种类

1. 简单企业信用调查报告

简单企业信用调查报告主要内容包括注册资料及股东、企业历史沿革、业务范围、基本经营状况、员工人数、付款记录、诉讼记录、简单财务数据、主要进出口客户、主要经营者履历等信息。

用途主要有：帮助判断企业的合法性，了解企业概貌，适用于小额贸易或合作。

2. 标准企业信用调查报告

标准企业信用调查报告主要内容包括在信用报告概要的基础上，增加公司组织结构及附属机构、公司领导者素质、最近一年详细财务数据及财务比率分析、业务现状与发展前景、企业实地考察、行业状况、企业对外投资、银行往来等信息，并给出理想信用额度和信用评级。

用途主要有：帮助客户了解企业的经营管理情况、财务状况及其偿债能力，从而确定结算方式和信用额度，适用于交易金额不大、交易次数频繁、相对稳定、持续的贸易关系。

3. 深层次企业信用调查报告

深层次企业信用调查报告主要内容包括连续 3 年以上详细财务数据及财务比率分析、详细的行业发展情况、综合经营信息、行业基本状况、企业竞争力分析等资料，同时也包括主要领导人个人信用、竞争对手分析等，并给出对企业的综合评估，主要是在一个较长的历史阶段对企业做出评价。

用途主要有：帮助客户全面了解企业的生产、经营、管理情况，可作为扩大业务、赢得顾客或争取银行贷款的重要参考依据，也适用于大型投资项目可行性分析和企业重大经营活动决策参考。

4. 企业信用调查后续报告

企业信用调查后续报告即对信用调查报告某些部分的定期更新。更新的部分往往以被调查企业的即期财务报表为主，也包括企业经营、管理层、股东的重大变动情况以及公司地址、电话、法人等注册事项的变更情况。

5. 特殊信用调查报告

特殊信用调查报告即根据客户的特定要求，在遵守相关法律法规的前提下，涉及"简单信用报告"和"深层次信用报告"中没有包括的信息，向客户提供特殊信用信息需求的专项资料，适用于企业生产经营活动中产生的不同专项信用信息需要。

(五) 企业信用调查的作用

(1) 扩大信用交易范围，提高交易效率。

(2) 降低融资成本，鼓励投资。

(3) 防范银行信用风险，减少银行不良资产。

(4) 有利于提倡诚信经营的信用文化，增强企业信用意识。

(5) 有利于国家宏观调控政策实施。

(六) 企业征信模式

(1) 完全市场化商业运行的企业征信制度。美国的商业性征信企业、追账公司等是一种典型表现，它们都是从盈利的目的出发，按市场化方式运作。美国目前形成了由邓白氏集团等著名公司为主体的企业征信体系。

(2) 以中央银行建立的中央信贷登记为主体的企业征信制度。德国、法国等欧洲国家主要采取这种方式。中央银行建立中央信贷登记系统主要是由政府出资，建立全国数据库的网络系统，征信加工的信息主要是供银行内部使用，服务于商业银行防范贷款风险和中央金融监管及货币政策决策。

(3) 由银行协会建立的会员制征信机构与商业性征信机构共同组成的企业征信制度。日本是这种制度的典型代表。日本银行协会建立了非营利的银行会员制机构——日本个人信用信息中心，负责对消费者个人或企业进行征信，会员银行可以共享其中的信息。

六、个人征信调查

(一) 个人征信调查与企业征信调查的区别

由于个人消费者与企业的不同特点，造成个人征信调查与企业征信调查在操作方法上有很大区别。相对个人消费者来说，企业的特点是规模大、数量少。企业信用调查可以做个案处理，从委托到完成可以有一定的周期。消费者个人信用调查的特点是人数众多，不可能做个案处理，必须批量处理信息，自动化地出具报告。

个人征信调查要符合的原则包括批量处理原则、成本最优原则、时间性原则。

(二) 西方征信国家的个人征信调查

在西方征信国家，个人征信调查主要由信用局完成。不同来源的数据通过各类征信机构收集上来，保存在中央数据库或是各征信公司的数据库中。任何提供赊销或贷款的企业或银行都可以查询这些信息，用于信用决策。在各项信用交易中形成的关于企业或消费者的各种记录也会反馈到数据库中，完成动态跟踪。信用局是靠搭建广泛的征信渠道和平台、长期收集大量的数据并保证及时的动态更新来完成个人信用调查的。

个人信用记录是形成不同种类个人征信报告的基础。有了充足的个人信用记录，美国的个人信用局可以向法律规定的合法用户提供多达 30 种以上的消费者信用调查报告。

由于个人征信调查要涉及大量的个人信息，因此健全的法律是完成个人征信的必要支持。

(三) 个人征信调查的基本内容

美国全国信用报告协会设计了标准信用报告格式——"信用观察 2000"，对信用报告的内容和基本格式提出了基本要求。根据"信用观察 2000"表格的要求，个人征信调查要包括以下几类信息：人口统计资料、流水账信息、就业资料、公共记录资料、信用局查询记录。

"信用观察2000"规定了对信用调查的基本要求，但由于信息收集的渠道不同，以及不同的评分标准和报告风格，各大信用局在信息收集中也会体现不同的特色。

(四) 个人征信模式

实践中普遍存在着三种个人征信模式：同业征信、联合征信及金融联合征信。

1. 同业征信

同业征信是由征信机构在一个独立或封闭的系统内部进行征信和提供征信服务的征信工作方式。

2. 联合征信

联合征信是指征信机构根据协议，从一家以上的征信数据源收集征信数据的形式。

3. 金融联合征信

金融联合征信不同于同业征信，也不同于联合征信。从信息收集的角度来看，它是联合征信的一种，需要广泛地收集个人信用信息；从使用者的角度来看，它与同业征信类似，只能向有会员资格的金融机构提供服务。

(五) 个人信用调查报告种类

个人信用调查报告的种类主要如下。
(1) 标准信用报告。
(2) 购房贷款信用报告。
(3) 就业报告。
(4) 商业报告。
(5) 人事报告。
(6) 信用评分报告。

第三节　信用风险计量模型

在20世纪70年代以前，信用风险计量主要借助于受评对象各种报表提供的静态财务数据，并结合定性分析来评价其信用质量。20世纪80年代以来，现代信用风险计量模型开始出现并应用。

目前，西方发达国家(特别是美国)较为流行的模型大体上可分为两类：古典（或传统）信用风险计量模型和现代风险计量模型。

一、古典信用风险计量模型

古典信用风险计量模型主要运用统计学、计量经济学、运筹学等方法，通过对信用风险因素的计量来确定风险等级，具体包括主观判断分析法、财务比率评分法和多变量信用风险判别法等。其中，多变量信用风险判别法是最有效的，也被国际金融业和学术界视为主流方法，主要包括线性概率模型、Logit Porbit 模型和判别分析模型。这些模型主要用于信用等级的评定，具体方法有信用评级法、专家法和信用评分法。

（一）信用评级法

信用评级法是将信用状况按确定的标准分成不同等级，分别适用不同的信用政策。典型的应用是银行采用贷款评级法，将银行贷款分成若干等级，不同等级赋予不同的损失准备金率，然后计算损失准备金并加总，得出银行需要准备的用于防范风险的资本。

贷款内部评级分级模型是美国金融机构在美国货币管理署(OCC)最早开发的评级系统基础上拓展而来的，监管者和银行家采用这一方法评估贷款损失准备金的充分性。OCC最早将贷款分为5级，不同级别所要求的损失准备金不同。这5级包括：正常贷款，要求0损失准备金；关注贷款，要求0损失准备金，但保持紧密关注；次级贷款，要求20%的损失准备金；可疑贷款，要求50%的损失准备金；损失贷款，要求100%的损失准备金。这种评级方法也是目前我国银行业广泛推行的贷款分类方法。

（二）专家法

专家法是一种古老的信用风险分析方法，即专家凭借自己的专业技能和主观判断，对涉及信用风险一些关键因素进行权衡以后，评估其信用风险，做出相应的决策。常见的方法包括5C法、5W法、5P法、LAPP法和CAMPARI法，其中以5C法最为常见。

1. 5C法

客户的付款能力和付款意愿受多方面因素的影响，衡量客户信用主要考核以下指标：借款人的道德品质(character)、还款能力(capacity)、资本实力(capital)、抵押担保(collateral)和经营条件或商业周期(condition or cycle)。

如果在这5个方面达到了一定的水准，就可以认为客户是一个可信的优质客户。信用评级方法是将5C原则转化为具有可操作性的计算公式，并将客户信用价值的评估结论以量化的形式表现出来，就形成了对客户的信用评级。

美国最流行的信用管理教材提到6C原则，增加了常识(commonsense)，要求信用分析人员在处理问题时，要尊重实际和常识，不要生搬硬套信用管理理论。

2. 5W法

考核指标为借款人(who)、如何还款(where)、担保物(what)、还款期限(when)、借款用途(why)。

3. 5P法

考核指标为个人因素(personal)、前景(perspective)、保障(protection)、偿还(payment)、借款目的(purpose)。

4. LAPP法

考核指标为借款人资产的流动性(liquidity)、业务活动能力(activity)、获利能力(profitability)、业务发展能力(potentiality)。

5. CAMPARI法

考核指标为借款人品质(character)、借款人偿债能力(ability)、银行从贷款中获得的利润(margin)、借款目的(purpose)、贷款金额(amount)、贷款偿还方式的安排(repayment)、需要提供的贷款抵押(insurance)。

专家法在 20 世纪 80—90 年代银行信用分析中发挥着积极的重要作用，尤其是对大客户的分析，然而实践却证明它存在许多缺点和不足。专家法是一个效率低下的方法，整个信贷审批的过程要经过不同级别的专业信用分析人员的审查，从申请到最后完成，需要经历较长时间，耗费大量的精力；专家法基本属于定性分析法，难以遵循统一的标准，造成信用评级的主观性、随意性和不一致性；专家法需要大量经过长期训练的专业信用分析人员，成本非常高；财务比例分析属于单变量的测定法，对不同财务比例的重要性不能进行合理的权重设计。

（三）信用评分法

信用评分法是将反映信用状况的若干指标赋予一定权重，通过某些特定方法得到能够反映信用状况的信用综合分值或违约概率值，并将其与基准值相比来确定信用等级。信用评分法主要包括 Z 评分模型、ZETA 评分模型、巴萨利模型、营运资产分析模型、特征分析模型。

1. Z 评分模型

1968 年，美国著名信用风险管理专家爱德华·奥特曼(Altman)教授开发出具有 4 个变量的 Z 评分模型。该模型主要通过关键的财务比率来预测公司破产的可能性。经实践中多次修改，最终形成了现在的 5 个变量的模型，其中 Z_1 主要适用于上市公司，Z_2 适用于非上市公司，Z_3 适用于非制造企业。

$$Z_1 = 1.2X_1 + 1.4X_2 + 3.3X_3 + 0.6X_4 + 0.999X_5 \qquad (2\text{-}1)$$

式中，X_1＝(流动资产－流动负债)/资产总额，衡量资产流动性；

X_2＝未分配利润/资产总额，衡量持续发展能力；

X_3＝(利润总额＋利息支出)/资产总额，衡量盈利能力；

X_4＝权益市场值/负债总额，衡量资产的均衡性；

X_5＝销售收入/总资产，衡量资金运营能力。

对于 Z 值与信用分析的关系，奥特曼认为 Z 小于 1.8，风险很大；Z 大于 2.99 则风险较小。

在评估非上市公司信用风险时，奥特曼对 Z 评分模型中变量 X_4 进行了修正，用公司的账面价值取代市场价值，得到修正的 Z 评分模型。

$$Z_2 = 0.717X_1 + 0.847X_2 + 3.107X_3 + 0.420X_4 + 0.998X_5 \qquad (2\text{-}2)$$

式中，X_1＝(流动资产－流动负债)/资产总额；

X_2＝未分配利润/资产总额；

X_3＝(利润总额＋利息支出)/资产总额；

X_4＝公司账面价值/负债总额；

X_5＝销售收入/总资产。

对具有多种融资渠道且不进行资本租赁活动的非制造性行业，可删除销售的影响，得到

$$Z_3 = 6.56X_1 + 3.26X_2 + 6.72X_3 + 1.05X_4 \qquad (2\text{-}3)$$

式中，X_1＝(流动资产－流动负债)/资产总额；

X_2＝未分配利润/资产总额；

X_3＝(利润总额＋折旧＋摊销＋利息支出)/资产总额；

X_4＝所有者权益/负债总额。

奥特曼认为，根据上述公式计算的 Z 值，如果 Z 小于 1.23，风险很大；Z 大于 2.9，则风险较小。

Z 评分模型可以在 2 年前预测企业破产可能性。因为企业在逐渐走向破产的过程中，分值在不断降低。企业破产前 2～3 年，观察的变量通常会出现重大变化。Z 评分既可以作为预测性指标，也可以作为监测性指标。

在实际应用中，使用 Z 评分模型预测企业破产的准确率高达 97%，且通常企业破产发生在第一次评分结果出现负值后的 3 年内(见表 2-6)。

表 2-6　Z 评分结论说明及样本公司中位值

Z 评分	商业失败可能性	样本公司 Z 评分中位值	
1.1 以下	高	破产企业	-4.06
1.2～2.5	可能	非破产企业	7.70
2.6 以上	低		

2. ZETA 评分模型

1977 年，奥特曼、赫尔德门(Haldeman)和纳内亚南(Narayanan)对 Z 评分模型进行了扩展，建立了 ZETA 评分模型。其目的是创建一种能够明确反映公司破产问题研究最新进展的度量指标，同时该模型还对以前模型构建中采用的统计判别技术进行了修正与精练。该模型不仅能够有效地对检验样本分类，在其他检验过程中也表现得非常可靠。该模型将 Z 评分模型的 5 个变量增加到 7 个变量，分别为资产报酬率、收入的稳定性、债务偿还、积累盈余、流动比率、资本化率和规模。

与 Z 评分模型相比，ZETA 评分模型具有更强的预测能力，它可以在破产前 5 年有效地识别出将要破产的公司，其中破产前 1 年的预测准确率大于 90%。

ZETA 评分模型如下：

$$ZETA = \alpha_1 X_1 + \alpha_2 X_2 + \alpha_3 X_3 + \alpha_4 X_4 + \alpha_5 X_5 + \alpha_6 X_6 + \alpha_7 X_7 \tag{2-4}$$

式中，X_1 表示资产报酬率，X_2 代表收入的稳定性，X_3 表示债务偿还，X_4 表示积累盈余，X_5 表示流动比率，X_6 表示资本化率，X_7 表示规模。

奥特曼的 Z 评分模型和 ZETA 评分模型被应用于以下不同方面。

(1) 信用政策。缺乏内部风险评价系统的机构可以通过 ZETA 的分段值与实际违约经验相结合的评分系统。ZETA 等价评级(ZER)提供了处理不同区域、规模或所有权的客观且一致的方法。通过 ZER 结果与金融机构自己的评分结果相比较，可以分析一些异常现象以验证已给定的登记是否合适。

(2) 信用评审。随着借款者信用质量的提高或下降，这些模型能够为金融机构提供预先警告系统。

(3) 放贷。这些模型所提供的风险评价方法成本低而且速度快。通过利用分值与违约率之间的一致关系，可以在定价模型中考虑目标信用利差和意外损失。

(4) 证券化。由于它们提供了可靠而一致的信用语言，这些模型能够促进商业信贷的分层和结构化以实现证券化。

Z 评分模型和 ZETA 评分模型在美国商业银行的应用过程中获得了巨大的成功，取得了良好的经济效益。但是这种模型也有一定的缺陷，主要表现在：

(1) 依赖财务报表数据，忽视了日益重要的资本市场指标，削弱了预测结果的可靠性和及时性。

(2) 缺乏对违约和违约风险的系统认识，理论基础比较薄弱，难以令人信服。

(3) 假设解释变量存在线性关系，现实的经济现象是非线性的，削弱了预测的准确程度。

(4) 两个模型都无法计量表外信用风险；对公用事业单位、财务公司、新成立公司以及资源企业等特定行业不适用，使用范围受到较大限制。

3. 巴萨利模型

巴萨利模型是由亚历山大·巴萨利建立的，使用范围比较宽，被广泛应用于美国金融机构的客户分析中。

巴萨利模型如下：

$$Z = X_1 + X_2 + X_3 + X_4 + X_5 \tag{2-5}$$

式中，$X_1 = $(利润总额＋折旧＋摊销＋利息支出)/流动负债，度量公司业绩；

$X_2 = $利润总额/(流动资产－流动负债)，度量营运资本回报率；

$X_3 = $所有者权益/流动负债，度量股东权益对流动负债的保障程度；

$X_4 = $有形资产净值/负债总额，度量扣除无形资产后的净资产对债务的保障程度；

$X_5 = $(流动资产－流动负债)/总资产，度量流动性。

各项比率的总和是模型的最后得分。Z 值越高，说明企业的运营状况良好，实力强；如果 Z 值小，或者出现负值，则说明企业的状况差，前景不妙。

据调查，巴萨利模型的准确率可达到 95%，最大的优点是易于计算；同时，模型还可以度量公司实力大小，已被广泛适用于各种行业。

4. 营运资产分析模型

营运资产分析模型是一种管理模型，通过对一些财务指标的分析，可以用于计算对客户的信用额度(信用限额)。

该模型首先需要分别计算营运资产和资产负债比率。

(1) 营运资产。营运资产是度量企业规模的尺度，可以作为确定信用额度的基础标准。

计算公式如下：

$$营运资产 = (营运资本＋净资产)/2 \tag{2-6}$$

(2) 资产负债比率。资产负债比率的计算公式如下：

$$Z = X_1 + X_2 + X_3 + X_4 \tag{2-7}$$

式中，$X_1 = $流动资产/流动负债；

$X_2 = $(流动资产－存货)/流动负债；

$X_3 = $流动负债/净资产；

$X_4 = $负债总额/净资产。

其中，X_1 和 X_2 度量企业的资产流动性；X_3 和 X_4 度量企业的资本结构。

评估值综合考虑了资产流动性和负债水平两个最能反映企业偿债能力的因素。评估值越大，表示企业的财务状况越好，风险越小(见表 2-7)。

表2-7 不同评估值对应的营运资产比例和风险

评估值	风险程度	营运资产比例/%
≤-4.6	高	0
-4.59~-3.9	高	2.5
-3.89~-3.2	高	5.0
-3.19~-2.5	高	7.5
-2.49~-1.8	高	10.0
-1.79~-1.1	有限	12.5
-1.09~-0.4	有限	15.0
-0.39~-0.3	有限	17.5
0.31~1.0	有限	20.0
>1.0	低	25

营运资产分析模型最大的贡献在于提供了一个计算信用额度的思路：对不同风险下的评估值，给出一个比例，按照这个比例和营运资产确定信用额度(见表2-8)。

表2-8 不同评估值对应的营运资产比例和风险

项 目	A企业	B企业	C企业
评估值	1	-2.3	-4.7
营运资产/元	100 000	100 000	100 000
信用额度	25 000	10 000	0

从表2-8可知，评估值小且营运风险大的企业，应授予较低的信用额度。

注意：该模型中并未全面考虑影响信用风险的因素，得出的信用额度只能作为企业确定信用额度的参考。实际的信用额度还要考虑不同行业的特点，以及企业的信用目标等因素，而且还要不断根据企业的信用政策松紧和当前总体信用额度进行调整。

5. 特征分析模型

一笔交易的信用风险不仅仅取决于客户的付款能力，还取决于付款意愿。前述的 Z 评分模型、巴萨利模型和营运资产模型都是以财务分析为主。特征分析模型既考虑了财务因素，又考虑了非财务因素，不但考虑了客户的付款能力和付款意愿，而且调查人员从不同渠道获得的特殊信息，也可以灵活地应用特征分析模型中。

特征分析模型采用特征分析技术，将影响企业信用价值的重要财务和非财务因素进行分类归纳分析，并综合评分。该模型要求在描写企业的种种因素中选择出对信用价值分析意义最大、直接与客户信用状况相关的 18 个因素，分为 3 组，形成 3 个特征(见表2-9)。然后，对各个因素或特征分配权重，进行分析。

表2-9 影响企业信用的 18 个因素

客户特征	优先特征	信用特征
外表印象	交易盈利率	付款记录
产品概要	产品质量	信用证明

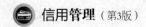

（续表）

客户特征	优先特征	信用特征
产品需求	对市场吸引力影响	资本和利润增长率
竞争实力	对市场竞争力影响	资产负债表状况
最终顾客	付款担保	资本结构比率
管理能力	替代能力	资本总额

特征分析模型建立在信用分析的经验基础上。对每一个项目，公司制定一个衡量标准，分为好、中、差三个层次，每个层次对应不同的分值。

以产品质量为例，衡量标准层次与对应分值如下。

- 好(8～10)：产品质量好，富有特色；
- 中(4～7)：质量中等，属大众消费商品；
- 差(1～3)：质量很差，属劣等品；
- 缺乏某项信息时，赋值为0。

根据公司的销售政策和信用政策对每一项都赋予一个权重，18个项权数之和为100。

计算共分三个步骤。

(1) 对每一项进行打分，每一项的最高分值为10，特征越好，分值越高。

(2) 用权数乘以10，得出最大可能评分值。

(3) 用每一项权数乘以实得分数并加总得出加权平均分，将加权平均分与加总所得最大可能评分值相比，得出对应的百分率。

特征分析模型可以用于调整赊销额度，与运营资产模型相比，特征分析模型更全面。一般是把特征分析模型与营运资产分析模型结合起来确定赊销额度；与其他分析模型的结果进行互相印证；对客户企业进行分级，即根据模型得出的最终百分率，将客户分为D(0～20%)、C(21%～45%)、B(46%～65%)、A(66%以上)四个信用等级(见表2-10)。

表2-10　特征分析模型最终百分率分类

最终百分率	类　别
0～20%	收集的信用特征不完全，信用风险不明朗，或者存在严重的信用风险，故不应该进行赊销交易
21%～45%	交易的风险较高，交易的吸引力低。建议尽量不赊销交易，即使进行也不要突破信用额度，并时刻监控
46%～65%	风险不明显，具有交易价值，很有可能发展为未来的长期客户，可适当超出原有信用额度
66%以上	交易风险小，为很有吸引力的大客户，具有良好的长期交易前景，可给予较高的信用额度

调整赊销额度的具体方法是：根据特征分析模型得出最终百分率，对营运资产分析模型得出的赊销额度进行调整(见表2-11)。

表2-11　赊销额度调整额

最终百分率	可超出赊销额度(营运模型结果)的数量
0～20%	0
21%～45%	赊销额度×21%～赊销额度×45%
46%～65%	赊销额度×(46%+0.5)～赊销额度×(65%+0.5)
66%以上	赊销额度×(66%+1.0)

【例 2-1】 某公司经过特征分析模型最终百分率为 46%，根据营运资产分析模型得出对其赊销额度为 10 000 元，则根据特征分析模型调整后的赊销额度为

$$10\ 000 \times (46\% + 0.5) + 10\ 000 = 19\ 600(元)$$

特征分析模型实践应用中会涉及权重的选择问题。权重设定的实质要反映信用评定者的信用政策取向。不管权重是偏重于销售，还是偏重于财务，总有一些因素因其重要性而被赋予较高的权重，主要有付款担保、付款记录、资本结构、管理能力等。

二、现代信用风险计量模型

20 世纪 80 年代以后，随着金融创新进程的加快，金融工具和金融交易日益复杂，传统的风险计量方法无法胜任，迫切需要发展新的风险计量方法。

通常市场风险的收益分布相对来说是对称的，大致可以用正态分布曲线来描述。而金融信用风险的分布不是对称的，是有偏的，收益分布曲线的一端向左下倾斜，并在左侧出现肥尾现象。这种特点一方面是由于贷款信用违约风险造成的，即银行在贷款合约期限有较大的可能性收回贷款并获得事先约定的利润，但贷款一旦违约，则会使银行面临相对较大的损失，这种损失要比利息收益大很多。换句话说，贷款的收益是固定和有上限的，它的损失则是变化的和没有下限的。另一方面，银行不能从企业经营业绩中获得对等的收益，贷款的预期收益不随企业经营业绩的改善而增加，相反贷款的预期损失却会随着企业经营业绩的恶化而增加。

信用风险定价的突破性进展始于 1974 年。默顿(Merton)将期权定价理论运用于违约证券定价的研究，推出了违约债券的定价公式。该方法的缺点主要有：①需要知道公司资产的市场价值和资产收益的波动率，而它们在现实市场中是很难直接得到的；②大多数公司有着复杂的资本结构，在该模型框架下，不可能对每一具体债务一一定价；③模型认为违约仅发生在债券还本付息时刻，但实际情况并不是这样。

以后大量学者的研究发展了该模型，如龙斯达夫等(Longstaff，1995)提出的模型，认为违约可在任何时候发生——只要公司资产触及某一外部边界，但该模型仍需要与公司资产相关的数据。违约证券估价理论模型都是基于 BSM(Black-Scholes-Merton)的股票期权定价模型，称为结构化模型。

现在发展的大部分模型不需要公司资产价值数据，而用市场中易于得到的公司违约率、公司信用等级变动以及债券信用利差等市场数据，此类模型称为简约模型(reduced form model)，如杜菲等(Duffie，1997)提出的模型认为违约支付率是随机的，它与违约前债券的价值相关；杰罗等(Jarrow，1997)提出了基于信用利差期限结构的马尔可夫模型，认为破产过程是一个有限状态马尔可夫过程。模型对不同优先级债券使用不同的违约支付率，可与各种无风险债券期限结构模型结合使用，并用历史信用等级转换概率数据来估计模型参数；兰多(Lando，1998)用考克斯过程来进行违约证券估价，该模型假设无风险利率期限结构和公司的违约特征之间存在一定的相关性，并提出了比杰罗更加通用的马尔可夫模型；杰罗等(Jarrow，2000)提出一个双因素模型，认为市场利率不是常数，而是随机的，该模型将市场风险因素添加到信用风险估价模型中来。

上述方法推出后受到银行的青睐，被广泛用于银行信用风险的计量。1996 年《巴塞尔资本

金协议市场风险修正案》正式许可金融机构可选择内部模型计量其面临的市场风险。

(一) 信用风险模型概述

相较于传统的信用风险计量方法，现代信用风险模型定量化趋势提高了信用风险计量的精度。信用风险模型主要从两个层面展开研究：单个信用资产风险计量和贷款组合的信用风险计量。

1. 信用风险模型功能

信用风险模型具有以下基本功能：量化违约概率；确定违约损失分布；贷款定价，为贷款决策提供指导；组合分析。

信用风险模型至少应该由以下四个要素组成：违约暴露(exposure at default，ED)、违约概率(probability of default，PD)、违约损失(loss given default，LGD)和期限(maturity，M)。

(1) 违约暴露。违约暴露就是由于违约事件的出现而使银行遭受损失的合约值。违约暴露可表示：违约暴露＝交易的市场价值＋未来潜在的风险。由于违约暴露的具体数值是以违约事件发生时刻合约价值的高低来表示，所以借款人或其他合约义务人选择在当前或未来某一时刻违约，会给银行带来不同的价值损失，即违约暴露不仅是一个与合约现值相关的即期概念，还是一个涉及合约价值未来变化的远期概念。不同类型的贷款或合约，其违约暴露不同。在信用风险模型中，违约暴露通常用一年内贷款或债券的违约风险现金流来表示。假设市场风险因子不变，可以用信用质量所确定的远期收益分布曲线来推导。但对于一些较为复杂的衍生产品来说，则要考虑远期利率或远期汇率的波动造成的影响。

(2) 违约概率。违约概率可以量度银行遭受损失的可能性，一般与借款人或其他合约义务人的信用质量、外部经济条件的变化密切相关。同一级别的客户具有相同的违约概率。

信用质量高的借款人，违约概率较小；信用质量低的借款人，违约概率相对较大。借款人的外部经济条件，如利率、股指、汇率、失业率等因素的变化，也会间接地影响违约概率。

违约概率可分为无条件违约概率和条件违约概率两类。无条件违约概率是指外部经济条件正常的情况下借款人违约的可能性；条件违约概率是指外部经济条件发生波动时借款人违约的可能性。在一般的信用风险模型中只考虑无条件的违约概率，而实际上一个好的信用风险模型应该能够将市场风险与信用风险完美地结合在一起。

违约概率的估计要考虑借款人的信用质量与外部经济条件，还要注意合约种类给违约概率带来的影响。如有担保的贷款，在其他条件相同的情况下，其违约概率应比无担保的贷款小。

(3) 违约损失。违约损失是借款人或其他合约义务人违约时给银行造成的损失。在通常情况下，银行并不会丧失贷款的全部欠付额，而只是损失其中的一部分。因而，信用风险模型一般量度单位资本的期望违约损失率。违约损失因银行经营的贷款种类、抵押类型、追偿贷款方式和程序的不同而不同，同时也会受经济周期的影响，所以对违约损失率的估计，既要考虑借款人信用质量、经济周期等因素，又要考虑使用模型的银行自身的经营制度、经营方式等因素，不同的银行应该根据自己的情况合理地确定违约损失率，并考虑其波动性。违约损失估计过高，可能使银行采取许多不必要的风险防范措施，不仅提高了银行的营运成本，而且还可能由此而损失一部分客户；违约损失过低，导致银行不能及时采取有效的措施，从而遭受意外损失。

(4) 期限。期限是影响违约风险的一个主要因素。在其他条件相同的情况下，期限越短，意味着违约风险越小。短期贷款或合约可以增强银行的流动性，银行可以通过拒绝再贷、在贷款中加入保护条款(如要求提供抵押)等方式来减少或防范信用状况恶化的借款人可能造成的损失。所以，期限是银行用来控制信用风险的一种有效途径。

期限是信用风险模型的重要因素之一。根据研究期限的不同，信用风险模型可分为单期模式(one-period default mode)和多期模式(mult-period default mode)。信用风险模型一般选择 1 年作为研究的时间水平，这样做的一个好处是可以将不同期限的各种合约的信用风险进行加总，便于进行组合分析或银行整体信用风险分析。

2. 信用风险模型构造

信用风险模型的基本框架如图 2-1 所示。

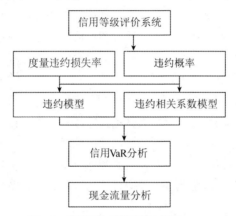

图 2-1 信用风险模型的基本框架

(1) 构建信用等级评价系统，度量违约概率及等级转移概率。对于基于信用等级的信用风险模型来说，首要的一步就是要根据借款人的信用质量确定相应的信用等级。这里包含两部分内容：第一部分是评价借款人应处的信用等级；第二部分是确定借款人的等级转移概率，包括违约概率。等级评级系统选取的不同，相应的等级转移概率及借款人所处的信用等级会存在一定的差异。目前，流行的信用等级评价主要是由 Mood 公司及 S&P 公司所提供的信用等级评价系统，这两个系统都给出了各个等级的违约概率及不同等级之间的转移概率。

(2) 违约损失率的度量方法确定。虽然在信用风险模型中，一般假设违约损失率为一个常数，忽略对违约损失率精度的考虑，但实际上违约损失率的估计精度对信用风险模型来说至关重要。影响违约损失率的因素很多，有银行内部的，也有银行外部的，包括经济周期等。因而，在度量违约损失率时，一般根据历史统计数据估计一个历史平均值，然后由实施信用风险模型的银行再根据自身的特点加以调整，以满足自身风险管理的要求。

(3) 违约模型构建，推导违约损失分布。根据违约概率与违约损失率，就可以推导违约模型，进而推导违约损失分布。国外的研究成果表明，损失分布并不服从严格的正态分布，而是出现"厚尾""偏峰"等现象，因而信用风险模型中损失分布的推导是一个十分重要的问题。

(4) 违约相关系数模型确定。对一个银行来说，其经营的业务肯定不止贷款一种，即使贷款业务也肯定不止一种类型，贷款对象肯定不仅面向一个公司。由于系统风险的存在，不同的业务类型之间及不同的客户之间必然存在一定程度上的相关性，在研究银行的信用风险时必须考虑不同业务类型和不同客户之间的相关性问题。同时，根据违约相关系数，还可以对银行的业务进行有效的组合管理。

(5) 信用 VaR(value at risk)分析。VaR 是指在正常的市场条件下和一定的置信水平上，给定时间内预期发生的最坏情况的损失。VaR 是针对市场风险管理提出来的，但是同样也可以用于信用风险和其他风险的管理。在违约模型和违约相关系数模型的基础上，可以对银行的部分业务或全部业务进行较为全面的信用 VaR 分析。

(6) 现金流量分析。在信用 VaR 分析的基础上，根据各种业务类型的特点及相应的收益分布曲线，可以推导其违约风险现金流，度量违约暴露，并为贷款决策提供指导意义。

3. 信用风险模型的应用

信用风险模型在银行内部实施，要建立一个风险管理部门，制定严格的业务审批制度，独立承担风险测量及防范措施策划等工作。银行的上层管理人员应该给予该部门充分的重视，全力支持该部门的工作，因为这一部门的工作在很大程度上决定着银行的经营效益。

信用风险模型主要应用于以下方面。

(1) 采取相应的风险管理措施。这是信用风险模型所要完成的最主要的目的。测量信用风险不是目的，而是为了防范信用风险，提高银行的经营效益。根据信用风险分析，银行可以选择适当的时机、适当的方式对各项业务进行适当的处理。

(2) 贷款审批。通过信用 VaR 分析及现金流量分析，可以对每一个借款人的信用质量状况进行较为全面和充分的了解，据此可以决定贷款的额度、价格及类型，最大限度地降低或预防银行所承受的风险。

(3) 多样化组合管理。根据银行的经营目标及经营理念，可以实施既定收益下承担最小风险，或者既定风险水平下实现最大收益的经营策略。

(4) 满足银行监管的要求。每个银行都要接受央行的监督和管理，保持适当充足的各种准备金以维持正常的营业。通过信用 VaR 分析，计算银行的经济资本，银行可以在贷款审批、贷款审核、贷后检查、贷款回收等各个环节对自身的资本运营状况有一个较为深刻的认识，从而采取相应的措施来满足监管的要求。

(5) 信用衍生产品开发。基于信用风险模型，可以对各种信用衍生产品的特点进行研究，开发新的信用衍生产品，发展银行的新业务，使银行能够单独对信用风险的敞口头寸进行计量，规避风险，提高信用风险的管理能力。

4. 信用风险模型的分类

信用风险模型大致可以分为三类。

第一类是信用转移方法，如 J. P. 摩根提出的信用计量(credit metrics)模型，核心内容是研究给定时间水平上信用质量变化(包括违约)的概率。

第二类是期权定价方法，又称结构化方法，最早是由 KMV 公司提出来的，以美国学者默顿(Merton)在 1974 年提出的资产定价模型为分析基础，将违约行为看作一个内生的随机过程，并且考虑公司的资本结构问题；结构模型的本质是用企业未来价值内生的不确定性解释企业债务的违约风险。

第三类是保险精算方法，如瑞士信贷银行金融产品部(credit suisse financial products，CSFP)提出的"credit risk＋"模型，在这一模型中仅考虑违约行为，不考虑信用等级的转移，并假设单项贷款或单个债券的违约行为服从泊松(Poisson)分布；麦肯锡提出的信贷资产组合(credit portfolio view，CPV)模型是离散的多期模型，其违约概率主要考虑宏观经济变量(如失业率、利率、经济增长率等)的约束。

所有这些模型都是以固定利率为基本假设前提的，并且考虑的都是没有期权特征的债券或贷款的信用风险问题。但是随着金融衍生产品蓬勃迅猛的发展，抛弃固定利率这一基本假设、考虑复杂结构金融工具的信用风险问题必将成为信用风险模型今后的发展趋势。

除上述方法外，人工智能的一些方法，如神经网络、专家系统、支持向量机(support vector machine，SVM)等方法也开始被引入信用风险计量的研究中，取得了很好的应用成果。限于篇幅，本书不再详细叙述。

(二) 信用风险模型计算方法

1. 在险价值方法

为保证银行的稳健经营，当前国际各大银行都会对每笔较大规模的贷款或贷款组合进行风险价值测量，为其潜在的、未预期到的可能损失配备经济资本。

究竟应配备多少资本才能既保证银行风险得到控制，又不影响银行现有盈利能力，这是银行管理层关心的问题。

常用的风险量化指标有三种。

(1) 敏感度指标。当条件发生变化时，目标相应的变化幅度称为目标对条件的敏感程度。

(2) 波动性指标。即目标的波动幅度，是常用的统计指标。在统计上反映具随机变量特征的目标对其平均值的离散程度，可用方差、标准差等来描述。根据历史数据计算的波动度称为历史波动度。

(3) 损失风险指标。即描述不确定因素对目标的影响程度，最具代表性的方法就是 VaR 方法。

在险价值又称"风险价值"，是一种基于统计基础的风险度量技术，其原理是根据资产价值变化的统计分布，寻找与置信度对应的分位数，该分位数即为 VaR 值。VaR 方法在 20 世纪 90 年代初，由 J. P. 摩根公司风险管理人员开发，该方法能根据历史数据度量市场风险，测量交易损失，目前已广泛应用于信用风险管理。

在险价值方法是指在给定的置信区间(如 95 %、99 %等)衡量给定的资产在一定时间内可能发生的最大损失。表示为

$$\text{Prob}\{\Delta P > \text{VaR}\} \leqslant 1 - c$$

式中，ΔP 为金融资产在持有期内的损失；$\cdot$VaR 为置信水平 c 下处于风险中的价值。

如某投资机构持有某种金融资产，经计算：在 95%的置信水平下，该资产的日 VaR 值为 500 万元(损失额)，即该投资机构有 95%的把握认为该金融资产在未来 24 小时内，由市场价格波动所带来的损失不会超过 500 万元，或者说，损失超过 500 万元的可能性只有 5%。

对于信用风险的衡量，运用在险价值方法进行信用分析可以回答以下问题：如果下一年是个坏年份，贷款会损失多少？借助于信用评级机构的评级结果、下一年评级变化的概率等，可以得出一个确切的结论。

VaR 计算方法有三种：方差—协方差方法、历史模拟法、蒙特卡罗模拟方法。具体计算方法本书不再详述。

由于贷款不能公开交易，贷款价值并不能直接观察得到，波动率也无法得到，致使 VaR 方法不能直接用于贷款风险的管理。为此，可按以下步骤处理。

(1) 直接获得贷款人的信用评级。

(2) 下一年度信用评级发生变化的概率，即构造信用评级转移矩阵。

一般采用标准普尔公司所提供的一年期信用等级转移矩阵表(见表 2-12)作为计算依据。

表 2-12　信用等级转移矩阵

单位：%

年初信用等级	一年后信用评级转换概率							
	AAA	AA	A	BBB	BB	B	CCC	违约
AAA	90.81	8.33	0.68	0.06	0.12	0	0	0
AA	0.70	90.65	7.79	0.64	0.06	0.14	0.02	0
A	0.09	2.27	91.05	5.52	0.74	0.26	0.01	0.06
BBB	0.02	0.33	5.95	86.93	5.30	1.17	0.12	0.18
BB	0.03	0.14	0.67	7.73	80.53	8.84	1.00	1.06
B	0.0	0.11	0.24	0.43	6.48	83.46	4.07	5.21
CCC	0.22	0	0.22	1.30	2.37	11.24	64.86	19.79

资料来源：Introduction to Creditmetrics, J.P.Morgan, 1997.

(3) 根据贷款的数据库计算违约贷款回收率。

(4) 计算贷款信用价差和收益率，从而得出贷款价值和波动率。

信用等级的变化必然影响贷款的价值。不同信用评级状态下的贷款价值计算公式如下：

$$W_{ij} = \sum_{k=1}^{n} \frac{C_k}{(1 + r_{kj} + s_{kj})^k} \tag{2-8}$$

式中，W_{ij} 表示状态 i 的贷款转移到状态 j 的价值；

C_k 表示贷款在 k 年的现金流量；

n 表示贷款存在的年份；

r_{kj} 表示 k 年的远期无风险利率，即远期零利率，是预期未来存在 1 年的零息国库券的利率；

s_{kj} 表示年度信用风险价差，指 k 年期特定信用评级贷款的年度信用风险价差，风险价差可由评级机构给出。

(5) 贷款的 VaR 值计算。贷款的价值不是对称分布，可采用两种方法计算：基于贷款价值正态分布假设下的 VaR 和基于贷款实际价值分布的 VaR 值。

【例 2-2】假设某 5 年期固定利率贷款，年贷款利率为 6%，贷款总额 100 万元，信用等级为 BBB，请计算该贷款信用风险。

每个信用级别一年远期零利率曲线如表 2-13 所示。

表 2-13　每个信用等级的一年远期零利率曲线

单位：%

期限	一年	二年	三年	四年
AAA	3.60	4.17	4.73	5.12
AA	3.65	4.22	4.78	5.17
A	3.72	4.32	4.93	5.32
BBB	4.10	4.67	5.25	5.63
BB	5.55	6.02	6.78	7.27
B	6.05	7.02	8.03	8.52
C	15.05	15.05	14.03	13.52

资料来源：CreditMetrics，J.P.Morgan.

假定，借款人在第一年中的信用等级从 BBB 级上升到 A 级，一年后的信贷资产市场价值为

$$P=6+6/(1+0.0372)+6/(1+0.0432)^2+6/(1+0.0493)^3+106/(1+0.0532)^4=108.66(万元)$$

运用同样的方法，求得借款人信用等级转换到其他等级后的贷款市值金额(见表 2-14)。

表 2-14　BBB 等级贷款期末价值

单位：万元

信用等级	AAA	AA	A	BBB	BB	B	CCC	违约
贷款价值	109.37	109.19	108.65	107.55	102.02	98.10	83.64	51.34

下面计算贷款的 VaR 值。

(1) 假设贷款价值为正态分布。VaR 的计算过程如表 2-15 所示。

表 2-15　信用等级为 BBB 级的贷款 VaR 值计算表(以贷款市值均值为基准点)

年终信用等级	①概率	②新贷款价值加利息	③加权价值 (①×②)	④与平均值的差 (②-μ)	⑤加权差的平方 (①×④²)
AAA	0.02%	109.37	0.02	2.28	0.0010
AA	0.33%	109.19	0.36	2.10	0.0146
A	5.95%	108.66	6.47	1.57	0.1474
BBB	86.93%	107.55	93.49	0.46	0.1853
BB	5.30%	102.02	5.41	-5.07	1.3592
B	1.17%	98.10	1.15	-8.99	0.9446
CCC	0.12%	83.64	0.10	-23.45	0.6598
违约	0.18%	51.13	0.09	-55.96	5.6358
	$\mu=\sum p_i V_i=107.09$			$\sigma^2=\sum p_i(V_i-\mu)^2=8.9477$，$\sigma=2.99$	

假定贷款市值呈正态分布情况，则有

5%的在险价值量＝1.65σ＝4.93(万元);

1%的在险价值量＝2.33σ＝6.97(万元)。

(2) 实际分布的 VaR 值。由于贷款价值不是正态分布，实际计算出来的 VaR 值可能低估了信用风险，这就需要计算实际分布的 VaR 值。

计算精确的 VaR 值，可以运用线性插值法获得，本书不再详述。

虽然 VaR 法以其自身的优越性，已作为计量风险的基本方法之一写入了《巴塞尔协议》的补充规定中，但其内部体系却存在严重的缺陷：缺乏次可加性，也就是非一致性风险度量，无法满足凸性的要求，故而用 VaR 来度量风险，意味着证券组合的风险不一定小于各证券风险的组合，这在经济意义上是不合理的；VaR 体系的结果可能存在多个极值，局部优化不一定是整体优化，在数学上难以处理；没有考虑当 VaR 值被超过时损失究竟是多少，因而当真实损失超过了 VaR 的度量时，无法进一步识别风险等。

为了克服 VaR 法的不足，Rockafellar 和 Uryasev 等从金融风险优化的角度提出了 CVaR(条件风险度量)的概念，它是指损失超出 VaR 的条件均值，也称为平均超值损失。与 VaR 体系相比，CVaR 测度方法具有良好的次可加性，能够较好地满足凸性的要求，且其线形规划的全局最优化结果可同时得到 VaR 值与 CVaR 值(CVaR >VaR)，由此实现了对真实损失超过了 VaR 的度量。

2. 信用监控 KMV 模型

KMV 模型是 1993 年由美国 KMV 公司开发的用来估计借款企业违约概率的方法。KMV 模型把贷款看作期权，也称作信用风险的期权定价模型。KMV 模型简图如图 2-2 所示。

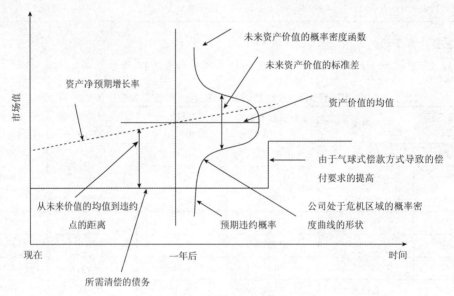

图 2-2　KMV 模型简图

该模型原理如下：当公司的资产价值低于一定水平时，公司就会对债权人和股东违约。与这一水平相对应的资产价值为违约点(default point)，即公司资产价值等于负债价值时的点。模型假设在某个给定的未来时期，公司资产价值服从某个分布，该分布的特征由资产价值的期望值与标准差(波动率)描述。未来资产价值的均值到所需清偿公司负债的账面价值之间的距离为违约距离(distance to default)。根据违约距离与预期违约率的对应性，算出预期违约率 EDF。预期违约率即在正常的市场条件下，借款公司在一定时期内发生违约的概率，该模型认为当资产价值的均值下降到所需清偿公司负债的账面价值之下时违约发生，因为事先无法准确判断借款公司是否会选择违约，所以只能估计违约的可能性大小。

一家公司的破产概率取决于公司资产相对于其短期负债的价值和资产(股票)市价的波动。当公司资产的市场(清算)价值低于其短期负债价值时，该公司可能发生违约。

由于股权可视为一种以公司资产为标的的看涨期权，因此可以根据标的公司债务面值、期限以及公司市场价值和波动性，应用期权定价方法确定公司股权价值。

长期以来，由于银行忽略了股票市场价格在放贷决策中的作用，KMV 在模型中融入了股票市场价格，认为当公司市场价值下降到某一水平之后，公司就会对其债务违约，由此将股权价值与信用风险有机联系起来。

KMV 公司通过研究提出了预期违约频率(expected default frequency，EDF)模型。该模型利用 Black-Scholes 期权定价公式，根据企业股权市值与资产市值之间的结构性关系、企业资产市值波动程度和企业股权市值变动程度之间关系，求出企业资产市值及其波动程度。计算出所有涉及的变量值，便可以用信用监测模型测算出借款企业的预期违约频率。

如果借款企业的资产市值呈现正态分布，便可知道违约的概率。

但该方法计算出的只是借款企业理论预期违约频率，它与实际的预期违约频率之间存在着很大差异。

KMV 模型的计算步骤如下。

(1) 公司资产价值和资产波动性的计算。根据默顿模型，假设资本结构中包含短期债券、长期债券、可转换债券、优先股、普通股，股权价值等同于以公司资产为标的的看涨期权的价值：

$$E = C(V, \sigma_v, K, T, c, r) \tag{2-9}$$

式中，E 表示公司期权价值，可以从股票市场直接获得；V 表示公司资产，为未知数；σ_v 表示资产波动性，为未知数；K 表示违约点，即公司可能发生违约的最小资产价值；T 表示各种负债的到期日；c 表示公司支付的平均息票利率；r 表示无风险利率。

股权波动率公式为

$$\sigma_E = g(V, \sigma_v, K, T, c, r) \tag{2-10}$$

式中，σ_E 表示股票价格波动率。

在式(2-9)及式(2-10)中，只有 V 和 σ_v 是未知数，可通过方程联立求解。

(2) 公司违约点(default point，DP)的确定。违约点表示公司发生违约的临界状态，是指公司可能发生违约的最小资产价值。

根据有关分析，KMV 公司发现违约发生最频繁的分界点在公司价值等于"流动负债＋长期负债"的 50%时，由此确定违约点为企业 1 年以下短期债务的价值加上未清偿长期债务账面价值的一半。

有了公司在未来时刻的预期价值及此时的违约点，就可以确定公司价值下降百分之多少时即达到违约点。

(3) 计算公司的违约距离(distance to default，DD)。违约距离用于衡量公司资产市场净值与单位标准差变动所对应的资产价值变动量的比。计算公式为

$$DD = \frac{V-K}{V\sigma_V} \tag{2-11}$$

或　　　违约距离 = (资产的预期价值 − 违约点) / (资产的预期价值×资产价值波动率)

式中，V 表示公司资产价值；K 表示违约点；σ_V 表示资产价值波动率。

(4) 根据企业的违约距离(DD)与预期违约率(EDF)之间的对应关系，计算企业的预期违约率。KMV 模型通过对历史上的违约和破产概率进行分析，得到了违约距离与违约概率之间的关系。KMV 公司利用其自身优势建立起了一个全球范围企业违约信息数据库，根据此数据库可计算出各类信用等级企业经验预期违约率，从而产生以这种经验预期违约率为基础的信用值。

KMV 模型的优点主要有：可以反映风险水平差异的程度，特别适用于上市公司信用风险评估；由于以股票市场数据为基础，该模型包含更多的市场信息，因而认为能更好地预测未来；该模型建立在当代企业理财理论和期权理论的基础之上，具有很强的理论基础做依托。

KMV 模型的缺点主要有：该模型的使用范围受到限制，不适用于非上市公司；该模型必须使用估计技术来获得资产价值、企业资产收益率的期望值和波动性；该模型利率事先确定的假定限制了 KMV 模型对长期贷款(一年以上)和其他利率敏感性工具的应用；风险利差随风险债券到期日趋向于零；该模型基本上属于一种静态模型，其基础是默顿模型假设，即借款企业管理层一旦将企业的债务结构确定下来，则随后企业的债务结构就不变。无论其资产价值增长多少，企业的债务结构也不会变动，但实际情况并非如此；该模型假设企业的资产价值服从正态分布，以此为基础计算出企业理论上的预期违约率，在现实中，并非所有借款企业都符合模型中资产价值呈正态分布的假定；该模型不能够对长期债务的不同类型进行分辨。

3. 信用计量模型

信用计量模型是 1997 年由 J.P.摩根公司及美洲银行、KMV 公司、瑞士联合银行等金融机构开发出的基于 VaR 的信用风险度量系统。信用计量模型主要是以历史数据为依据确定信用等级矩阵和违约时的资产回收率，以此为基础确定未来该信用资产组合的价值变化，并通过基于 VaR 的方法来计算整个组合的风险暴露。信用计量模型的分析框架如图 2-3 所示。

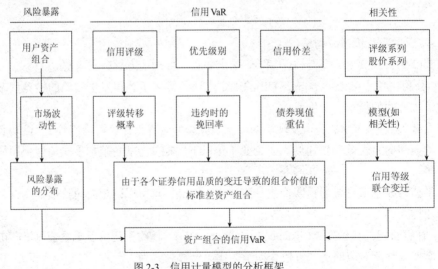

图 2-3　信用计量模型的分析框架

信用计量模型的核心思想如下：信贷资产价值的变化不仅受到违约事件的影响，而且也会受到信贷质量变化的影响。为了反映信贷质量变化，信用计量模型采用盯市的概念来计算信用风险值，将信用风险与债务人的信用等级转移联系在一起，构造一个模拟信贷资产所有潜在变化以及违约波动的组合计量框架。

信用计量模型计算步骤是：①获取借款人的信用等级资料；②构造信用转移矩阵，由此确定下一年度该信用级别水平转换为其他信用级别的概率；③根据贷款数据计算违约贷款的回收率，由此计算出贷款的信用价差和收益率，从而得到价值的波动率；④利用受险价值方法计算对单笔贷款或贷款组合的受险价值量。

1) 单笔贷款信用风险计算

单笔贷款信用风险计算一般采用标准普尔公司发布的信用转移矩阵。

(1) 贷款价值计算。贷款价值可用贷款各年度的信用价差和无风险利率来计算，公式如下：

$$W_{ij} = \sum_{k=1}^{n} \frac{C_k}{(1 + r_{kj} + s_{kj})^k} \tag{2-12}$$

式中，W_{ij} 表示状态 i 的贷款转移到状态 j 的价值；C_k 表示贷款在 k 年的现金流量；n 表示贷款存在的年份；r_{kj} 表示 k 年的远期无风险利率，可用 1 年期的零息国库券利率代表；s_{kj} 表示年度信用价差。

(2) 贷款在险价值计算。假设贷款价值是正态分布，现有评级为 i 的贷款价值为

$$W_i = \sum_{j=1}^{8} P_{ij} W_{ij} \tag{2-13}$$

加权的价值标准差为

$$\sigma_i = \sqrt{\sum_{j=1}^{8} P_{ij} (W_{ij} - W_i)^2} \tag{2-14}$$

根据在险价值计算公式有：置信区间为 95% 的 VaR＝1.65 σ，置信区间为 99% 的 VaR＝2.33 σ，置信区间为 99.9% 的 VaR＝3.09 σ。

由于实际贷款价值不是呈正态分布，因而计算出的在险价值可能低估了信用风险。

2) 贷款组合的信用风险计算

对于 N 项贷款组合，一般有两种计量信用风险的方法。

(1) 将贷款组合的联合信用等级转换概率矩阵以及相应的贷款组合联合贷款价值量矩阵不断地扩展，最终求出 N 项贷款组合的均值和标准差。但是这种方法随着组合贷款的数量增加，组合信用风险的计算难度将越来越大。

(2) 通过求解资产组合方差的标准方式并做适当调整，从而最终估算出 N 项贷款组合的方差和标准差。因为 N 项贷款组合的风险取决于组合内单项贷款的风险大小以及每对贷款组合的风险，为了估算出 N 项贷款组合的风险大小，只需要计算出包含两资产组合的亚组合风险就可以实现这个目的。

对公式的具体调整和变动如下。

N 项资产组合风险测定的标准公式为

$$\sigma_p^2 = \sum_{i=1}^{n} \sigma^2 V_i + 2 \sum_{i=1}^{n-1} \sum_{j=i+1}^{n} \text{COV}(V_i, V_j) \tag{2-15}$$

将协方差项与成对资产的方差联系在一起有：

$$\sigma^2(V_i, V_j) = \sigma^2(V_i) + 2COV(V_i, V_j) + \sigma^2(V_j)$$

所以，

$$2COV(V_i, V_j) = \sigma^2(V_i, V_j) - \sigma^2(V_i) - \sigma^2(V_j)$$

将上式代入可得

$$\sigma_p^2 = \sum_{i=1}^{n-1}\sum_{j=i+1}^{n}\sigma^2(V_i, V_j) - (n-2)\sum_{i=1}^{n}\sigma^2(V_i) \tag{2-16}$$

由以上可以看出，通过计算包含两种资产的亚组合的风险可以较为简单地估计 N 项贷款的组合风险。

而在非正态分布下，为了更准确、更快捷地计算出大样本贷款组合的价值量及其分布，信用计量模型采用蒙特卡罗模拟法。

蒙特卡罗模拟法是一种金融机构经常使用的随机模拟技术，它可以对各种金融资产及各类金融衍生工具进行定价。通常，它利用计算机模拟出金融变量的随机价格走势，并以此来近似地揭示该金融变量的市场特性。在金融和证券市场的研究中，人们用蒙特卡罗模拟法模拟出投资组合在指定日期的各种不同的价格走势，然后从分布中一目了然地读出投资组合的受险价值量。

信用计量模型运用蒙特卡罗模拟法来度量组合的受险价值量步骤如下。

(1) 选择一个随机模型，并挑选模型参数，这是整个模拟过程最关键的一步。

(2) 依据随机模型，依次产生相应的随机数，并由此计算每笔贷款 T 时刻的模拟价格。

(3) 根据第二步中的模拟价格和每笔贷款的权重，计算目标时刻 T 时投资组合的价格 P_T。

(4) 重复第二步和第三步，尽可能多次，如 $K=10\,000$ 次，得到时刻 T 时的一系列投资组合的模拟价格 P_T^1, P_T^2, …, $P_T^{10\,000}$。得到投资组合在目标时刻 T 的模拟价格的完全分布以后，就能够据此算出投资组合的均值和在 99%置信水平下最大的价值损失额，即贷款组合的受险价值量，从而最终算出该贷款组合的资本准备金需要量。在确定随机模拟的重复次数时，需要权衡估计精度和计算速度。通常，由随机模拟方法求得的估计量都会存在一定的误差，这是由随机抽样的样本变化造成的，是随机模拟方法本身无法避免的。只有当重复次数增加时，估计量才能慢慢地向其真实值收敛，收敛的速度通常与重复次数的算术根 $\sqrt{K}$ 成正比。一般来讲，重复次数越多，估计的精确度越高，耗时也越多。

信用计量模型的优点主要有：首次将受险价值的方法运用在信用风险的量化度量和管理上，并将单一信用工具放入资产组合中衡量其对整个组合风险状况的作用，使用了边际风险贡献的概念，可以清楚地看出各种信用工具在整个组合的信用风险中的作用，最终为投资者进行组合管理和决策提供科学的量化依据。

该模型的缺点主要有：①信用计量模型假定同一信用评级内所有的债务人都具有相同的评级转移概率，并用历史的平均转移概率来近似未来的评级转移概率。事实上，根据 KMV 的研究，这两条假设都不成立。②模型用来重估债券价值的无风险利率是决定性的，没有反映出市场风险以及潜在的经济环境变化。③在估计违约相关性方面，模型用股票相关性来代替资产相关性，这可能导致估计结果不精确。

4. 信贷资产组合(CPV)模型

在信用度量模型的背后，存在着转移矩阵在不同借款人之间不变以及在商业周期的不同阶段具有稳定性的假设。但实证研究表明，信用评级的转移一般取决于经济的状态。因此，在计算信用资产的在险价值量时，应将各种影响违约概率以及相关联的信用等级转换概率的宏观因素纳入体系。

处理周期性因素及其影响的方法通常有两种：一种方法是将过去的样本期间划分为衰退年份和非衰退年份，并且分别计算出两个单独的转移矩阵，即一个衰退矩阵和一个非衰退矩阵，以得到两种分开的 VaR 计算结果。另一种方法是直接将转移概率与宏观经济冲击之间的关系模型化，并通过制造对模型的"宏观冲击"来模拟转移概率的跨时演变。麦肯锡公司 1998 年开发的信贷资产组合(CPV)模型就是第二种方法的典型代表。

信贷资产组合模型假定信用等级在不同时期的迁移概率不是固定不变的，而是会受到如国别、经济周期、失业率、GDP 增长速度、长期利率水平、外汇汇率、政府支出、总储蓄率、产业等因素的影响。

模型中包括两个重要的组成部分，第一个就是多因素系统违约风险模型，该模型主要用来模拟各个国家不同行业的各种信用级别群体违约和信用等级转移概率的联合条件分布，这些概率是由一些宏观经济因素决定的，如失业率、GDP 增长率、长期的利率水平、汇率、政府支出及总储蓄率等。第二个重要的组成部分是计算资产组合信贷敞口离散时间的损失分布。

CPV 模型可以看成对信用计量模型的补充，它克服了信用计量模型中不同时期的评级转移矩阵固定不变的缺点。

CPV 模型的主要步骤如下：

(1) 计算出条件违约概率。

(2) 用无条件违约概率调整得到违约概率。

(3) 根据违约概率计算出资产组合的损失分布。

CPV 模型是唯一用经济状态来模拟违约事件的信用风险模型，用多因素、多时期离散时间序列模型来模拟不同国家各个信用级别产品的违约概率和信用等级转换概率的联合条件分布。

CPV 模型的优点主要有：考虑了各种影响违约概率和信用等级变化的宏观因素，给出了具体的损失分布模型，对所有的风险暴露都采用盯市法，可以应用于不同的国家和行业。

CPV 模型的缺点主要有：①模型关于违约事件与宏观经济变量之间关系的假设太过牵强，忽略了影响违约事件的一系列微观经济因素，尤其是企业个体的特征；②模型的数据要求过于复杂，而每一个国家、每一个行业的违约信息往往较难获得，模型的应用有一定的局限性。

5. 信用风险"credit risk＋"模型

"credit risk＋"模型是瑞士银行金融产品开发部于 1996 年开发的信用风险管理系统。"credit risk＋"模型主要基于保险精算理论的违约式模型来计算债券或贷款组合的损失分布。

该模型假定违约率是随机的，可以在信用周期内显著地波动，并且本身是风险的驱动因素。因而，"credit risk＋"被认为是违约率模型的代表。

"credit risk＋"模型只考虑违约风险，不考虑评级下调风险。违约风险与债务人的资本结构无关，违约事件纯粹是一个统计现象，违约概率不再是离散的，而被模型化为具有一定概率分布的连续变量。每一笔贷款被视作小概率违约事件，并且每笔贷款的违约概率都独立于其他贷款，这样，贷款组合违约概率的分布接近泊松分布。模型考虑违约概率的不确定性和损失大小的不确定性，并将损失的严重性和贷款的风险暴露数量划分频段，计量违约概率和损失大小可以得出不同频段损失的分布，对所有频段的损失加总，即为贷款组合的损失分布。

"credit risk＋"模型的主要步骤如下：

(1) 将资产组合中的贷款分级。模型将信贷资产组合中的贷款分成 m 级，每个等级被视为独立的资产组合。

(2) 求解概率生成函数。每个等级按照违约数服从泊松分布的假设得到一个概率生成函数。

(3) 信用资产组合的违约概率生成函数及违约概率的计算。

(4) 计算组合资产在一定置信区间的损失量。

该模型的优点在于：要求输入的数据很少，输入数据仅为资产的违约率和风险资产数量，从而适应传统业务中缺乏数据的状况。由于推导出了组合损失的显示解，所以对贷款损失的计算非常简单容易。

该模型的缺点在于：①由于忽略了信用等级变化，因而每笔贷款信用风险暴露在计算期间内固定不变，这与实际情况不够符合；②分组时，对每笔贷款暴露进行近似处理，从而将高估投资组合损失的方差。

6. 死亡率模型

借鉴保险思想，债权人的违约可类比人寿保险中被保险人的死亡，由此，可以将贷款或债券的违约看作贷款或债券的死亡，以保险精算技术测算违约概率并进行相应的管理。1989 年，Altman 和 Asquith，Mullins 和 Wolf 分别用保险精算方法计算出不同信用等级债券的死亡率表(即违约率表)，开创了保险方法在信用风险领域中的运用。该模型以贷款或债券组合以及它们在历史上违约经历为基础，开发出一张表格，用该表来对信用资产一年的边际死亡率(marginal mortality rate，MMR)及信用资产多年的累计死亡率(cumulative mortality rate，CRM)进行预测。将上面的两个死亡率与违约损失率(LGD)结合起来，就可以获得信用资产的预期损失估计值。

这一思想与保险精算师在确定寿险保险费政策时所运用的思想和模型类似，因此而得名。

模型假设如下：不同贷款类型违约下的损失率不同且相互独立，但同一贷款类型违约下的损失率基本相同；各贷款违约相互独立，即不存在相关效应和连锁反应，但相同信用等级的贷款违约情况相同。

则边际死亡率与累计死亡率存在如下关系：

$$\mathrm{CMR}(\tau)=1-\prod_{i=1}^{\tau}(1-\mathrm{MMR}_i) \tag{2-17}$$

式中，MMR_i 为第 i 年的边际死亡率，是指样本年份中每年发生违约的债券(或贷款)的总价值与该年未偿还的总价值之比；$\mathrm{CMR}(\tau)$ 为在 τ 时间段内的累计死亡率。

在此模型中，累计死亡率相当于违约率 PD，再根据历史数据统计出的不同信用等级的贷款的 LGD 及其方差，采用蒙特卡罗方法和 VaR 技术计算贷款损失。

死亡率模型比较容易利用死亡率表来计算单个贷款和贷款组合的预期损失及其波动率，特别是计算贷款组合很方便。不过其劣势在于要求的数据量很大，经常需要上万个样本，许多单个商业银行无法提供如此大的数据库；而且没有考虑不同贷款的相关性对计算结果的影响以及宏观经济环境对死亡率的影响，因而需要时时更新死亡率表。

对于以上几种信用风险分析模型的简要述评如下。

(1) 每种模型都各有特点，不存在相互替代。在使用某种模型时可将另外一种可配套使用的模型结合起来，做到优势互补，取得较好的效果。

(2) 没有一个模型可以达到成熟完美的程度，它们均存在这样或那样的弱点，尚须进一步的改进和完善。再完美的信用风险模型也仅仅是进行信用风险分析的工具，任何复杂的数量分析都不能代替风险管理中的经验判断，何况现有的信用风险模型还未达到完美的程度。

(3) 信用风险模型适用于特定的范围和对象，不能照搬。现代信用风险模型的建立需要大量的参数估计，如违约频率、违约收复比例、信用等级转换概率等，这些参数的估计是以历史经验数据为基础的。所以，上述模型的建立基础是发达国家几十年，甚至上百年有关信用资产和信用评级的历史数据库。即使古典的 Z 评分模型和 ZETA 评分模型也是建立在发达国家(美国)的企业历史统计数据基础之上的。由于信用分析的本质在于揭示信用风险，一国经济发展所处的阶段、工业化程度以及社会和文化背景等不同，信用风险的影响因素和表现形式也不一样，故信用分析的具体内容和侧重点必然也有所不同。

(4) 信用评级是基于风险排序得到的，是一种开放的、不断发展中的技术体系，能够兼容其他定量分析技术。信用分析技术目前还是一种界于"科学"与"艺术"之间的工程技术。统计模型无法揭示相关变量与信用质量下降之间的因果关系，数学模型为了处理上的方便所做的假设可能不正确，模型并没有得到有效的验证。

思考练习题

1. 什么是征信？征信有哪些渠道？
2. 阐述信用评级的指标。
3. 个人征信调查和企业征信调查有哪些差异？
4. 比较主要信用评级机构评级指标的差异。
5. 传统信用计量方法有哪些特点？
6. 简述 Z 评分模型和 ZETA 评分模型的区别。
7. 简述 KMV 模型的原理及其优缺点。
8. 下面是我国两家上市公司——青岛海尔电冰箱股份有限公司(以下简称青岛海尔)和上海水仙电器股份有限公司(以下简称上海水仙)20××年 12 月 31 日的一些财务数据，请运用 Z 值模型计算两个企业当时的 Z 值，并根据 Z 值尝试评价企业的信用风险情况、预测企业破产的可能性。

财务指标	青岛海尔/元	上海水仙/元
流动资产	2 288 670 532.19	696 411 362.96
总资产	3 450 893 999.82	1 025 868 566.23
销售收入	3 823 372 330.15	184 873 170.05

（续表）

财务指标	青岛海尔/元	上海水仙/元
利息	12 843 445.16	41 600 034.13
负债总额	1 384 301 757.03	638 473 321.83
流动负债	1 341 867 856.10	635 388 995.48
所有者权益	1 859 676 310.33	373 154 262.56
利润总额	337 187 603.39	-64 733 683.59
未分配利润	275 293 327.27	-120 075 485.38

9. 某公司市场资本为 3 亿元，股权波动率为 40%，每年总负债为 10 亿元，假设无风险利率为 5%，到期日 $T=1$。假设资产的预期回报率为 7%，请计算该公司的违约概率。

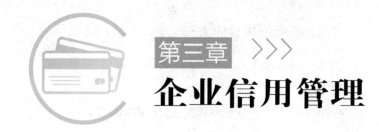

第三章 >>>
企业信用管理

📖 学习目标

- 了解企业信用管理概念和企业信用管理制度；
- 掌握企业客户管理制度和赊销管理政策；
- 重点掌握企业应收账款管理办法和账款催收技巧。

第一节　企业信用管理概论

一、企业信用风险

（一）企业信用风险因素

企业信用风险的因素分为外部因素和内部因素。

1. 外部因素

(1) 市场竞争压力不断增大，企业效益下降。

(2) 缺乏良好的社会诚信环境，只关注眼前利益，忽视长远利益。

(3) 法律法规不完善，失信行为惩罚机制不健全。

(4) 社会信用体系不健全，信用管理服务行业发展深度不够。

2. 内部因素

(1) 企业信用意识缺乏，主动履约意愿不强。

(2) 企业信用管理制度落后，具体表现为：①缺少科学的信用管理制度和组织体系。企业内部管理混乱，信用管理流于形式，信用销售的审批程序不健全，财务、销售等相关部门在信用管理上职责不清、权责不对等；信用管理执行不力，对销售/还款的流程缺乏有效的控制；客户信息管理问题，档案不完整；财务部门与销售部门缺少有效的沟通；企业内部业务人员与客户勾结；企业内部资金和项目审批不科学，领导主观盲目决策。②对客户缺少科学的信用政策和规范的业务管理流程。对客户的失信行为缺乏敏感，缺少准确判断客户信用状况的方法；没有正确地选择结算方式和结算条件；对客户过度纵容，对应收账款监控不严；对拖欠账款缺少有效的追讨手段。

(二) 企业信用风险来源

企业信用风险主要来自如下的交易过程。

1. 客户开发

信用不良的客户是导致货款拖欠的根本原因。

2. 争取订单

在与客户协商时，错误地选择信用条件(如给予过高的信用限额或信用期限)是日后产生信用风险的重要原因。

3. 签约

信用的保障手段之一是合同，合同条款订立不当将使企业丧失应有的权利。

4. 发货

货物纠纷是日后货款拖欠的一个间接原因。

5. 收款

销售人员或财务人员能否积极主动地催收货款，在相当大的程度上决定了账款回收率。

6. 货款拖欠

货款拖欠是企业最不愿看到的情况，一旦发生，如不采取有效措施，将面临变成呆账、坏账的危险。

上述企业信用销售流程六个环节是企业与客户交易过程中最容易出现问题的，是企业交易风险控制的关键点，只有清楚了这些关键环节和风险来源，才能有针对性地制定有效的方案。

(三) 企业信用风险控制

企业信用风险分为可控风险和不可控风险。

对于可控风险，企业可以借助信用管理水平的提升和有效的征信服务，来规避、控制、降低、转移信用风险。

对于不可控风险，企业风险管理的重点是有效识别风险，规避和转移风险。

(四) 信用风险控制的环节

以下六个业务管理环节对于企业的信用风险控制具有关键性作用。

专栏 3-1

(1) 选择客户。即识别信用良好的客户。

(2) 信用标准。对客户进行信用评估并执行严格的信用政策。

(3) 信用条件。科学地确定赊销的条件。

(4) 货款跟踪。加强对应收账款的监控。

(5) 早期催收。在货款发生拖欠的早期，是企业最好的催收机会。

(6) 危机处理。发生长期拖欠，应做危机处理，采取积极、有效的追讨手段。

二、企业信用管理内容

(一) 企业信用管理的概念

广义来说，企业信用管理是指企业为获得他人提供的信用或授予他人信用而进行的以筹资或投资为目的的管理活动。

狭义来说，企业信用管理是指企业为提高竞争力、扩大市场占有率而进行的以信用销售为主要管理内容的管理活动，具体是指企业通过制定信用管理政策，指导和协调内部各部门的业务活动，对客户信息进行收集和评估，对信用额度的授予、债权保障、应收账款回收等各交易环节进行全面监督，保持应收账款的最合理持有，以保障应收账款安全和及时收回，从而达到利润最大化的管理措施。

通常所说的企业信用管理主要是指狭义的企业信用管理范畴，也是传统的企业信用管理。

(二) 企业信用管理职能

(1) 建立信用管理制度。组建企业信用管理机构，制定信用管理规章，开展企业日常信用管理活动。

(2) 制定信用政策。建立客户信息收集、加工制度；建立信用评估制度；制定企业授信政策，并进行授信管理。

(3) 完善监督机制。对交易各环节进行管理和监督；建立债权保障机制，降低交易风险。

(4) 制定应收账款管理制度。通过对应收账款的诊断，建立应收账款催收程序和具体的催收办法，落实专人负责催收，保障应收账款的及时全额回收。

(三) 企业信用管理目标

信用管理的目标是力求企业在实现销售最大化的同时，回款最快化、坏账最小化，以实现现金流最大化的目标，将信用风险降至最低，使企业的效益和价值得到最大限度的提高。

1. 成功销售的平衡等式

最大销售(包括大量的赊销)＋及时付款＋最小坏账＝最大利润

2. 一般销售的平衡等式

低销售＋(快或慢)付款＋零坏账＝低利润

3. 较差销售的平衡等式

低销售＋慢付款＋零坏账＝负利润＋现金流量的不足

4. 最差销售的平衡等式

最大销售额＋缓慢付款＋较高坏账＝现金流量严重不足＝破产

在上述销售模式中，第一种销售模式由于成功实施信用管理，做到了及时付款和最小坏账，将为企业获取最大利润，这是企业信用管理应追求的最佳目标。

要实现信用管理目标，必须做好以下三方面工作：

(1) 最大化的高质量销售。这要求企业在追求销售额增长的同时，确保所有的销售货款能够及时回收。

(2) 最快的应收账款周转。这要求企业要尽可能快地回收应收账款，尽可能缩短应收账款的周转天数，加快企业的现金周转。

(3) 最小的坏账损失。坏账最小化要求企业尽可能地从源头也就是客户开发阶段就把握好企业的经营状况，在销售形成后及时关注应收账款的状态，做好防范工作。

第二节　企业信用管理制度

一、企业信用管理模式

企业信用风险控制过程分为前期防范、中期管理、后期处理三个阶段，涵盖信用风险的全程信用控制。前期防范阶段的主要工作是筛选合理的信用交易对象；中期管理阶段的主要工作是对交易期内的授信、赊销合同进行管理，避免客户纠纷、客户预警、转移风险；后期处理阶段的主要工作是应收账款的管理和催收工作，以最大限度减少损失。

全程信用管理模式是将企业信用交易的全流程进行程序化的风险管控所形成的制度安排，可以简要概括为"3＋1"信用管理模式(见图3-1)。

"3＋1"信用管理模式的最大特点是将管理的重点前移，注重应收账款管理的连续性，以实现对信用管理的全程控制。

(一) 3个信用管理机制

1. 前期信用管理阶段的信用调查和评估机制

该机制主要是从交易前期的客户筛选、评价和控制的角度避免信用风险。

该阶段风险的控制侧重于客户选择。通过对客户的初步筛选，排除掉交易价值不大和风险明显较大的客户，选择有潜力客户和风险不确定客户进行信用调查。不论是新客户还是老客户，都必须调查和掌握他们的信用资料。企业应建立适合企业自身特点的调查方式和客户档案库，保证信用资料的完整性、准确性和适时性。

2. 中期信用管理阶段的债权保障机制

该机制主要是在交易中期转嫁和规避信用风险。

客户信用条件差或无法核实客户信用状况，但又有必要交易的赊销业务，必须熟练选择和运用担保、抵押、信用保险、保理等债权保障措施。

签约风险的控制应侧重于科学决策，建立科学的决策程序和充分的决策依据，完善合同文本，避免合同条款风险和履约风险。

3. 后期信用管理阶段的应收账款管理和回收机制

该机制主要是在交易的后期密切监控账款回收，最大限度减少信用风险。

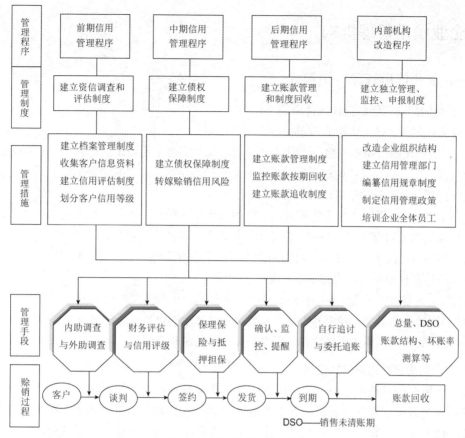

图 3-1　"3＋1"信用管理模式

　　货物发出后到应收账款到期前的一段时间，必须了解货物的走向和确认货物的品质、数量，同时在账款到期前提醒客户；建立一套规范的管理措施，保证账款逾期后受到密切的关注，并在每一个时间段对客户保持不同的压力和惩处措施；在客户破产倒闭后，立刻处置债务人的财产。

　　该阶段的风险主要是履约风险。要控制履约风险应从两方面入手：一方面，加强对客户账款的监控，提醒客户付款的时间越早，提醒的方式越高明，越能及早收回账款，对于拖欠账款则要尽早采取恰当的催收方式。另一方面，企业内部要协调好各部门的关系，做好合同履行工作，对于经常出现的履约问题应反馈到签约前，做到签约前就注意不再出现类似问题。对账款回收工作要制定考核指标体系，方便考核和改进工作，有助于发现问题所在，及时纠正。

(二) 1 个内部信用组织机构

　　在企业内部建立一个信用管理的部门，全面管理企业信用赊销的各个环节。

　　信用管理机构的职能主要有：确定企业信用政策、信用管理的程序及其调整机制，明确信用管理与销售、运作的关系；建立信用管理责任制度，制作信用管理手册，及时地检查和评估企业信用的实施情况，不断地提高信用管理水平。

二、企业信用管理机构

（一）企业信用管理组织模式

1. 企业信用管理组织模式选择原则

企业选择信用管理组织模式应遵循以下 5 个原则。

(1) 信用管理的组织模式要易于从不同部门收集和汇总信用信息，能够充分利用各部门的经验分析信用信息的含义；能够以有效的工具处理信用问题；并将有关对象的信用状况和风险评价及时反映到企业的决策层次。

(2) 信用管理组织模式须规定各部门之间的信用管理职能及协调好相互之间的关系。严格来说，企业信用风险管理职能并非专门的信用管理部门所能全部承担的，企业供销、财务、生产和客户服务等部门都对企业信用风险的产生和防范有着直接或间接的影响作用，故处理好信用管理部门与其他相关部门的关系事关成败之大局。

(3) 信用管理组织模式应明确信用管理工作人员的岗位职责和职权范围。

(4) 信用管理的组织模式应界定好企业信用管理体系模块与其他模块的关系。

(5) 信用管理组织模式要界定好信用管理体系的功能和范围。

2. 企业信用管理组织模式选择

在企业现有的管理职能中，应收账款的管理职能基本上是由销售部和财务部这两个部门承担的，在实践中却常常出现职责分工不清、相互扯皮、效率低下，甚至出现管理真空等种种问题。财务部门掌管信用管理职能，倾向于减少坏账，必然实施保守型信用政策；业务部门掌管信用管理职能，倾向于扩大销售，必然实施激进型信用政策。这两个部门由于管理目标、职能、利益和对于市场反应上的差异，都不可能较好地承担起企业信用管理和应收账款管理的职能。

信用管理组织模式可分为销售部门主导型、财务部门主导型、信用部门独立型和风险委员会制四种。这四种模式各有优缺点，如表 3-1 所示。

表 3-1　信用管理部门组织模式比较

模式	优点	缺点
销售部门主导型	有利于最大限度地调动销售部门的积极性，有利于充分利用销售部门的人力与信息资源以及与客户的良好关系，有利于客户关系的进一步完善与发展	有"自己管自己"之嫌，难以保证信用风险管理功能的真正实现，销售部门对信用管理可能重视不够，在信用分析和信用管理的技巧方面可能会比较缺乏
财务部门主导型	能够对销售部门起到一个风险制衡的作用，更加有利于信用管理职能的真正实现，在信用分析和信用管理的专业性方面比较有优势	可能会矫枉过正，影响销售额；容易与销售部门、客服部门等其他部门产生冲突，增加内部管理协调成本；难以充分利用销售部门掌握的客户信息及销售部门与客户的良好关系服务于信用管理

(续表)

模式	优点	缺点
信用部门独立型	能站在比较独立的立场上进行信用管理，有利于与公司利益保持高度一致，有较高的权威，便于信用信息管理、人才资源以及相关激励措施的制定与实施	运行初期的阻力可能会比较大，难以得到销售部门和财务部门的真正帮助，人力资源、管理流程比较复杂，管理成本较高
风险委员会制	能够把风险管理提升到公司战略高度，易取得公司各个部门协调一致的意见，高度的专业性保证风险管理能够发挥积极有效的作用	容易形成官僚作风，流程非常复杂，难以监管

适用销售部门主导型信用管理模式的企业是具有管理水平较高、管理思想较先进、公司信用文化已有基础、销售主管信用风险意识较强、财务部门能与销售部门进行良好合作等基本特点的企业。

适用财务部门主导型信用管理模式的企业是具有"强财务"、财务主管有较好的销售背景和较开阔的管理视角、财务部门能与销售部门进行良好合作等基本特点的企业。

适用信用部门独立型信用管理模式的企业是"强销售、弱财务"、公司信用管理意识比较薄弱、销售人员素质较低、销售部门难以与财务等部门紧密协作类型的企业。

适用风险委员会制信用管理模式的企业，往往是一些特大型企业和金融企业，这些企业的信息化程度较高、有整合风险管理战略的需要。

(二) 企业信用管理机构设置

1. 建立信用管理制度的进度安排

第一步，培训企业人员，收集整合客户的信用信息，加紧追讨账款。

第二步，建立信用管理部门及招聘和选拔信用人员，制定过渡期信用管理政策。

第三步，考核并修改过渡期信用管理制度，建立计算机信用管理系统。

以上整个过程将持续半年至一年。

具体步骤如图3-2所示。

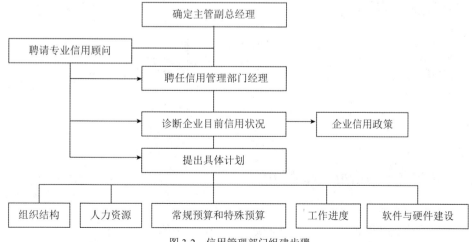

图3-2　信用管理部门组建步骤

2. 组建信用部门注意事项

(1) 人员。不论规模多大的企业，信用管理部门的人员都不宜过多。

(2) 级别。信用管理部门的级别应与业务和财会部门一样，或偏高。

(3) 顾问。对于一个刚刚建立信用管理部门的企业，最好从专业信用管理公司聘请一位专业顾问，陪伴企业走过部门初建的第一年。

(4) 独立。信用管理顾问应帮助企业招聘或物色一位合格的信用管理经理。切记信用管理顾问不要插手过多的具体工作，包办代替是信用管理顾问的禁忌。信用管理顾问要帮助信用经理树立威信、走入正轨、提高管理素质和办事效率。

(5) 重视。信用管理部门成立时，必须得到企业上层的高度重视，一个好的开端是成功的一半。

3. 信用管理部门组织结构

在组织设计过程中，需要建立一个在总经理或董事会直接领导下的独立的信用管理部门(或设置信用监理)，将信用管理的各项职责在各业务部门之间重新进行合理的分工，信用管理部门、销售部门、财务部门、采购部门等各业务部门各自承担不同的信用管理工作，必须按照不同的管理目标和特点进行科学的设计。信用管理部门的主管必须是在公司中比较有地位和能够获得其他部门支持的人员，因为信用管理部门的运作需要联系财务部门、销售部门、公司战略部门等比较敏感的部门。

图 3-3 描述了大型生产性企业信用管理部门的典型组织架构。

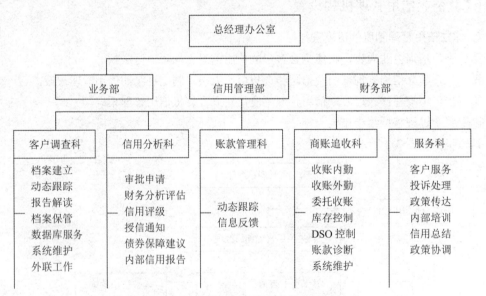

图 3-3　大型生产性企业信用管理部门典型组织架构

(三) 信用经理与信用管理部门的职责范围

1. 责任

(1) 信用管理部门和信用经理全面参与起草、制定和修改企业信用政策。

(2) 信用管理部门和信用经理必须认真严格执行信用政策，对总体信用政策的偏差甚至失败负有主要责任。

(3) 向企业内部人员和客户宣传本企业的信用政策，培训企业各部门人员。

(4) 监控信用指标。即负责销售额、应收账款、销售未清账期(DSO)等信用指标的监控，一旦信用指标低于同业或竞争对手的水平，信用经理应承担责任。即使没有低于同业或对手的水平，也可能承担一定责任。

(5) 纵向、横向申报信用情况。

(6) 信用政策规定的其他责任。

2. 权力

(1) 信用管理部门拥有参与起草、制定和修改企业信用政策的权力。

(2) 信用管理部门拥有筛选客户的权力。

(3) 信用管理部门拥有赊销审批的一切权力。

(4) 信用管理部门拥有决定追收账款的权力。

(5) 信用政策规定的其他权力。

3. 信用管理部门与其他部门的关系

信用管理部门是综合管理部门，在执行信用政策时与多家机构发生联系，容易成为众矢之的，更须妥善处理好与各职能部门的关系。

(1) 信用管理部门与销售部门的关系。信用管理部门往往与销售部门关系紧张，这是因为销售部门与信用管理部门的观念差异。一个好的信用管理部门，应学会转变销售部门的观念。

矛盾出现在两个阶段——评估阶段与追讨阶段。矛盾会使收账变得困难，应多在企业内部举办培训，告诉销售人员什么是真正的销售和利润。

(2) 信用管理部门与财务部门的关系。信用管理部门与财务部门关系融洽，因为他们对于减少坏账、控制应收账款数量和时间、调节现金流量的目的相同。但在资金分配和坏账注销上，往往会产生矛盾。

(3) 信用管理部门与高层管理者的关系。高层管理者的支持是至关重要的。从信用政策的制定、修改，到企业总体信用额度的审批，都应让高层管理者清楚地了解。

(4) 信用管理部门与供应部门的关系。供应部门掌管企业的进货，这是企业岗位中的"肥缺"。因此，供应部门往往抗拒信用管理部门的"干涉"。但是，监控供应单位的信用状况，也是信用部门的分内工作。

(5) 信用管理部门与外界机构的联系。信用管理部门的外部联系机构包括信用调查机构、账款追收机构、法律机构、保理机构、保险机构、信用管理顾问公司。

信用管理部门与其他内设机构之间业务联系如图3-4所示。

信用管理机构组织分工如表3-2所示。

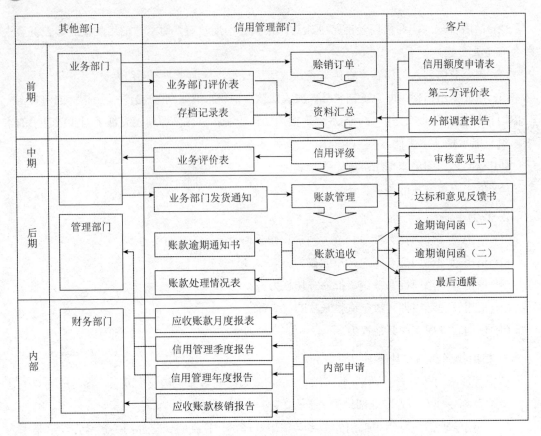

图 3-4　信用管理纵向、横向通报制度

表 3-2　信用管理机构分工

职能	信用部	业务部	法律部	财务部
客户基本信息的收集	主办	主办		
客户财务信息的收集	协办	协办		主办
客户信用审查	主办	协办	协办	协办
客户评级	主办	协办		协办
客户信用额度	主办	建议	建议	审核
交易资料收集与报告	协办	协办		主办
货款催收	主办	协办	协办	协办
货款追索	主办	协办	协办	协办

(四) 信用管理部门内设机构

1. 信用管理部门内设机构职能

信用管理部门由客户调查科、信用分析科、账款管理科、商账追收科、服务科等部门组成。

客户调查科、信用分析科、账款管理科、商账追收科的职能和业务流程分别如图 3-5～图 3-8 所示。

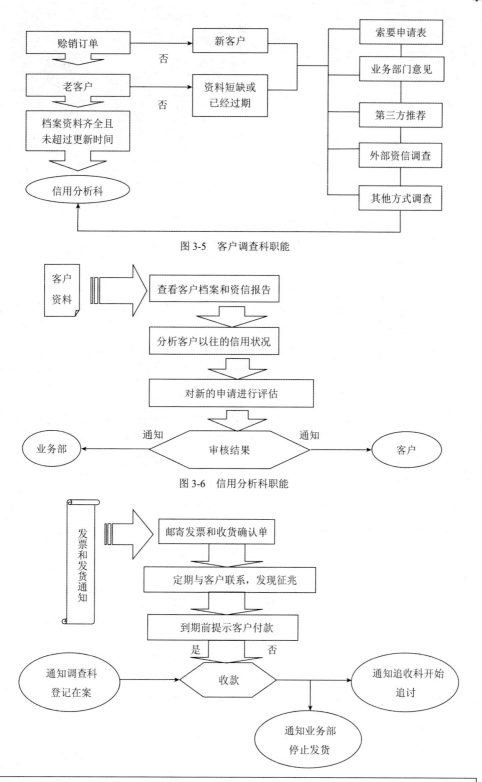

图 3-5 客户调查科职能

图 3-6 信用分析科职能

目的：①保持适当压力；②培养客户按时付款习惯；③发现客户变化；④防止因客户管理混乱而迟付。

图 3-7 账款管理科职能

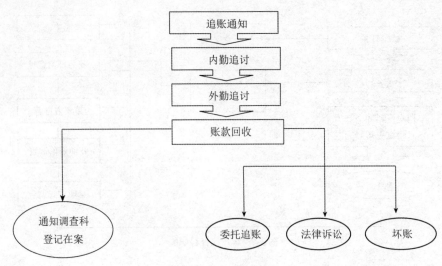

图 3-8　商账追收科职能

服务科职能如下：接待客户的投诉和编制信用报表。相对其他科室来说，服务科的作用小一些，很多企业把服务科的人员与其他部门合并。

2. 信用管理部门员工职责

信用人员必须认真执行企业制定的各项信用政策。

信息收集人员应全面、及时地收集客户的信息，并降低成本。

评估人员应认真评价每一个客户和每一笔订单，尤其应该密切关注客户的变化。

账款管理员应注重与客户联系的态度，监控客户和货物的同时，注意做好客户服务。

内勤追账员和外勤追账员应及时追讨欠款。在追收账款的同时，应把握与客户的关系，并及时向业务部门通报情况。

信用管理部门人员应保持与其他部门人员的良好关系。

3. 信用管理部门的人员配备

根据企业每年赊销总额的不同，信用管理部门的人员配备情况通常如表 3-3 所示。

表 3-3　信用管理部门人员配备数量

年赊销总额	<10 000 万元	10 000～50 000 万元	50 001～100 000 万元	>100 000 万元
赊销客户	<200	200～500	501～1000	>1000
信用经理	1	1	1	1
信息员	1	1	2	2
信息分析员		1	1	1
账款管理员	1	1	2	3
追账员		1	1	2
客户服务员	0～1	1	1	1
总计	1～3	3～4	5～6	>6

注：如赊销户与客户数不符，按客户数作为配备标准。

4. 信用经理的素质要求

一个企业信用管理得好坏，关键在于信用经理的能力。

信用经理是企业中少数工作责任大于工作职权的人。对内，由于管理权限交叉，必须协调好与销售部门、财务部门、供应部门的关系；对外，熟练使用各种信用技术，了解整体信用发展，掌握本行业和竞争对手情况，处理好客户的服务工作，提高信用管理部门的员工素质，拥有极强的账款追收能力，能够根据企业的变化及时调整信用政策。

信用管理部门岗位要求如表 3-4 所示。

表 3-4　信用管理部门岗位要求

岗位类别	基本素质	优秀素质
信用经理	了解商业贸易流程； 熟悉本行业特点； 具有独立判断力； 熟悉信用管理流程； 能够协调管理信用人员； 财务、金融、法律等专业	能够根据前一时期(年度、季度、月度)情况及时采取相应措施； 对客户有极强的判断力和处理突发事件的能力； 有极强的单独处理与追收账款的能力； 能够很好地协调与其他部门的关系； 全面参与企业信用管理政策的制定与修改； 信用管理专业或系统学习过信用管理知识并具有财会、金融、法律、贸易、营销、管理等专业知识
信息员	掌握信息收集的渠道，能够独立地向客户收集信息，资料录入	
信用分析员	运用各种模型分析客户，熟悉信用评估、评级	
账款管理员	能够很好地与客户沟通	
追账员	有很好的口才与坚强的意志	
客户服务员	能够很好地与客户沟通	

5. 企业在职信用知识培训

(1) 初期培训。主要普及信用管理的一般知识，针对所有业务部门、财务部门和管理部门的人员，一般时间为一天。内容包括企业信用管理的政策、组织形式、管理模式和各阶段管理措施等。

(2) 中期培训。深入讲解各管理过程的信用知识和手段。针对企业信用管理部门和管理部门人员，一般时间为三天。内容包括政策的具体内容、部门组建步骤、政策制定的内容，各阶段管理的具体技术等。

(3) 专业培训。讲解企业信用管理各阶段的专业技术，只针对企业的信用经理和信用人员，一般时间为一周，内容包括企业整体信用管理战略、信用调查、评估、保理与信用保险、应收账款管理与追收、法律诉讼、破产等。

(五) 信用管理部门介入企业业务流程的方式

1. 合同签订前

合同签订前应健全合同管理制度，具体如下。

(1) 合同条款明确、清晰，贸易文件齐备，为了使客户不会在以后就合同不明晰的条款对付款有争议，应该事前为客户解释清楚合同的有关具体规定，介绍规定的交付条件、赊销期限以及保护债权的条款；明确合同内容，将一切协议正式地、明确地落实在书面上由双方确认；整理有关贸易文件。

（2）严格履行合同，建立购货时依照合同验收、违约时依照合同索赔的管理制度。

（3）按照合同要求，提供客户所需的货物或服务，完备售后服务；及时解决客户提出的意见或抱怨，协助客户销售盈利，以高品质的售后服务换取客户的快速回款及新的订单。

2. 谈判过程中

参与订立严谨的合同条款，确定合同签订时的赊销条件。

3. 合同签订后

督促企业信守合同，及时履约。

（1）建立客户信用管理制度，密切关注客户的信用变化，及时识别支付中的风险，防止欺诈。

（2）建立、健全与消费者、供应商的合作制度，及时地进行信息沟通，增强相互之间的信任感。

（3）建立资金信誉管理制度，严守对金融机构的信用承诺，保证按期归还贷款，不拖欠税款。

（4）应收账款管理。一旦产生预期账款，立即开始催收，必要时可诉诸法律。

信用管理部门业务处理流程如图 3-9 所示。

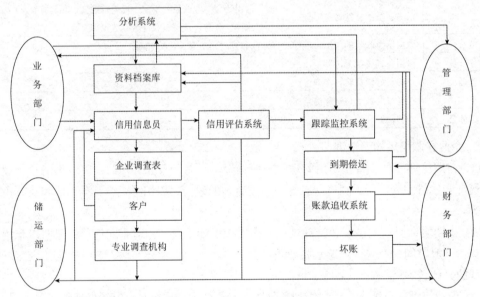

图 3-9　信用管理部门业务处理流程

三、信用政策

（一）信用政策的概念

信用政策是企业根据自身状况和经济环境制定的关于企业信用管理目标、组织机构、信用额度、信用流程、信用报告、收账政策、信用考核等内容的总称。

在上述内容中，信用额度、信用标准、信用条件、收账政策等构成了狭义的信用政策，一般也称为赊销政策。由信用管理部门和公司的信用管理委员会负责组织制定信用政策。

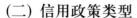

(二) 信用政策类型

信用政策分为紧缩型、平衡型和宽松型等类型。

1. 紧缩型政策

即不愿承担任何风险，只向财务状况不容怀疑且付款及时的客户赊销。逾期账款风险几乎为零，但企业的发展受到制约，在市场越来越向买方倾斜的情况下，有失去重要客户的风险。

2. 平衡型政策

即愿意承担自认为能够控制的风险。除上述客户外，也接受向付款经常拖期但最终会付款的客户进行赊销。存在一定的逾期账款甚至坏账风险，但比宽松型政策要小得多。平衡型政策希望在风险控制和企业发展之间找到平衡。

3. 宽松型政策

即无论风险大小，基本上向所有客户进行赊销。采用该政策有助于企业迅速发展但逾期账款和坏账风险很大，如果碰到某一大客户出现坏账，可能带来灾难性后果。

企业信用政策应配合企业的经营活动。当销售萎靡不振时，需要实施宽松型信用政策；当销售过度高涨时，需要实施紧缩型信用政策。

不同类型信用政策的特征如表 3-5 所示。

表 3-5　信用政策特征

考虑因素	紧缩型政策	平衡型政策	宽松型政策
宏观经济状况	恶化	一般	稳定增长
客户行业状况	萧条	一般	稳定增长
平均收账期	较长	一般	很短
产品市场	持久需求	一般	产品寿命短
销售利润率	较低	一般	很高
财务实力	较弱	一般	较强
原材料供应	不足	一般	充分
市场竞争	几乎没有	一般	激烈
熟练工人	有限	一般	充分
是否愿意承担风险	不愿意	不承担大风险	愿意
企业发展速度	寻求缓慢增长	正常增长即可	追求快速增长

(三) 信用政策内容

企业信用政策汇集于信用管理手册，一般包括以下内容：信用管理的目的，政策目标，整体信用条件，信用管理流程，信用调查和评估，债权保障，贸易程序，应收账款管理和追收，信用管理责任和义务，各部门关系，政策报告，信用管理业绩评估，年度、季度、月度计划等信用内容。

信用手册分对内、对外两种，对内手册是指导企业内部职工开展信用管理的依据和指南，相对内容更为广泛；对外手册是提供给公司以外的人员(主要是客户)参考，内容则简单得多。

1. 政策目的

信用政策目的可概括为：保持应收账款最佳持有量；尽量降低信用成本。

企业销售的目的是利润最大化，而非销售最大化。利润最大化对应的要求就是保持应收账款最佳持有量。

企业信用政策应避免两种错误类型：为保持销售最大化，盲目赊销，忽视信用成本；为保持零坏账，零逾期账款，放弃赊销，保守销售。

高坏账率和零坏账率都是危险的，高坏账率吞噬了大量的利润，零坏账率表明公司的赊销政策过于保守。管理费用、现金流量、回款速度体现一个企业的信用管理水平。

2. 公司背景

具体包括公司背景、法人组织图表、信用政策的制定方法、信用管理费用使用等内容。

3. 政策与目标

政策与目标主要是明确制定信用政策的原因，统一员工思想。

(1) 制定信用政策的原因。各企业制定信用政策的原因有很大差别，例如，扩大销售、占领市场、扩张政策、竞争策略、减少坏账损失、缩短应收账款回收期、减少利息损失、规范服务质量，改善保守或盲目的销售政策等。

(2) 制定信用政策的原则。

(3) 企业信用管理目标。包括年度总销售额和赊销总额指标、坏账率指标(坏账率计算方法)、逾期账款率指标、DSO 水平指标、账龄结构指标等；并计算出年度信用管理综合效益。

综合效益值是确定值，其他指标是参考值，如果想达到更好的效果可在授权下修正一些指标。

信用管理目标还包括建立完整的客户档案、信用额度评估体系、应收账款管理体系、账款监控和追收体系、计算机信用管理系统、客户服务改善标准等。

(4) 信用管理预算。信用预算包括一般预算和特殊预算两种。

4. 整体信用条件

信用条件包括客户分类、赊销最低标准(什么样的客户有资格申请信用额度)、赊销最高限额、赊销期限、折扣方式、债权保障方式。

5. 信用管理流程

(1) 纵向管理流程。纵向管理流程表明企业最高管理层到基层各层面的管理形态。

(2) 横向管理流程。横向管理流程表明信用部门层面管理形态。

(3) 信用部门组织结构。信用部门组织结构包括结构图、部门设置、人员、任务、目标、责任、权利、义务等。

(4) 常规和特殊情况下各部门的权限界定。明确规定各部门，尤其是信用部门的权责，杜绝越权行为。

6. 信用调查程序

(1) 建立客户档案数据库。必须把散落在企业内部各部门的客户信息收集汇总，统一管理，对正在作业但无信息的客户，应马上补充资料。

(2) 客户数据的取得方式。取得方式包括业务部门提供、客户自己提供、第三方提供、外部信用调查、信用部收集等。

(3) 客户数据更新时间。老客户资料应每 3 个月/半年更新一次。

(4) 常规和特殊情况下数据收集。委托外部信用调查等方式的时机、费用、时间等。

7. 信用决策程序

(1) 信用审核制度程序。具体内容包括：客户申请程序；赊销条件(什么情况下可以赊销)；确定新客户的信用额度；特殊交易条件下的信用安排；增加或减少信用限额的方式；增大信用额度和延长赊销时间的程序、要求；担保条件规定；信用限额监视程序；重新评估程序。

(2) 信用评估评级制度。

(3) 决策的职责划分。在信用授予中对评估人员的要求。

8. 债权保障措施

对风险较大又必须成交的业务采用出口信用保险、保理、信用证、动产和不动产抵押、个人或法人担保等债权保障措施、规定作业的范围和具体各种实施要求。

(1) 对债权风险的界定方法。

(2) 债权保障的种类和使用方式。

(3) 费用的承担。

(4) 具体实施要求。

9. 贸易程序管理

贸易程序规定与企业业务程序类似。业务部门与信用管理部门必须分工明确，交接手续齐全，连接紧密。

具体包括订单处理、定价、回复和确认程序；仓储和运输的规定；业务部门和信用管理部门在贸易各环节的交接程序。

10. 应收账款管理和追收程序

定义与收账任务有关的各种权利和义务，具体如下。

(1) "未逾期账款询问" 制度。

(2) 追收的方式和制裁手段。需要采用的手段(电话追讨、信函追讨和上门追讨等)；收账的时间安排；收账每个时间段的确定；最终追收方式的确定；使用抵押品的时机及处理抵押品的方法。

(3) 外部机构协助的程序。转移到收账机构的时间和程序；转移到律师事务所的时间和程序；特殊情况下的选择。

(4) 具体实施要求。

11. 客户破产/坏账程序

(1) 客户破产对策。当客户破产后，信用管理部门应采取的措施。

(2) 坏账程序。包括应收账款注销的时间、注销的原因、注销的步骤等。

12. 衡量部门业绩的方法

专栏 3-2

(1) 衡量信用管理部门的方法。衡量信用管理部门，要看企业的整体运营效果，包括销售额、坏账率、逾期账款率、信用申请批准率、DSO 水平、管理成本、同业标准等综合指标，不能只从一个方面审核。

(2) 衡量其他部门的方法。业务部门、财务部门要审核信用政策执行情况。

四、信用调查

（一）信用调查分类

信用调查可按以下标准分类。

(1) 国别区分：国内信用调查、国外信用调查。

(2) 信用调查对象区分：个人信用调查、企业信用调查、产业信用调查、财产信用调查。

(3) 信用调查目的区分：交易信用调查、投资信用调查、消费信用调查、雇用信用调查、社会环境信用调查。

(4) 信用调查方式区分：自行调查、同行调查、联合调查。

(5) 信用调查时期区分：前期信用调查、追踪信用调查、催收信用调查。

(6) 信用调查内容区分：简易信用调查、一般信用调查、深度信用调查。

（二）信用调查渠道

(1) 直接向调查对象索取相关资料。

(2) 向行业协会等机构索取资料。

(3) 向调查对象的交易客户和商业银行索取资料。

(4) 委托专业机构进行信用调查。

(5) 向相关政府管理机构咨询。

(6) 从相关媒介获取资料。

（三）信用调查程序

(1) 新开客户完成申报和审批程序后建立客户信用档案。

(2) 对于新客户，在双方达成交易意向并确定信用销售后，由业务部门负责向信用管理部门发出信用申请。为保障业务及时，至少应在签约 7 日前申请。对于老客户，信用销售必须向信用管理部门申请。申请可在签约 3 日前发给信用管理部门。

(3) 信用管理部门接到申请后，对新客户应在 7 日内做出审核结果，对老客户应在 3 日内做出审核结果，并通知业务部门。

信用部门审核材料主要是：业务部门填写的"客户信用状况表"；客户自己提供的"信用申请表"和其他证明文件(包括营业执照复印件和产品经营许可证等)；专业调查机构提供的《信用调查报告》；数据库内存储的"客户以往交易记录和付款记录"。

五、赊销跟踪

公司利用管理软件对销售过程中的应收账款进行管理，建立管理报告反映业务执行过程中的信用销售执行情况。一般的管理报告包括：应收账款账龄分析报告、客户信用执行分析、信用销售费用汇总、关键业绩指标变化情况。

在 ERP 软件中，销售模块中一般有信用审核的预警、应收账款的管理分析等功能。在实际

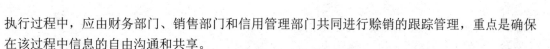

执行过程中，应由财务部门、销售部门和信用管理部门共同进行赊销的跟踪管理，重点是确保在该过程中信息的自由沟通和共享。

六、信用重估

公司要定期对客户信用进行重新估计和评价。

信用评估要关注客户在信用销售中一些关键业绩指标的表现情况，如回款情况、该客户信用授予对公司现金流量和营运资金的影响程度、客户历史交易情况、客户的外部道德及公众形象表现等相关的业绩指标。所有的信用评估报告及信息均需要存档，并进行定期维护和更新。

七、信用危机管理

（一）企业信用危机的表现

(1) 货款未能按时支付。

(2) 大量银行贷款无法偿还。

(3) 订单无法履行，无法按时向客户提供产品。

(4) 向客户所做的承诺根本无法兑现。

(5) 企业员工士气低落，人心涣散，凝聚力不足，企业业务下降。

(6) 关联企业纷纷与该企业脱离关系，使经营雪上加霜。

(7) 政府放弃对该企业的支持，股东对公司的怨言不断增加，公司承受的压力持续加大。

（二）企业信用危机带来的危害

(1) 资金来源缺乏，生产经营遭受严重影响，利润减少甚至亏损。

(2) 经营活动会受到质疑，导致企业产品销售困难，使企业失去部分市场。

(3) 原先可以获得的赊销、赊购等有利条件会随之丧失，筹资成本、采购成本、营销成本等都会增加。

(4) 企业信誉受损，原材料供应商、银行、客户对出现信用危机的企业会做出抵制性的消极反应，使企业的信用等级降低。

(5) 企业信用危机严重时，会引发各种危机，最终导致企业破产。

（三）企业信用危机预警

企业的信用状况出现恶化前会有一些迹象，透过这些迹象可以对企业即将出现的危机做出初步的判断，并发出警示，以便采取相应的防范措施。

企业信用危机预警系统内容包括：信用危机信息收集系统、信用危机信息加工系统、信用危机防范决策系统、信用危机警报系统等。

1. 信用危机信息收集系统

信用危机信息收集系统主要是收集企业信用危机的相关信息。

企业信用危机信息主要如下。

(1) 企业道德方面的异常信息，包括企业和企业领导层的诚信程度、欠税、逃漏税、侵犯知识产权等记录，企业和企业领导层等的诉讼记录。

(2) 企业生产经营方面的异常信息，包括原材料购进的价格、数量异常，发出或接受订单的价格条件及数量异常；企业资产存量变动异常，产成品存货过多，资金严重不足，难以应付日常周转；应收账款(赊销)数量过大；支付异常，包括不顾合同提前交货并要求提前付款，要求变更货款支付方式与条件；市场经营成本过大，经营效率低。

(3) 企业管理方面的异常信息，包括管理混乱、裁员、欠薪。

(4) 企业财务方面的异常信息，包括财务报表失真，内部财务账目混乱，不能真实反映企业财务状况；经营利润锐减，甚至亏损；债务巨大，造成资不抵债；固定资产投资过大，投资效率低。

2. 信用危机信息加工系统

信用危机信息加工系统对上述相关信息进行整理与归类，将信用危机信息转化为可以量化分析判断的指标，包括财务指标和非财务指标(见表3-6)。

表3-6　企业信用危机相关指标及临界点状态(以工业企业为例)

相关指标	产生信用危机的可能性大	有可能产生信用危机	不太可能产生信用危机
贷款资产形态	有可疑、损失贷款	无可疑、损失贷款	无次级、可疑、损失贷款
到期信用偿还记录	未按期还本超过3个月	有逾期1～3个月未还的记录	到期还本或逾期1个月还款
利息信用偿还记录	报告期内存在拖欠利息3个月以上的记录	报告期内存在拖欠利息1～3个月的记录	报告期内存在拖欠利息1个月之内的记录
资产负债率	≥80%	70%～80%	≤70%
流动比率	≤90%	90%～130%	≥130%
经营性现金净流量	<0	0	>0
现金流动负债比率	≤0	0～20%	≥20%
利息保障倍数	≤1	1～4	≥4
总资产报酬率	≤5%	5%～8%	≥8%
销售利润率	≤4%	4%～12%	≥12%
净资产收益率	≤4%	4%～12%	≥12%
存货周转率	≤150%	150%～300%	≥300%
销售收入增长率	≤5%	5%～11%	≥11%
净利润增长率	≤3%	3%～8%	≥8%
净资产增长率	≤5%	5%～10%	≥10%
领导者素质	管理经验缺乏，销售收入减少，社会信誉差	管理经验一般，销售收入停滞，社会声誉不太好	有丰富的管理经验，销售收入逐年扩大，业绩显著，有良好的社会声誉
企业管理水平	产权模糊，财务制度不完善，财务报表失真，官司缠身	产权制度不完善，财务制度、财务报表质量一般，出现官司	产权明晰，公司治理结构完善，财务制度完善，财务报表真实
发展前景	发展战略模糊，行业发展前景不好，产品竞争力、市场占有率、融资能力、技术水平较差	发展战略、行业发展前景、产品竞争力、市场占有率、融资能力、技术水平均为一般	有明确的发展战略，行业发展前景好，产品竞争力强，市场占有率高，融资能力强，技术水平先进

3. 信用危机防范决策系统

信用危机防范决策系统是将信用危机信息加工系统的结果(一般为信号或指标)与有关目标或标准做对比，发出信用危机警报和危机警报级别的决策过程。

信用危机决策一般根据事先设定的一系列指标的临界点量化综合评价后进行预警决策。企业信用的相关指标达到不同的临界点，会发出不同级别的预警(见表 3-7)。

表 3-7　企业信用危机预警级别

信用危机产生的可能性	可能性大	有可能产生	不太可能产生
信用危机级别	红色警报	黄色警报	绿色警报
信用危机防范要求	高度防范，阻止信用危机产生	注意防范，警惕信用危机发生	注意监测，避免信用

4. 信用危机警报系统

信用危机警报系统是根据上述预警级别，及时向信用危机反应者(关联企业)及其潜在受害者发出准确的警报，使各方人员及时采取措施减少风险。

当企业监测到关联企业存在较严重的信用危机风险时，应及时通知本企业相关部门，采取果断措施，切断危机来源；同时也应明确地告诉信用危机的反应者(关联企业)，以提示其采取必要措施，防止信用危机扩大化。如果是企业自身的信用危机警报，更应及时通报企业最高决策层，采取有效措施，防止信用危机的进一步扩展，以免信用危机损害程度扩大。

(四) 企业信用危机管理

企业信用危机管理是指当企业信用危机不可避免地发生时，企业启动信用危机管理方案，以尽快控制信用危机，减少损失，尽快从危机中恢复，使企业保持持续的发展势头甚至获得新的生机。

企业信用危机管理有广义与狭义之分。

狭义的信用危机管理主要指对信用危机的处理，包括信用危机管理前的准备、确认、控制、解决 4 个环节。

广义的信用危机管理还包括上述所提到的信用危机预警系统及信用危机风险评估。本节主要介绍狭义的信用危机管理。

企业信用危机可分为开始阶段、反应阶段、恢复阶段、管理评价 4 个阶段。不同阶段的损害程度不同，管理内容也不一样。

1. 信用危机开始阶段的管理

信用危机开始阶段指出现企业信用危机征兆到感知出信用危机产生损失的过程。在这个过程中，由于人们对信用问题缺乏警惕性和敏感性，通常没能引起足够的重视，如果企业能在这个阶段感知到信用危机的存在，采取有效措施，有可能防止信用危机的发生或使损失降到最低的程度。

此阶段管理的重点是设法阻止信用危机的发生或控制危机发生的强度，或延缓信用危机发生的时间。要增强企业信用危机的意识，充分利用信用危机预警系统，监测企业信用危机的征兆，防止其由量变到质变的转化。

在这个过程中通常可以采取的管理措施主要如下。

(1) 设法防止信用危机的爆发。对引起信用危机的外部因素和内部因素进行综合分析，如有可能阻止信用危机时，应立即采取措施防止信用危机的发生，否则会贻误阻止危机爆发的最佳时机，致使信用危机爆发。信用危机不像自然灾害那样不可控制，在许多情况下是可以分析判断的。因此，在初期可以采取适当的措施加以防范。

(2) 延迟信用危机爆发。当信用危机无法阻止而势必发生时，应想尽办法延迟信用危机爆发。这些办法的效果取决于在短期内采取的有效行动以及采取这些行动的效率、速度与质量，这些办法越有效、速度越快、质量越高，信用危机带来的损失减少程度就越高。

(3) 采取预防措施减少信用危机造成的损失。在信用危机爆发前采取适当的措施可以减少信用危机爆发时所造成的损失。

首先，必须清楚信用危机会对企业造成哪些方面的损失，如应收账款无法收回、订购原材料无法到货、购销合同无法履行等。

其次，必须了解哪些措施是有效的，这些措施降低危机损害的程度如何，如应收账款应及时清理，对即将出现信用危机的企业的应收账款应重点监控，必要时派出专人追款，并提请有关部门帮助追款，销售部门停止发货等，使损失减少到最低程度。

2. 信用危机反应阶段的管理

当信用危机爆发后，企业就应进入信用危机反应阶段的管理，对信用危机做出积极的反应，采取合理有效的方法进行管理。

此阶段管理的重点是面对已经出现的信用危机采取具体的、积极的行动，主动处理好信用危机，使危机顺利渡过，否则信用危机会迅速蔓延，直到企业破产。

信用危机反应阶段管理的任务主要如下。

(1) 防止和减少信用危机对企业资源的损害，包括应收账款的扩大、原材料供应链的破坏、减少对产生信用危机企业的依赖等。

(2) 阻滞或延缓信用危机的蔓延，包括设法阻止信用危机波及企业的其他业务，及时切断信用危机对企业其他领域的影响。

(3) 防止信用危机的连锁反应。信用危机的爆发会引起其他危机的爆发，如不及时控制，会导致企业全面危机的爆发，危及企业的生存。

在这个阶段可采取的管理措施如下。

(1) 迅速建立有效的信用危机反应机构，使信用危机反应有统一的领导中心，以全面、迅速、高效地协调指挥信用危机反应的各项活动，采取适当的方式向媒体、公众客观公正地发布信用危机的相关信息，使企业在危机反应行动中掌握充分的主动权，增强透明度，减少猜疑，恢复信任。

(2) 果断隔离信用危机。由于信用危机会带来很大的冲击，产生连锁反应，企业那些暂时没有受到信用危机波及的经营领域极有可能会受到波及，使信用危机的损害范围扩大，这时应采取果断行动，隔离信用危机，保护企业未被波及的经营领域。

(3) 分析信用危机的关键原因，有针对性、有重点地采取解决行动。要客观冷静地分析造成信用危机的原因，找出关键原因，寻求解决的方法。

(4) 综合运用企业所掌握的资源，投入解决信用危机中去，包括人力、资金、物资、信息、媒体、公共关系等有形与无形的资源，使企业能及时有效地消除信用危机，将信用危机造成的损失减少到最小。

3. 信用危机恢复阶段的管理

信用危机恢复阶段指经过信用危机反应阶段的行动，企业有效地控制了信用危机的负面影响，信用状况得以改善并逐步恢复正常的过程。

此阶段应着重采取的管理措施如下。

(1) 明确信用危机恢复的目的在于重新构建信用，恢复公众对企业的信任，使企业得以生存和永续发展。

(2) 成立信用危机恢复机构，负责制订与控制信用危机恢复计划。

(3) 收集相关信息并统一对外公布，防止有害信息干扰危机恢复过程。

专栏 3-3

4. 信用危机管理评价

企业将信用危机管理的结果与信用危机管理的目标加以比较，找出差距，总结经验，进一步提高企业预防和处理信用危机的能力，防止信用危机的重演。

八、信用管理成功要素

(一) 组织整体对信用管理的认识程度

信用管理领域存在的问题，将直接关系企业的经营与运作的安全性；企业在风险管理体系中其他领域采取的举措，也必须考虑对信用管理的影响。因此，一个组织对信用管理的认识，应当提升到风险管理的高度予以重视。

(二) 决策层的关注程度

信用管理是自上而下，而不是自下而上的过程。信用管理是典型的"一把手工程"，没有来自最上层的支持，信用管理制度难以有效运作。只有当组织决策层树立了正确的信用管理理念，愿意为信用控制投入充分的精力和资源，并通过宣传、执行、检查、考核等手段将管理策略自上而下逐级传递到业务末梢时，信用管理工作才有可能顺利开展。

(三) 信用管理的参与者

发挥组织效能，强调组织协作。在一个跨越地域和产品线的复杂体系中，信用管理不是某个"专业团队"的职能，单纯的信用管理部门是难以担当重任的，最强大的信用管理团队就是销售队伍自身。在那些信用管理控制出色的业务单元中，往往可以看到风险意识高、自控能力强的各层次销售人员在发挥作用，而不是信用管理部门严格干涉、监控的身影。这是因为由于人员编制限制以及管理规范化的要求，信用管理部门往往无法对千差万别的业务情景进行区别化管理，采取针对性措施。对客户和交易情况了解最多、对"游戏规则"认识最深的莫过于销售人员本身，脱离销售队伍，甚至与之对立，信用管理只会走进"死胡同"。

为解决信用管理部门与业务部门的冲突，应将销售人员纳入信用管理体系中。在信用管理KPI指标体系中，将组织关注的现金流、利润指标转化为信用管理指标，在前、后系统中进行分解落实。将现金流指标分解为各管理单元现金流指标，并进一步分解为规模指标和周转指标；从各管理单元利润指标中衍生出超期比和坏账计提指标。在销售人员考核指标组合中，除经营指标外，补充以信用管理指标，并与业绩评价建立显著线性关联。依此类推，通过指标分解与考核机制，将各级销售管理人员纳入从前台到后台、从中央到地方、从上级到下级的立体信用管理组织框架中。

(四) 信用管理与经营指标的关系

对信用管理成绩的评价不能脱离整体经营业绩指标达成状况的背景。即使达成周转或坏账指标，但如果组织整体未能达成业绩和利润增长的目标，信用管理政策也不能认为是成功的。

信用管理人员需要从经营管理的角度理解自身工作的意义。在保障组织收入增长、占领更多市场份额、追逐更多利润方面，信用管理与销售活动肩负着同等重要的责任。

(五) 构建有效的信用/销售决策机制

专栏 3-4

不同的企业所对应的信用决策机制是不同的，甚至同一个企业在不同的发展阶段，对信用决策机制也会有不同的诉求。企业要依据业务特点和管理文化确定相应的信用决策机制。

第三节　企业客户管理

一、客户管理概论

客户既是企业的财富来源，也是风险的最大来源。

企业控制信用风险的途径主要有三条：一是规避，在无法确定交易风险或风险过大、企业自身无法自行消化的情况下，企业可选择规避策略；二是自己消化，即根据自身能力的大小，有选择地承担信用风险；三是风险转移，即通过购买相应的信用衍生工具实现风险对冲，或者以一定的价格将信用风险卖出，或者购买信用保险等。企业目前控制信用风险主要依靠前两条途径。而在回避与自己消化信用风险中，要想不错失优质客户，又能杜绝劣质客户，还能最大限度开发一般客户潜力，同时又能将信用风险控制在可承受的范围内，首要的工作就是进行客户的挑选与客户信用的确定及管理。

(一) 客户的定义

凡对本企业的产品或服务有需求并有支付能力的法人单位或者消费者个人都是企业潜在客户，而付钱购买本企业产品或服务的企业或个人都是企业的客户。

(二) 信用管理部门与销售部门客户范畴比较

信用客户定义如下：凡是付钱购买企业产品或服务的买主都是企业销售部门的客户；凡是对企业构成经济损失或者潜在经济损失的购买者，都是信用管理部门的客户。两者的区别如表 3-8 所示。

信用管理部门的客户主要是来自销售部门；信用管理部门的部分客户超出了销售部门客户的范畴；不涉及赊销形式的客户，无论信用状况如何，都不属于信用管理部门客户。

表 3-8　销售部门和信用管理部门对客户定义的比较

买主	信用管理部门的客户	销售部门的客户
产品批量购买者	可能是，约占 80%	绝对是
现金购买者	不是	是
直销店的顾客	多数不是	是
海外进口商	是	是
代理商	是	是
外贸产地供应商	是	不是
原料供应商	是	不是
部件发包的下游企业	是	不是
需要招待的来访者	是(特别是需要支出大额招待费者)	不是
中介机构	可能是	不是
董事会成员投资的其他企业	可能是(在授权情况下)	不是
同行业者	可能是	不是
企业的公关对象	可能是	不是

客户定义要注意区分以下几类：

(1) 企业产品的买主可能不是信用管理部门维护或监控的客户。

(2) 对生产制造类企业，供应商是信用管理部门的客户。

(3) 可能使企业支出大额招待费的来访者或意向投资人是信用管理部门的客户。

(4) 发包对象是企业信用管理部门的客户。

(三) 客户管理内容

1. 客户管理的定义

客户管理是指定期调查和评估客户的信用状况，预防商业欺诈，建立客户选择、维护、分级管理、额度管理方法、对客户的授信方法和赊销政策。

2. 客户管理准则

(1) 选择信誉良好的客户、剔除风险较大的客户。

(2) 保护对公司有较大交易价值的客户。

(3) 维护企业的客户资源在一个较高的水平。

(4) 维护公司整体利益。

3. 客户管理步骤

(1) 新客户一律现款提款，经过 3～6 个月考核期才能成为信用客户。

(2) 考察每个法人的经营作风、产品销售价格和采购货物的去向。

(3) 建立信用高风险名单，进行定期跟踪。

(4) 每年两次根据客户经营状况，调整信用资格和信用额度。

(5) 私人企业客户要求提供担保或抵押。

(6) 定期拜访大客户，了解经营状况，每月进行应收账款确认。

(7) 及时向销售部门发布客户状况预警(周转天数超过××天)。

(8) 一旦客户信用出现问题，信用等级立刻下降或取消，可以重新成为现款提货客户。

4. 客户管理系统

(1) 客户档案管理。客户信息的收集包括历史信息和信用记录，是客户管理的基础和依据。客户信息收集原则主要有真实性、完整性、时效性、标准化、制度化。

(2) 客户分析和评价。将客户按照一定的标准分类和排序，根据不同的评价目的使用不同的评价标准。

(3) 客户的优化。通过对客户考察和比较，找出优质客户的标准，以此指导客户开发和筛选。

（四）客户分类管理

1. 依据客户信用等级的分类管理

(1) 信用优良的客户。这类客户的信用等级很高，信用评级为 AAA、AA、A 级。这类客户一般实力雄厚、规模较大，盈利水平较高，短期债务的支付和长期债务的偿还能力较强，企业经营处于良性循环状态。这类客户的长期交易前景都非常好，且信誉优良，可以放心地与之交易，信用额度不用受太大的限制。

企业对这类客户的管理策略，一是采取宽松的信用政策。授予客户循环信用额度，方便客户结算；二是建立良好的客户关系。企业应与客户建立经常性的联系和沟通，维护与这类客户良好的业务关系；三是企业定期地了解这些客户的情况，定期更新客户的信用信息，注意客户信用状况的变化。

(2) 信用一般的客户。这类客户的信用等级不很高，信用评级为 BBB 级。这类客户盈利水平一般，短期债务支付能力和长期债务偿还能力一般，经营处于良性循环状态，但未来经营与发展易受内外部不确定因素的影响，从而使盈利能力和偿债能力产生较大波动。这类客户具有较大的交易价值，没有太大的缺点，也不存在破产征兆，可以适当地超过信用限额进行交易。

企业在管理这类客户时，一是在信用上应做适当的控制，基本上应以信用限额为准，超过信用限额不宜太大；二是努力争取与其建立良好的客户关系并不断加深了解；三是定期对这类客户进行信息收集，尤其应当注意其经营状况和产品市场状况的变化，定期对客户进行信用分析，调整对客户的管理策略。

(3) 信用较差的客户。这类客户的信用等级较低，信用评级为 B 级和 BB 级。这类客户盈利水平相对较低，短期债务支付能力和长期债务偿还能力相对较差，经营状况较差，但促使客户经营与发展走向良性循环的内外部因素较多。这类客户一般对企业吸引力较低，其交易价值带有偶然性，一般是新客户或交易时间不长的客户，企业占有的信息不全面。企业与这类客户进行交易时不宜采用信用支付方式，一旦需要与其交易，应严格限制在信用限额之内，而且可能会寻求一些额外的担保。

对这类客户，在信用管理上更加严格，应对其核定的信用限额打一些折扣；维护与这类客户正常的业务关系难度较大，但对新客户应当关注，争取发展长远的合作关系；对这类客户的调查了解应当更加仔细。在业务交往中除了要求其出具合法性文件之外，还应进行一些专门调查，如实地考察或委托专业机构调查，增加了解。

(4) 信用差的客户。这类客户的信用等级很低，信用评级为 CCC 和 CC 级。这类客户信用差，很多信息难以收集到，交易价值很小。企业与这类客户交易的可能性也很小。

对这类客户，企业应尽量避免与其进行交易，即使是进行交易，也应以现金结算方式为主，不应采用信用方式；这类客户不应成为企业客户资源的重点，有些甚至可以舍弃。企业可以保留这些客户的资料，但不应投入过多的人力和财力来收集这些客户的信息，在急需了解的情况下，可以委托一家专业服务机构进行调查。

2. 依据客户规模的分类管理

依客户的规模大小可以把客户分为大、中、小三类客户，这是以与客户的交易金额占整个企业交易合同总额的比重为依据的。

(1) 小客户。小客户指与企业达成的交易合同金额不大的客户，但它们的数目却占了企业客户总数的 60%左右。这种小客户如果是单个客户即使发生坏账，给企业造成的损失也不致太大。但是它们的数目却占了企业客户的多数，对于这类客户也应珍惜。

企业在与这类客户交易时，事前应在企业已掌握的资料的基础上做简单的信用分析，一线销售人员做好内部评价报告。重点在事后的管理，在授予信用额度之后，应注意收集客户的信用信息，特别是与客户的交易经验，主要是客户的付款表现。如果在拖欠客户的名单中很快就有了某个被授予信用的客户，企业就应该立刻取消对它的信用交易。如果客户的付款表现良好，又有进一步交易的机会，企业应把其列为关注的客户，积极收集客户的信用信息或向征信机构订购信用调研报告，对客户进行信用分析，确定是值得重点培养的客户，应努力与之建立良好关系，适当放宽信用额度。

(2) 中等客户。中等客户一般已度过了初建的艰难时期，经营时间都已超过 3 年，稳获立足之地了。它们必须按法律要求每年向公司注册管理机构提交财务报表和年度报告，这就使企业能更方便地收集有关信息并运用于信用分析。中等客户这一组比较特殊，因为它经常处于变动之中。有些中等客户发展良好，很可能日后会扩大交易，成为企业的大客户。相反，有些状况不佳的中等客户也可能失信于企业，而它们对企业造成的损失要比失信的小客户造成的损失更大。

企业在管理这类客户时，一是分别识别好坏两类客户，区别对待，对于信用优良的客户应建立良好的客户关系，适当放宽信用限制；对于信用差的客户，则应收紧信用额度，加强应收账款监控，采取适当的应收账款追收措施。二是加强交易前的信用分析。由于中等客户发生信用风险造成的损失比较大，企业应注重考虑信息的质量，即必须全面、准确、及时，为此必要时应订购信用评估机构的信用报告。三是注意客户的变化。交易金额达到某种水平时客户就可由小客户"晋升"为中等客户，当小客户扩大交易额成为中等客户时，就需要格外注意重新评估这位客户的信用状况，多方收集有关它的信息，调整对它的信用管理策略。

(3) 大客户。在企业的合同交易总额中通常有这样一个"80∶20"的规律，即 80%的生意来自20%的客户，这 20%的客户也就是企业的大客户了。企业的销售额和应收账款的绝大部分都与这少数的大客户相联系，因此万一此类客户发生信用风险，对企业的打击是不言而喻的。

企业对这类客户进行授信管理时，一是做好客户信用分析，及时了解客户的财务变化，定期对其进行信用跟踪分析。企业应每年支出一定的费用去收集客户的有关信息，尽力保持对客户财务状况的同步了解。必要时订购信用评估机构的连续服务信用报告，保证企业对客户的现状随时了如指掌。二是加强客户关系管理。这类客户在某种程度上是企业的衣食父母，因此，应加强与客户联系，提供良好的客户服务。在信用分析的基础上，对信用优良的客户应鼓励其增大信用额度，给予信用循环额度，提供优惠的信用结算方式。

3. 依据客户关系的分类管理

(1) 新客户。由于企业在接触一个新客户时，没有资料积累，所能获得的客户信息有限，如果贸然与客户交易，往往会出现判断上的失误，甚至上当受骗。

企业在与新客户交易时，一是注意收集客户的信息，对客户做出信用判断。特别是客户的信用、财务方面的信息，根据初步的信息，对客户交易的信用动因与信用能力做出判断。对交易价值大、要求授信额度大的客户应收集客户的详细信用信息，必要时订购专业征信机构的信用调研报告，以判断客户的信用风险，从而筛选出信誉良好的客户、剔除风险较大的客户，使得企业遭受客户信用风险的可能性大大降低。二是严格控制信用销售的管理程序。由于对这类客户不了解，为了不受业务人员的主观因素以及客户行贿等方面的影响，有效地进行内部控制是必要的。三是注意开发有潜力的客户。新客户是企业形成客户资源的开始，因此，应注意开发有潜力的客户，一方面应注意积累客户的资料，另一方面应注意积累与客户交往的经验，特别是客户的付款记录，对于付款记录良好的客户应努力与其建立联系，纳入企业优良客户的管理群。

(2) 老客户。一般来说，企业与老客户较为熟悉，掌握的信息也较多，因此较为放心，然而恰恰如此，有可能放松警惕，如果对于这些客户在某些方面的变化视而不见，直到情况发生突变时，已是悔之莫及了。

企业在与老客户继续交易时，一是依客户的信用等级对客户进行分类管理，不同信用等级的客户在授予信用额度、结算方式方面应区别对待；二是关注客户的财务及信用方面的变化，及时进行信息更新，调整客户信用等级及管理策略；三是努力建立良好的客户关系，对于交易价值大、是企业主要利润来源的客户应通过加强与客户沟通、核定客户信用循环额度及结算优惠等方式，建立良好的客户关系。

(五) 客户信息来源

1. 客户信息内容

客户管理需要通过调研获取客户以下信息：

(1) 客户发展历史信息，如发展状况、重大变革事项、近期重大事件等信息。

(2) 客户经营状况信息，如主营业务、采购情况、供应商、产品与品牌、销售情况、经营业绩、经营场所、雇员情况等信息。

(3) 客户组织管理状况信息，如股东结构、管理组织结构、附属机构、管理人员的背景等信息。

(4) 财务状况信息，如资产负债情况、损益情况、财务分析等信息。

(5) 信用记录信息，如银行状况、付款记录、担保记录、诉讼记录、同行评价等信息。

2. 客户信息获取渠道

企业获取客户信用资料的渠道分为外部渠道和内部渠道。

外部渠道包括专业机构、同业协会、社会信息、官方渠道。

内部渠道包括客户提供、业务员收集、会计收集、信用管理部门收集、生产经营部门收集。

(1) 外部信用信息来源，具体如下。

① 官方信息来源。官方信息来源是指相关政府部门掌握的信用信息。在执行公务和实施监管的工作过程中，相关政府部门，如市场监督管理、人民银行、海关、司法、劳动、人事、国有资产管理、统计、房管、技术监督、税务等十几个相关政府部门产生了可以用于评价企业信

用价值的信用信息。除了政府掌握的信用信息外，其他都属于非官方信息。

在我国，类似国有商业银行、保险公司、人才交流中心、行业协会等掌握的信息，称为准官方信息。

主要的官方信息来源有：

- 市场监督管理部门掌握企业的注册资料、年检资料。
- 中国人民银行建立了企业贷款登记咨询系统，掌握着企业的开户、信贷、偿贷等信用信息。
- 海关掌握企业的进出口报关和货检信息。
- 统计局掌握定期形成的各种统计报表上的信息，包括企业的财务报表，以及调查大队的一些相关调查结果。
- 税务局掌握企业税务登记、纳税、欠税、稽查等信息，还掌握着企业的财务信息。
- 法院掌握企业的诉讼记录。
- 房产登记部门掌握房产所有权和抵押情况。
- 国有资产管理部门掌握企业的国有资产使用权、登记和价值等信息。

② 社会信息来源。社会信息来源多指一些掌握客户付款信息的机构，包括任何金融和非金融授信机构、公用事业单位等，提供的典型信用信息包括拖欠通信费用、水电费、煤气费、房租、物业费等。

③ 公共媒体信息来源。主要包括公开会议资料，电视、报刊、网站等媒体。

④ 中介机构提供的信息。中介机构是指征信机构、征信数据供应商、私人侦探机构、会计师事务所和律师事务所等。

同其他信息来源相比，中介机构提供的信用信息最专业和丰富。企业可以从中介机构获得成套的征信数据、客户信用调查报告、特殊的专业调查、事实核实和跟踪侦察。其中信用调查报告提供客户的信用等级和风险指数，受到业界普遍欢迎。

在获取客户信息过程中，要注意剔除虚假成分，保证信息质量。

对于从各种可能渠道获取的信用信息，企业信用管理部门还需进行信息的核查和加工处理，以保证信用信息的及时更新、准确、规范等性能，并规避信息风险。

(2) 内部信用信息来源，具体如下。

① 信用管理部门直接接触客户。信用人员直接接触客户可获取以下信息：企业性质、成立时间、业主或股东情况、其他供应商、开户银行、产品市场、付款条件、竞争对手、经营状况等。

② 销售部门的记录资料和销售员的亲自接触。信用管理部门应培养销售人员的信用意识，充分利用销售人员获取客户的资料。

销售人员频繁接触客户，很多问题在销售人员与客户的交谈中即可解决：买方的市场在哪里？买方怎样获取货款？买方有无其他竞争对手？买方的业务发展怎样？买方的历史有多久？买方的股东是谁？

通过进一步的接触或实地访问，销售人员会有意或无意地发现下列情况：买方所处的方位？买方的内部办公设施和环境？买方的人员大约有多少？买方人员有无较大变化？房产是租来的还是自有的？买方人员的士气和素质如何？

通过销售台账的分析可获取以下信息：买方以前的表现如何？付款是否及时？买方订货量是否呈上升趋势？买方的订货是否有季节性？其平均付款期是多少天？其前身是否是一家失败

的公司？

③ 生产经营部门的信息。通过生产经营部门可了解供应商的信用状况。

专栏 3-5

在当前的市场状态下，企业信用管理部门要获取完整、合格的客户信用信息一般是要支付费用的。在选择获取信用信息的途径而言，使用征信公司的产品与服务最可靠和经济，即征信公司的产品与服务的性价比最高。

（六）客户信用信息分析及客户评价

客户信用信息收集仅仅是进行科学的信用决策的前提，收集到的客户信用信息要想真正成为科学信用决策的依据，还需进行信息合并、评估与分析工作。

客户信用信息分析表(见表 3-9)就是把来自供应商、银行、企业财务报表的信息集中起来，把各个供应商的推荐进行比较，把银行提供的企业信用信息与企业财务信息展示出来，并结合从信用评估机构中获得的信用报告，一同比较以确定企业信用状况。

表 3-9　客户信用信息分析表

公司名称：_____　　信用限额：_____
地　　址：_____　　授权日期：_____

供应商情况介绍	供应商 1	供应商 2	供应商 3
供货年限			
最近最大信用额度			
流动资产			
到期欠款余额			
信用期限			
折扣等			

供应商的评价：_____

银行证明：

存款账户(开户日期/平均余额)_____

支票账户(开户日期/平均余额)_____

贷款(设备、土地、建筑物、流动贷款)_____

信用额度(包含贷款)_____

评价_____

财务评价：

日期_____

是否审计_____

如审计，审计评价_____

是否有邓白氏或其他公司的信用报告：

报告公司名称_____

报告日期、信用等级_____

其他评价_____

在应用上表进行客户信用信息整合和比较时，如果发现供应商对客户的信用评价良好，且客户与银行关系良好，又有良好的财务报告和专门征信公司给出的信用报告，则公司可以考虑对客户授予一定的信用。否则，公司将只能给予客户很低的信用额度或拒绝授予信用。

二、客户信用评级

（一）客户信用评级流程

客户信用评级有效期一般为一年，以保证信用批准始终建立在获得客户最新资料的前提下，最大限度地减少信用风险。重新评定的程序与新增时相同，客户信用评级流程如图3-10所示。

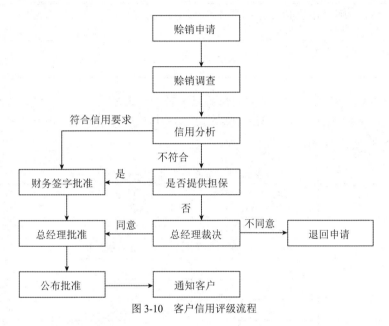

图3-10　客户信用评级流程

（二）客户信用评级系统

客户信用评级系统由信用风险因素选择、数据挖掘、指标体系设计、评分方法组成（见图3-11）。客户信用评价系统由外部评级系统和内部评级系统两部分组成。

图3-11　客户信用评级系统

1. 外部评级系统

(1) 信用评级指标选择。信用评级指标一般包括市场状况、财务、现场感观、信用习惯等方面。可供选择的客户信用评级指标如表3-10所示。

表 3-10　客户信用评级信息

客户基本特征	客户优先特征	信用及财务特征
表面印象：业务人员素质、厂区环境、生产状况等	交易利润率：与客户交易所能为企业带来的利润水平	付款记录：客户以往对本企业或其他企业的货款支付情况
组织管理：股东结构及背景、管理组织结构、主要负责人等	交易条件：企业为了满足客户的要求所付出的努力程度	银行信用：银行对客户的信用评级、客户在银行的存贷款情况等
产品与行业：产品特点及其在行业中的地位等	对市场吸引力的影响：客户能否给企业在市场上造成较大的吸引力	获利能力：客户的盈利水平和利润增长状况
市场竞争性：客户的产品与服务在市场上的需求等	对市场竞争力的影响：客户对企业增强市场竞争力所能产生的影响程度	资产负债表评估：客户资产负债表的各类信息
经营状况：生产状况及经营范围、购销区域、结算方式等	担保条件：客户是否在交易过程中提供一些担保	偿债能力：客户到期支付其债务的能力
发展前景：市场、销售量、营业收入等	可替代性：企业对客户的依赖程度	资本总额：企业的股本总额

(2) 客户信用评级方法。企业信用评级标准和评级结果是呈阶梯状变化的，对企业的信用评级展示出一张客户风险分布全景图，即将客户的信用风险按信用级别的高低排序，便于进行相应的风险管理(见表 3-11)。

表 3-11　企业信用评级标准

指标及付款记录	信用状况良好 (71～100 分)	信用状况一般 (50～70 分)	信用状况差 (50 分以下)
信用评级	AAA 和 AA	A 和 BBB	BB 以下
以往付款记录	全部在折扣期内	大部分在折扣期内	很少在折扣期内
流动比率	2.2 以上	2±0.2	1.8 以下
速动比率	1.2 以上	1±0.2	0.8 以下
现金比率	0.3 以上	0.2±0.1	0.1 以下
营运资金/万元	150 以上	100±50	50 以下
负债比率	30%以下	50%±20%	70%以上
资产总额/万元	800 以上	500±300	200 以下
销售规模/万元	1500 以上	1200±300	900 以下
应收账款周转次数	12 次/年	10±2	8 次以下
库存周转次数	7 次/年	5±2	3 次以下
赚取利息倍数	8 以上	5±3	2 以下

企业征信机构主要对非上市的中小企业进行信用调查，对被调查企业的信用状况进行量化评价，标示出被调查的风险，推荐交易方式，更重要的是希望将量化风险指标与授信额度挂钩，算出指导性的授信额度。

(3) 企业信用风险指数。企业信用调查报告中，除了给出信用级别外，还应给出信用风险指数，该指数是决定授信额度的依据。在无法取得完整财务数据的情况下，信用风险指数可以代替信用评级，是信用评级的另一种解释。风险指数的得出必须有数学模型的支持，需要采集被调查企业所包含的影响信用风险评价重要因素的征信数据，形成变量，代入模型计算得出企业的信用风险指数。

不同的信用评级公司一般会根据经验，结合自身模型，给出信用风险指数的计算标准。表 3-12 列出了邓白氏公司的信用风险指数。

表 3-12　邓白氏公司风险指数的含义

风险指数	含义	企业停业比率
RI1	最低风险	0.01%
RI2	显著低于平均风险	1.09%
RI3	低于平均风险	1.8%
RI4	略低于平均风险	2.5%
RI5	两倍高于平均风险	8.0%
RI6	五倍高于平均风险	19.6%
NA	信息不足，无法评估	—

在企业信用管理实际操作中，经常使用一种简单的客户风险测算方法进行快速的信用风险评估，以满足实地测算信用风险的需要(见表 3-13)。

表 3-13　信用风险简易指标

项　　目	X	B	A	Y
	高风险	平均风险	低风险	无风险
流动比率	<1.25	1.26~2.00	>2.00	存在 A 级别风险，但资产大于 3 亿元
速动比率	<0.50	0.51~1.00	>1.00	
流动负债/净资产	>1.25	1.24~0.75	<0.75	
负债总额/净资产	>2.00	1.99~1.25	<1.25	

2. 内部评级系统

由于企业与企业之间差异悬殊，单一的企业评级标准不能解决所有企业的问题。同时，专业评级方法虽然科学、严密，但却操作复杂，耗时长，不能满足企业实际需要(见表 3-14)。因此，企业不能完全依赖专业机构的服务，或者套用其他企业的方法和标准，每个企业都要开发适合自己的客户评价方法和指标系统，根据企业所在行业的特殊性，修正征信机构提供的评级和指数，使对客户信用的评价结果更符合实际，从而得出与其风险程度相符合的授信额度。

表 3-14　专业化评级与企业内部评级的比较

比较项目	专业机构评级	企业内部评级
适用范围	大	小
需要样本数量	多	少
风险因素数量	多	少
主观评价占比	低	高
客户经营风格	无体现	有体现
行业特点占比	低	高
耗时长短	长	短

构建内部评级系统流程如下。

(1) 选择风险因素。这是建立评级体系的关键步骤，选择标准如下：风险因素要能说明企业的特征；要考虑风险因素的可获取性；要能将风险因素与客户的信用程度联系起来。

(2) 收集和分析客户信息。这是解决问题的关键，要从企业现有信息入手，控制好主观评价。

(3) 确定各个风险因素所占权重，建立指标体系。确定风险因素权重考虑因素主要有：权重要能体现各风险因素影响企业信用的重要程度；权重需体现各风险因素之间相对重要程度，且随风险因素的变动而调整；要有统计学上的意义。评级的目的是既要将好坏客户分开，又要使客户的评分均匀地分布，调整权重是基本手段。

(4) 确定评分方法。为了计算方便，通常对每个因素以 10 分计。同时，将指标评分设定上限和下限，锁定最高和最低评分。例如，对净资产一项的评分，500 万元以上的为 10 分，10 万元以下的 0 分。确定上下限后，再对净资产在 10 万～500 万元之间的情况细分不同得分。

> **说明：** 划分上下限时，既要考虑企业对客户的基本要求，还要考虑对一些风险因素的常规经验取值，其中经验取值主要针对财务指标，如流动比率小于 1.25 属于高风险，1.26～2.00 属于平均风险，大于 2.00 属于低风险。

(三) 授信决策

确定客户信用评级后，根据企业的信用政策确定信用额度。信用额度一般采用营运资产模型确定信用限额，具体见本书第二章的介绍。

上述方法确定的信用额度供信用经理决策参考。最终确定的信用额度通常低于信用限额。

三、信用报告

根据获取的客户信息，依据选定的信用评价模型，撰写信用报告。

(一) 信用报告的作用

(1) 有利于企业了解和分析潜在的分销商、代理商和交易对象。

(2) 有利于企业分析交易对象的信用状况，评估其信用度。

(3) 有利于企业对投资、收购、兼并等对象的全面认识。

(4) 有利于企业加强对其客户、合作伙伴的了解。

(二) 信用报告类型

1. 注册报告

企业注册报告包括企业注册情况、股东情况、其他信息，是用于判定企业的合法存在、判断企业规模和性质的必备资料。

2. 普通信用报告

普通信用报告包括企、事业机构信用状况的基本信息，是企业正常贸易活动中用于了解交易对象信用状况的必备资料，是从事现代企业信用管理的基础，是保障企业交易安全、确保应收账款及时回收的前提。

3. 深度信用报告

深度信用报告是在普通信用报告的基础上,对所涉及机构的历史背景、经营方式、信誉状况、信贷能力、财务状况、行业现状,以及其在市场中公众形象等各方面的情况进行深入了解和分析,更加详细地反映所涉及机构综合运行情况的报告。

4. 特殊信用报告

特殊信用报告是为满足客户的特殊需要,根据客户要求而为其量身定做的专项报告。

(三) 信用报告内容

企业信用报告全面提供关于目标公司的经营状况、财务状况、信用记录、历史背景等方面的信息,评价目标公司的风险级别并给出建议信用额度。

一份完整的企业信用报告包括以下内容。

(1) 信用评价。即信用评价结果和建议的信用额度。

(2) 综述。即专业人员对目标公司的总体经营状况和风险状况的分析及评述。

(3) 财务状况。尽可能全面的财务数据和相关分析帮助了解目标公司的经营规模、资金效率和盈利能力,分析其财务风险。

(4) 主营业务。主要描述目标公司的主要业务、行业地位,以便掌握目标公司的经营现状及可能发生的经营变动。

(5) 销售信息。主要介绍目标公司的销售渠道、销售区域、客户状况和基本销售条件。

(6) 采购信息。主要介绍目标公司的采购渠道、采购区域、供应商状况和基本付款条件。

(7) 信用记录。调查人员通过访问银行、目标公司的供应商和查询法院的诉讼记录,了解目标公司对其他企业的付款历史和贸易记录,了解目标公司在支付方面的态度、习惯和历史。

(8) 注册资料。官方注册资料是评定目标公司经营合法性的信息,经营合法是与目标公司建立业务关系的前提。

(9) 股东背景。主要包括股东、股份和主要股东介绍。企业的股东特征对判断企业的信用风险状况具有重要的参考意义。

(10) 管理人员。一个企业的经营前景和对待债务的态度相当程度上取决于主要领导者的能力和风格,尽可能多地掌握目标公司主要管理人员的背景对信用决策的意义不言自明。

(11) 附属机构。了解目标公司的附属机构有时能提供意想不到的有价值的资料。

说明:部分企业信用报告由于目标公司的特定情况,可能不包含上述全部内容。

(四) 信用报告使用时机

信用报告使用时机具体如下。

(1) 与新客户第一次交易时。

(2) 老客户资料超过一年时。

(3) 客户改变交易方式时。

(4) 最近三个月客户付款明显出现各类问题时。

(5) 客户股东和重要领导人突然发生变化时。

(6) 遇有重大合作项目时。

(7) 订单骤增或骤减时。

(8) 处理与客户的各种纠纷时。

（五）信用报告服务对象

专栏 3-6

企业信用报告服务对象包括信贷经理、财务总监(经理)、投资经理(顾问)、采购经理、市场经理(总监)、管理顾问、律师(法律顾问)、会计师(会计顾问)。

四、客户信用档案

客户信用信息的收集、处理、评价的成果都具体地记录在标准版式的企业征信调查报告中，它构成了合格的客户档案。为了充分利用这些客户档案，保持客户信用管理工作的连续性、动态性，有必要建立合格的客户信用档案库。客户信用档案管理是企业信用管理工作的起点，也是企业信用管理部门的基本建设工作。

（一）客户信用档案管理原则

1. 集中管理原则

无论客户资料是散落在业务人员手中还是分散在各个部门，都可能给企业管理带来困难，甚至给企业带来潜在损失。对客户档案进行全面集中管理，企业可以进行统一授信，全面跟踪，及时控制可能出现的问题，降低信用风险。企业档案是重要的商业机密，在集中管理模式下，要注意提高档案管理部门工作人员的职业道德，培养客户档案是企业特殊资产的意识。

2. 电子化管理原则

计算机和网络技术发展日新月异，利用这些新技术对客户档案进行电子化管理是进行现代化信用管理必然的发展方向。电子化的信用管理信息要同企业管理信息系统中的决策系统相联接，以便能随时向企业管理人员提供客户的信用等级、信用额度等重要信息，发挥信用管理在决策中的重要作用。

3. 动态管理原则

动态管理是指对客户档案信息不断更新，包括两个方面：根据内外部最新的信息，更正客户的信用记录；随着客户的财务、经营、人事变动情况，及时调整对客户的授信额度。同时，通过长期积累客户信息，发现客户的发展趋势，可以更好地对客户的潜力进行分析。

4. 分类管理、重点突出原则

企业的信用管理部门对客户进行分类，主要是出于对客户重要程度和客户档案管理费用的考虑。客户的规模大小各异，对企业贡献大小不同，考虑到客户档案管理的成本限制，应将客户分类，进行重点突出的管理。

(二) 客户信用档案建设与服务

1. 客户信用档案内容

客户信用档案内容包括：所有赊销客户的信用档案；曾经是客户的企业和消费者的信用档案；向企业提出信用申请的申请人的信用档案；企业潜在客户的信用档案；公关对象的信用档案；查询过的企业或消费者的信用档案。

2. 客户信用档案库建设

建立客户信用档案库的目的是实现客户信用信息的高效管理和利用。

(1) 设计信用档案模板。建立信用档案库要注意信用信息的完整性、栏目设置的合理性、栏目排列的逻辑性、检索的科学性。客户信用档案模板要在参照不同类型企业征信报告的基础上，按照行业通用标准，结合企业的具体要求，构建客户信用档案库模板。

(2) 信用数据采集。通过内部渠道和外部渠道来采集、汇总客户信用数据，形成完整的客户信用档案库(见图 3-12)。企业要本着真实性、准确性、完整性、便捷性、时效性原则，掌握和开发各类信用信息源；本着降低成本的原则，持续优化信用数据渠道；制订可执行的检索方案，快速开发利用信用信息。

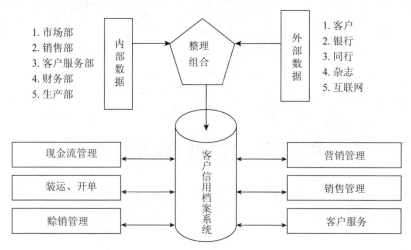

图 3-12 客户信用档案系统

客户信用档案库建设的一般工作程序如图 3-13 所示。

3. 客户信用档案维护

客户档案模板要定期升级，定期更新客户信用数据，以便及时掌握客户信用动态。

4. 客户信用档案开发

对客户档案数据应及时进行筛选、核实、分类、处理等加工工作，以达到开发利用的要求。

客户信用档案要开展增值服务。客户信用档案增值服务涵盖两个层面：内部服务，服务对象包括企业高管、销售部门、采购部门、信用部门、公关部门、财务部门，为企业开拓市场、筛选客户、开展信用交易、投资决策提供信用数据及相关的分析服务；外部服务，服务对象包括企业、征信机构、政府监管部门、信用协会、行业组织，用于信用数据(含失信数据)的交流，以及提供数据增值调查服务。

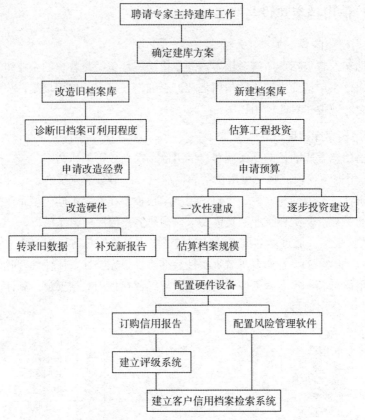

图 3-13　客户信用档案库建设程序

第四节　企业赊销管理

一、赊销的必要性

1. 赊销是成本最低的交易方式

赊销是与现金交易方式相对的交易方式，即买方预先获得货物或服务，后期偿付货款的商品买卖行为，是信用方式的基本形式。

赊销产生于古代，是商品流通发展的产物。在中国古籍《周礼》的《地官·泉府》中，就已经有了春秋战国时期关于"赊"的记载。在封建社会中，随着商品经济的发展，"赊"逐渐成为商业习惯。

在现代市场经济体系中，由于以买方市场为特点的激烈竞争以及企业间贸易方式的改进，自 20 世纪 80 年代以来，赊销已成为国际上居主导地位的交易结算方式。据统计分析，目前发达市场国家的贸易活动中，80%的贸易额是在信用方式条件下进行的。

从价值交换的成本上讲，赊销赊购是费用最低廉的价值交换活动。人类经济活动经历了三个阶段：自然经济、货币经济和信用经济。自然经济的特征是物物交换，成本最高昂；货币经济的特征是以特殊单一商品——货币作为物物交换的桥梁，虽然成本较自然经济有所下降，但仍有较高的货币成本。

信用经济的特征是以信用作为物物交换的桥梁，因为信用成本最低(理论上没有成本)，所以是现代社会企业交易的最佳方式。买方市场的主要特征就是赊销。从市场经济条件下竞争的角度讲，世界市场呈现买方市场特征，中国市场也进入买方市场，商品过剩，赊销成为商业中主要的竞争手段之一，不赊销就无法竞争和生存。融入世界市场的中国市场必然是高度发达的赊销市场。从企业经营的角度讲，商品是剩余的，资金永远是短缺的，买方希望超越资金的限制更多地购买产品，扩大经营规模和效益，而赊销就能起到节约资金、扩大经营规模的目的。

专栏 3-7

2. 赊销能提升企业竞争力

如何在不增加投资的情况下，增加营运资金？出路在于进行有效的赊销管理。

现代企业竞争主要体现为：①应收账款天数的竞争，加速资金的周转率，将有限的资源最大化；②市场份额的竞争，以最省力、最低成本的方式来占领市场。

专栏 3-8

赊销管理就是要求企业思考如何在缺乏资金的情况下，以小博大，加速资金周转率，提高企业的盈利能力和市场竞争力。

市场实践证明，有效的赊销可以增加企业客户数量和提高客户质量，增加企业的有效销售额，扩大市场份额，树立企业诚实守信的信誉。

3. 赊销可以促进经济增长

信用管理的成败直接决定了信用经济的发展速度，间接影响了市场经济发展的整体过程。在良好的市场信用环境下，一国的市场规模会因为信用交易而扩大，间接地提高就业水平，增加政府税收总额。中美两国的赊销情况调查(见表 3-15)显示，若能对赊销实施有效管理，能够起到促进经济增长的作用。

专栏 3-9

表 3-15　赊销与 GDP

国家	部门	每增加 1 亿赊销额, GDP 的改变
美国	非金融部门	上升 2498 万美元
	金融部门	上升 1831 万美元
	消费者	上升 5619 万美元
中国	金融部门	上升 4753 万元
	非金融部门	下降 8852 万元

注：美国赊销总规模的年均增长速度是 GDP 的 1.5 倍以上，并且这种趋势正在加速。

二、赊销成本分析

(一) 坏账成本

坏账成本是指企业销售后无法收回的价值，即价值的灭失。坏账成本随着应收账款持有量的增大而上升(见图 3-14)。

在一个行业中，信用水平的高低决定了企业坏账率的高低。坏账率过高，说明企业管理水平低下，是企业经营的最大隐患，必须克服；坏账损失是不可避免的，也不应该刻意避免，完全没有坏账，反而说明企业的赊销能力没有完全发挥。

坏账成本高低与企业信用管理水平密切相关，企业管理水平越高，坏账成本线的斜率越小；管理水平越低，坏账成本线斜率越大。

据保守统计，我国坏账每年吞噬企业 5%的销售收入，加上隐性坏账，我国企业的坏账率应为 10%以上；美国企业坏账则占销售收入的 0.25%～0.5%，两者相差是 10 倍至 20 倍。

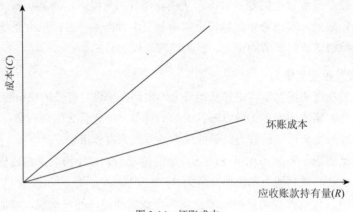

图 3-14　坏账成本

（二）机会成本

机会成本是指应收账款作为企业强化竞争、扩大市场占有率的资金占用，明显损失了该部分资金用于其他投资的收入，与应收账款额度成正比。

机会成本是测算企业赊销总量和考察信用管理水平的重要数据，赊销和账款逾期造成机会成本的产生。在一个企业中，机会成本往往是最大的信用成本。企业信用管理的重中之重是减少机会成本损失。

机会成本计算方法如下：

$$机会成本＝稳健投资回报率×DSO$$

或　　　　　　　　　　　$$＝(企业利润率＋贷款利率)×DSO$$

很多欧美企业机会成本(利息)是坏账成本的 10 倍以上，因此称为 10∶1 规律。我国企业的坏账成本偏高，企业机会成本和坏账成本的比例通常为 2∶1 或 3∶1。

（三）管理成本

赊销的管理成本是指从应收账款发生到回收期间，所有与应收账款管理有关的费用总和。

管理成本包括客户调查费用，应收账款监管费用，收账费用，内部管理程序、场地、人员、办公等费用。收账费用包括对追收逾期账款的邮寄、通信、差旅、委托佣金、人员等费用和诉讼、仲裁、执行的法律费用。

我国企业收账费用一般占销售收入的 2%。很多企业设立人员庞大的追账部门和法律部门，管理费用巨大。

管理成本的特征主要有：呈阶跃性，在一定规模之内时，管理成本保持基本稳定，超过这个规模时，管理成本将跳跃到另一个更高的成本数量级，并保持相对稳定(见图 3-15)。

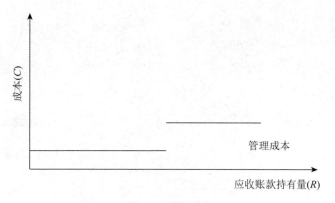

图 3-15　管理成本

（四）短缺成本

短缺成本是指没有获得最大销售而产生的损失。

短缺成本斜率的大小本质就是行业竞争性的大小(见图 3-16)。每个国家、每个市场、每个行业，其短缺成本(斜率)都是不同的。市场竞争越自由化，买方市场越成熟，赊销不足造成的损失越大。

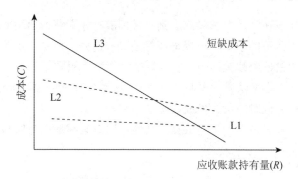

L1：商品稀缺情况下，短缺成本与持有量关系；
L2：市场适度竞争下，短缺成本与持有量关系；
L3：高度竞争时，短缺成本与持有量关系。

图 3-16　短缺成本

如上图所示，从 L1 过渡到 L3，短缺成本损失越来越大，不赊销企业的短缺成本损失也越来越大。

（五）信用成本

信用成本是指与信用销售有关的所有成本的综合，是机会成本、坏账成本、管理成本和短缺成本四项成本的综合指标，是考核企业管理水平的最重要的综合指标。

信用成本线在应收账款持有量/成本坐标图中呈 U 形分布，利润在坐标图中呈钟形分布(见图 3-17)。企业在过少持有应收账款情况下，短缺成本损失大于其他三项成本，企业管理水平低下。在过多持有应收账款的情况下，机会成本、坏账成本、管理成本损失大于短缺成本，企业管理水平低下。

企业持有应收账款的信用成本曲线上存在一个最低点，与这一点相对应的应收账款额度就是企业持有应收账款的最佳额度。

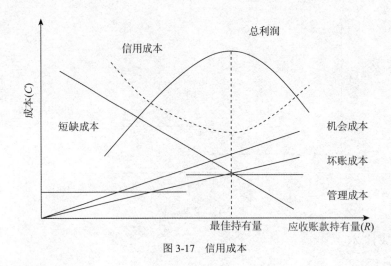

图 3-17　信用成本

三、赊销政策制定

（一）赊销政策标准

赊销政策的具体化表现为：要求客户达到某种标准时才能获得信用额度。例如，企业以利润最大化作为制定信用政策的原则，选择平衡型是最佳选择。但是，由于要占领市场，企业可能会放弃一些利益而放松信用政策；由于资金短缺而紧缩信用政策等。

赊销政策制定后，企业可以通过预期 DSO 和坏账率作为企业信用标准。当指标超标时，可紧缩信用标准；当指标太低时，可适当放松赊销标准。

赊销标准是确定企业客户群的主要依据，其他信用政策都是在此原则下制定的。

（二）赊销政策影响因素

影响赊销政策的因素主要包括内部因素和外部因素。

专栏 3-10

1. 内部因素

内部因素主要有市场战略、库存水平、历史经验、企业或产品生命周期(见图 3-18)、企业与产品垄断性、企业实力和规模等。

图 3-18　生命周期对信用政策的影响

2. 外部因素

外部因素主要有企业所属行业、市场竞争程度、竞争对手信用政策、市场规范程度等。

(三) 赊销标准松紧度类型

按赊销标准松紧度分类，赊销标准可分为以下 4 种类型。

1. 前松后松型

高销售＋缓慢付款＋高坏账＝现金流量严重不足＝破产

2. 前紧后松型

低销售＋缓慢付款＋0 坏账＝低利润＋现金流量不足

3. 前紧后紧型

低销售＋及时付款＋0 坏账＝低利润

4. 前松后紧型

最大销售＋及时付款＋最小坏账＝最大利润

四、赊销调查

(一) 交易前的授信调查

1. 调查选择

为了确保赊销所产生的债权能顺利回收，企业应谨慎确定顾客选择标准，合理确定企业信用额度，以此作为业务人员交易的基准。

2. 明示交易条件

企业业务人员与顾客进行交易时应明确将企业交易条件告知客户，获得顾客确认后才算交易成交。

交易条件一般包含商品规格及价格、商品运送条件、收款时间及付款最长时间、折让及特别优惠办法。

(二) 赊销合同管理

赊销合同是信用交易的重要文件。

赊销合同条款内容包括鉴于条款(叙述性条款)、标的条款、信用条款、结算条款、履约条款、违约责任、争议解决等。

企业应对签约合同进行登记和审查，及时检查履约情况，记录出现的问题，并通知相关部门及时处理，把客户违约风险控制在最低水平。

专栏 3-11

五、授信管理

(一) 赊销额度审批及审批程序

1. 赊销额度审批

(1) 审核时机。审核时机主要包括根据公司政策进行定期审核(半年或一年)；客户要求提高额度；客户订单超过额度；客户付款明显缓慢或逾期过多。

(2) 审核方法。企业应根据业务计划、资金计划、现金计划确定总体额度。

结合不同客户的信用状况，即分析客户账龄和评价付款时间，分析客户订货情况，信用部门合理分配具体客户的赊销额度。

信用部门批准的额度分为两种：单项额度、循环额度。单项额度为一次信用销售达到的最高限额，分次或一次使用后额度自动减少，用完为止，额度用完后须再次申请。循环额度是可以循环使用的最高限额，客户付款后，付款部分的额度仍可使用，无须再次申请。

当申请额度超过已核准的最高额度，业务部门需要信用部门审批后才能发货。一切发货必须在信用部门核准的条件内。对风险较大的业务，信用部门可提出担保、抵押、保理、信用保险等债权保障手段。信用部门可以随时减少或取消已经核准的信用额度，对此业务部门必须立刻执行。

(3) 新客户赊销额度审核。在给新客户确定额度时，信用经理应考虑以下问题：企业对此客户的信用政策是什么(保守、温和或开放)？考虑到日常现金周转，我们可以承受多大的应收账款？我们通常的销售条件是什么？客户的信用风险有多大？客户一年内大约要购买多少货？若客户是一家分销商，我们在该地区是否已有分销商？我们以前是否向类似的公司赊过账？经验如何？

对新客户确定信用额度时应更加慎重。合理的做法应是先给一个较低的额度，三个月或半年后若客户付款令人满意，再提高额度。

(4) 审核结果。审核结果包括以下类型：对于付款及时且销量已经超过额度的客户提高额度；对于付款及时且销量有望超过额度的客户提高额度；对于付款基本及时且订货量平稳的客户维持现有额度；对于订货量大但付款很不及时的客户适当降低额度；对于订货量远远小于额度的客户适当降低额度；对于逾期账款过多的客户取消或暂时取消额度；对于财务状况明显将要恶化的客户降低或取消其额度。

2. 赊销额度审批程序

企业对客户的信用额度核准由专门的信用分析人员来完成，同时对信用额度的审批权限应该有明确的规定。

信用分析员有权确定较小额度，信用经理确定较大额度，而特大额度由财务总监或总裁确定。没有信用管理部门的企业，由有经验的业务人员确定较小的信用额度，总裁确定较大的信用额度。信用额度的相对大小根据本行业、本企业的具体情况确定。

额度审核结果应及时反馈给客户。对于低风险客户，告知信用关系已经确立，确认付款条件；对于平均风险客户，告知信用关系已经确立，确认付款条件，委婉告知信用额度；对于高风险客户，委婉告知供应商的政策，要求对方用现款或其他条件购货。

授予客户信用额度的基本程序如图 3-19 所示。

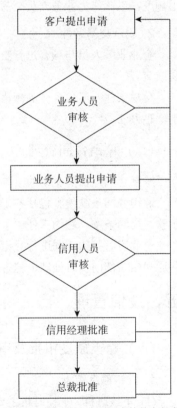

图3-19 授予客户信用额度的基本程序

(二) 赊销额度计算

企业一般采用下列方法确定赊销额度。

(1) 递增法。不论是否评估客户等级，均按规定逐步放宽信用标准。

(2) 信用评级法。为客户主要信用要素设置权重，综合评分后授信。信用评级法主要适用于对新客户的评估。

(3) 模型分析法。通过对几项主要财务数据的分析，推断客户破产概率和发展趋势，包括 Z 分析模型、巴萨利模型、营运资产分析模型等，模型分析是其他方法的补充形式。

(4) 动态评估法。通过对客户财务、付款、基本要素的评估，区分客户等级并授信。动态评估法主要适用于对老客户的评价。

(5) 营运资金测算法。将营运资金与动态评估结果相结合的一种方法。

(6) 财务分析法。主要采用利润对比法和指标达标法等方法测算赊销额度，评估赊销决策。本书将重点介绍该方法在实践中的应用。

1. 利润对比法

利润对比法即对赊销额与财务成本、管理成本之间的关系进行预测，计算出利润最大化时各项数据值。

该方法的优点是：追求公司效益最大化，从总体评价出发；缺点主要是各项权数和预测标准难于确定。主要方法包括边际分析法、净现值流量法、应收账款的合理持有量分析。

(1) 边际分析法。边际分析法的实际运用以【例 3-1】举例说明。

【例 3-1】甲公司一直按照行业平均水平，给予客户 30 天的信用期限，2019 年的赊销总额为 800 万元。甲公司现在希望了解，如果提高或降低赊销额度，是否会增加企业利润。

信用管理部门将现在的销售情况和方案预测情况以表 3-16～表 3-18 列示。

表 3-16 甲公司销售情况

项目	数据
目前的应收账款额(A_0)	800 万元
销售利润率(P)	15%
平均坏账损失率(B_0)	3%
信用条件(C_0)	30 天
平均收账期(DSO_0)	65 天
机会成本(R_0)	12%

表 3-17 方案预测

甲方案		乙方案	
应收账款额($A_甲$)	500 万元	应收账款额($A_乙$)	1200 万元
应收账款减少部分的平均收账期($DSO_甲$)	80 天	应收账款减少部分的平均收账期($DSO_乙$)	90 天
账款减少部分的坏账率($B_甲$)	4%	账款增加部分的坏账率($B_乙$)	5%
减少管理费用的比例($M_甲$)	1%	增加管理费用的比例($M_甲$)	1%

表 3-18　方案盈利比较

单位：万元

项　目	甲方案	乙方案
利润变化	$(A_甲-A_0)\times P=(500-800)\times 15\%=-45$	$(A_乙-A_0)\times P=(1200-800)\times 15\%=60$
机会成本变化	$DSO_甲/365\times(A_甲-A_0)\times R_0$ $=80/365\times(-300)\times 12\%=-7.9$	$DSO_乙/365\times(A_乙-A_0)\times R_0$ $=90/365\times 400\times 12\%=11.8$
坏账变化	$(A_甲-A_0)\times B_甲=(500-800)\times 4\%=-12$	$(A_乙-A_0)\times B_乙=(1200-800)\times 5\%=20$
管理费用变化	$-(A_0\times M_甲)=800\times 1\%=-8$	$(A_0\times M_乙)=800\times 1\%=8$
净收益	利润变化－机会成本变化－坏账变化－管理费用变化$=-45-(-7.9)-(-12)-(-8)=-17.1$	利润变化－机会成本变化－坏账变化－管理费用变化$=60-11.8-20-8=20.2$

结论：从上表可知，扩大赊销有助于甲公司增加利润。

（2）净现值流量法。采用净现值流量法计算的企业特点主要是产品单价成本与销售量的弹性大，而且通过赊销等方式可以提高销售量。

【例 3-2】甲公司一直按照行业平均水平，给予客户 30 天的信用期限。产品单价为 1000 元/件，单位成本为 500 元/件。每天销量为 400 件，DSO 为 40 天，坏账率为 2%。

企业希望大幅度降低成本提高销量，决定提高日产量到 500 件。这样，单位成本可下降到 440 元/件。预计 DSO 升为 50 天，坏账率增加到 3%。企业希望了解这样做是否会增加企业利润。

信用管理部门将现在和预计情况列表如表 3-19 所示。

表 3-19　赊销方案测算

条件	数值	条件	数值
产品单价(P)	1000 元	当前坏账率(B_0)	2%
当前生产成本(C_0)	500 元	新前坏账率(B_1)	3%
新生产成本(C_1)	440 元	日利率(K)	0.05%
当前日销售量(Q_0)	400 件	当前平均收账期(DSO_0)	40 天
新日销售量(Q_1)	500 件	新平均收账期(DSO_1)	50 天

① 原方案日营业净现值：

$NPV_0=[P\times Q_0\times(1-B_0)]/(1+K)-C_0\times Q_0=[1000\times 400\times(1-2\%)]/(1+0.05\%)-500\times 400$
$=191\,804(元)$

② 新方案日营业净现值：

$NPV_1=[P\times Q_1\times(1-B_1)]/(1+K)-C_1\times Q_1=[1000\times 500\times(1-3\%)]/(1+0.05\%)-440\times 500$
$=264\,757(元)$

结论：新方案可行。

（3）应收账款的合理持有量分析。应收账款的合理持有量分析以【例 3-3】举例说明。

【例 3-3】某公司赊销成本如表 3-20 所示，评估其应收账款的最适量。

表 3-20 应收账款持有量计算

单位：万元

应收账款持有量	短缺成本	机会成本	管理成本	坏账成本	总成本
100	55	10	4	1	70
200	40	20	4	2	66
300	30	30	5	4	69
400	12	40	5	6	63
500	7	50	8	9	74
600	3	60	8	9	80
700	0	70	10	10	90

结论：当应收账款持有量为 400 万元时，总成本较低。

2. 指标达成法

指标达成法是指将各种信用考核指标，如坏账率、逾期账款率、DSO 指标、账龄结构指标等控制在某一个具体数值上，以此数据作为考核和调整的标准，数值可以根据行业特点制定。当某一数据没有达标，则应加大这方面的力度。

该方法的优点主要是指标明确，易于信用部门执行；缺点主要是满足一个数据的要求，可能影响其他数据，缺少总体评价依据。

具体考核指标包括坏账率、逾期账款率、回收成功率、DSO。

(1) 坏账率。坏账率是最常见的考核指标，用来反映某一时期坏账占销售额的比率，有时也考核赊销坏账率。

$$坏账率＝注销的坏账/销售额×100\%$$

$$赊销坏账率＝注销的坏账/赊销总额×100\%$$

(2) 逾期账款率。逾期账款率反映的是某一时期逾期账款占应收账款的比率。

$$逾期账款率＝逾期账款/应收账款×100\%$$

(3) 回收成功率。该比率反映的是某一时期应收账款的成功率。

$$回收成功率＝(BTR＋QCS/3－ETR)/(BTR＋QCS/3－ECR)×100\%$$

式中，BTR 表示期初应收账款余额；QCS 表示季度信用总销售额；QCS/3 表示季度平均赊销额；ETR 表示期末总应收账款余额；ECR 表示月赊销额。

(4) DSO。DSO 是指在企业的所有赊销业务中，每笔应收账款平均多长时间可以收回。DSO 的重要意义是使销售变得理性化。企业通过计算 DSO，可以了解企业的现金储备是否充足，企业管理政策是否合理和有效，以及信用管理改进的目标。把 DSO 和所有赊销业务合同规定的平均赊销期限进行比较，可以清楚地了解企业资金被占压的时间和因此造成的损失。

DSO 的计算方法包括期间平均法、倒推法、账龄分类法。

① 期间平均法。计算公式如下：

$$DSO＝期末应收账款余额/这一时期的销售额×这一时期的天数$$

计算的期间可以是三个月、半年或者一年。

期间平均法的目的是企业的横向和纵向比较。可以用年度 DSO 数据同本企业前几个年度比较，以判断本年度的现金回收速度是更快了还是更慢了，从而为下一年度目标做准备。用该数据与其他企业本年 DSO 比较，可以评估本企业的信用管理水平。

但是由于该方法不考虑销售高峰与低谷变化的原因，计算的期间越长，误差越大，因此只能做综合评估使用。

【例 3-4】某企业采用信用管理后，2019 年 1—6 月企业销售的统计情况如表 3-21 所示。请用期间平均法计算该企业的销售未清账期。

表 3-21　企业销售统计

单位：元

项　　目	一月	二月	三月	四月	五月	六月	合计
平均日销售额	20 000	17 000	18 000	20 000	14 000	21 000	
总销售额	620 000	476 000	558 000	600 000	434 000	630 000	
其中：未收账款	25 000	30 000	85 000	120 000	310 000	600 000	1 170 000

2019 年上半年的 DSO＝(25 000＋30 000＋85 000＋120 000＋310 000＋600 000)/(620 000＋476 000＋558 000＋600 000＋434 000＋630 000)×181＝64(天)

2019 年 4—6 月的 DSO＝(120 000＋310 000＋600 000)/(600 000＋434 000＋630 000)×91＝56(天)

假设该企业给予客户的平均信用期限为 30 天，说明 2019 年前半年企业的货款回收推迟了 64－30＝34 天，2019 年 4—6 月虽然货款回收也推迟了 56－30＝26 天，但比半年的 DSO 又提前了 8 天。这说明 4—6 月的账款回收速度快于 1—3 月，企业赊销正向好的方向发展。

② 倒推法。倒推法是以最近的一个月为开始，用总的应收账款减去逐月的销售额，直到总应收账款为零时，再查看减去的总天数，总天数即为 DSO。这种计算方法注重最近的账款回收业绩，而非全年或半年的业绩，是使用率最高的一种 DSO 计算方法。

因为倒推法是从最近的一个月算起，可以掌握最近日期的 DSO 多少，准确反映出每个月的 DSO 变化，从而使企业信用部门和信用经理及时做出安排。如果本月的 DSO 比上月减少，说明信用管理部门业绩提高；如果增加，收款速度放慢，资金更多地被占压了，则说明信用部门需要更严格的审查额度，加大追款力度。

倒推法的缺点主要是无法了解每笔被拖欠货款的账龄。

【例 3-5】仍以例 3-4 中的企业为例，请用倒推法计算该企业的销售未清账期。

根据表 3-21 中数据可知，2019 年 1—6 月该企业的应收账款总额为 1 170 000 元，用 1 170 000－630 000(6 月份的销售额)＝540 000 元，再用 540 000－434 000(5 月份的销售额)＝106 000 元，已知 4 月份平均日销售额为 20 000 元，得 106 000/20 000＝5.3 天。即 106 000 相当于 4 月份 5.3 天的销售量，故 DSO＝30(6 月份天数)＋31(5 月份天数)＋5.3＝66.3 天。

③ 账龄分类法。这种方法综合考虑了赊销和账龄的关系，信用管理部门可以掌握每笔应收账款的账龄，通过计算每个阶段应收账款的比例，发现拖欠的原因和解决办法。

【例 3-6】仍以例 3-4 的企业为例，企业 2019 年 1—6 月销售统计如表 3-22 所示。请用账龄分类法计算该企业的销售未清账期。

表 3-22 企业销售统计

统计日期：2019 年 6 月份

单位：元

	一月	二月	三月	四月	五月	六月	合计
平均日销售额	20 000	17 000	18 000	20 000	14 000	21 000	
总销售额	620 000	476 000	558 000	600 000	434 000	630 000	
其中：未收账款	2 5000	30 000	85 000	120 000	310 000	600 000	1 170 000
货款在外天数	1.25 天	1.76 天	4.72 天	6 天	22.14 天	28.6 天	64.47 天

因此，DSO＝64.47 天。

利用 DSO 可以用来分析与监控信用管理执行情况。如果一个企业的 DSO 日期超过同行业平均水平，信用经理就必须采取措施，降低 DSO，以保障现金的尽快回收。

【例 3-7】A 企业的销售额为 7300 万元/年，平均 20 万元/天。其中期末应收账款为 1200 万元/年，则 DSO＝1200/7300×365＝60（天）。

如果同行业中 B 企业的销售额与 A 企业相似，但 DSO 为 70 天，这时，A 企业的现金流量比 B 企业多 200 万元，即(70－60)×20＝200(万元)。

假设银行贷款利息为 7%，那么 B 企业的利润比 A 企业减少 14 万元。

这只是从银行利息角度分析，实际上 B 企业在机会成本中也比 A 企业付出更多。

从现金回收速度来看，A 企业的信用管理比 B 企业更好。

当然，如果全面评价，必须查看 A 企业的坏账率和 B 企业的坏账率高低。

在例 3-5 中，我们用倒推法算出企业的 DSO 为 66.3 天。如果同行业的 DSO 为 60 天，信用经理必须在下个月把 DSO 降低 6.3 天。

到七月底，又将有 31 天加到现在的 DSO 上，即总天数为 97.3 天。要使七月份的 DSO 降到 60 天，就需要减少过去 37.3 天的销售额，具体如下。

1 月：25 000(1.25 天)

2 月：30 000(1.76 天)

3 月：85 000(4.72 天)

4 月：120 000(6 天)

5 月：310 000(22.14 天)

6 月：30 030 (1.43 天)

总计：600 030(37.3 天)

因此，必须在七月底前收回 600 030 元的货款，才能使该企业的 DSO 达到同行业 DSO 平均水平。

(三) 信用期限

信用期限是企业为客户规定的最长付款时间界限，并在赊销合同中得到了客户的允诺。

企业可在参照行业惯例的基础上，结合企业自身实力、信用政策、市场状况等因素，综合确定信用期限。信用期限的测算一般采用边际分析法和净现值流量法。

边际分析法的思路如下：企业以上年度信用期限、本行业的平均信用期限为基础，分别测算延长或缩短信用期限不同方案下的边际成本和边际收益，从中选出边际净收益最高的方案。

净现值流量法的思路如下：企业分别测算延长或缩短信用期限不同方案下的净现值，确认净现值较高的方案为备选的可行方案。

具体计算过程参见【例3-1】和【例3-2】。

(四) 现金折扣

现金折扣是指给予提前付款客户的优惠安排，包括两个要素：折扣期限和折扣率。折扣期限是指客户享受现金折扣的付款时间；折扣率是指为客户提供优惠的程度。

现金折扣共有两种折扣方式：单一折扣和两期折扣。

(1) 单一折扣。即在折扣方式上使用一个折扣比率，如账单中的"2/10，*N*/30"表示在发票开出后10天内付款，款项可享受2%的折扣，如果不想获得折扣，该笔款项须在30天内付清。

(2) 两期折扣。即在折扣方式上使用两个折扣比率，如账单中的"3/10，2/20，*N*/45"表示在发票开出后10天内付款，款项可享受3%的折扣，20天内付款，款项可享受2%的折扣，如果不想获得折扣，该笔款项须在45天内付清。

现金折扣的优点主要有：可以加快资金周转，减少坏账，降低管理成本，可以提高销售额，并扩大市场份额。

现金折扣的缺点是利息损失巨大。因此，企业一般在一段时间内出现现金流量短缺问题，而且无法通过其他手段融通资金的时候才重点考虑使用现金折扣。

【例3-8】A企业目前的销售业绩如下：销售收入为8300万元，坏账率为2%，信用管理成本为30万元，信用期限为60天，银行贷款利率为6%。

现市场预测如下，请计算哪种方案更有利。

A方案：2/10，80%货款10天内收回，管理成本降低40%，坏账率降至1%；

B方案：2/20，90%货款20天内收回，管理成本降低30%，坏账率降至1.5%；

C方案：3/10，95%货款10天内收回，管理成本降低50%，坏账率降至0.5%。

三种方案的计算结果如表3-23所示。

表3-23　折扣方案测算

A方案(现金折扣：2/10)	B方案(现金折扣：2/20)	C方案(现金折扣：3/10)
减少管理成本：30×40%＝12万元	减少管理成本：30×30%＝9万元	减少管理成本：30×50%＝15万元
减少机会成本： 8300×80%×(60－10)×(6%/365)＝54.6万元	减少机会成本： 8300×90%×(60－20)×(6%/365)＝49.1万元	减少机会成本： 8300×95%×(60－10)×(6%/365)＝64.8万元
减少坏账损失： 8300×(2%－1%)＝83万元	减少坏账损失： 8300×(2%－1.5%)＝41.5万元	减少坏账损失： 8300×(2%－0.5%)＝124.5万元
合计成本减少：149.6万元	合计成本减少：99.6万元	合计成本减少：204.3万元
账款损失： 8300×80%×2%＝132.8万元	账款损失： 8300×90%×2%＝149.4万元	账款损失： 8300×95%×3%＝236.55万元
净收益： 149.6－132.8＝16.8万元	净收益： 99.6－149.4＝－49.8万元	净收益： 204.3－236.55＝－32.25万元

结论：实施A方案可给企业带来更大的效益(此预测没有考虑销售额增长带来的收益)。

(五) 信用文件和表格

1. 信用额度申请表

信用额度申请表(见表3-24)是提供给客户填写的，反映客户基本情况的表格。

申请表由业务部门向客户提供，待客户填写完毕，加入业务部门评价意见后递交信用管理部门。

表3-24 信用额度申请表

客户填写部分			
*客户名称：		客户代码：	
*地址/邮编：		*发票地址：	
*业务部门电话：		财务部电话：	
*业务部门联系人：		财务部门负责人：	
*传真：		电子邮件：	
*注册日期：		*注册号：	
法律性质：		*注册资本	
请提供以下资料(复印件)： 1. *营业执照；2. *产品经营许可证；3. 上年度财务报表			
请您推荐您的两个供应商			
1.		电话：	联系人：
2.		电话：	联系人：
拟销货物名称	平均月销售量	*申请信用额度 (新客户填写)	*追加额度 (老客户填写)

我公司了解贵公司的信用政策，并认真执行。对贵公司提供的货物和服务，我们将如期付款，即在发票日期后30天内付款。

申请单位负责人： 职位： 申请日期： 年 月 日

信用部门填写部分			
业务部门陈述：			
核准信用额度	核准信用期限	附加条件：	信用经理签字
			年 月 日

注：有"*"号的项目，客户必须填写和提供。

2. 咨询评价表

咨询评价表(见表3-25)是向第三方调查客户信用状况的表格。第三方一般为客户自己提供，并取得客户同意。

评价表可以起到一定的调查作用，但仍然需要其他客户信息。调查可以采用电话咨询、邮寄或传真的方式进行，但以书面形式较为正式。

表 3-25　咨询评价表

尊敬的××公司××小姐/先生：
我公司与我们的客户××公司有贸易往来。该企业为证明其良好的信用状况，推荐我们向贵司和您咨询。如果您能够提供我们需要的更多信息，我们将不胜感谢。
贵司和您提供的信息将被严格审查和保密。如果贵公司也有类似的要求，我们将十分乐意提供。
请回答以下问题：
1. 客户名称、地址是否准确？　准确(　)；不准确(　)
2. 贵公司和该企业贸易的时间有多长？半年内(　)；一年内(　)；两年内(　)；两年以上(　)
3. 贵公司目前给予该企业的信用额度是多少？　1万元以下(　)；5万元以下(　)；10万元以下(　)；10万元以上(　)
4. 贵公司给予的信用期限是多长？10天内(　)；30天内(　)；60天内(　)；90天内(　)；90天以上(　)
5. 该企业的付款是否及时？绝对及时(　)；偶尔有拖欠(　)；有时拖欠(　)；经常拖欠(　)
6. 除了贸易关系，贵公司与该企业是否有其他人员、财政、管理等方面的关系？ 没有关系(　)；有关系(　)＿＿＿＿＿＿＿＿＿＿＿＿＿＿＿＿＿＿＿＿＿＿
7. 在过去9个月内，贵公司是否曾经停止向该企业发货或采取措施追收逾期账款？ 是(　)；否(　)
以上调查得到被调查企业的认可。请于　　年　　月　　日反馈给我公司，对此我公司不胜感激。

3. 客户交易记录表

客户交易记录表(见表3-26)是记录老客户以往交易情况的报表。在信用管理规范的企业，客户交易记录表由信用管理部门自行统计，但在有些企业，由财务部门负责统计和整理。

表 3-26　客户交易记录表

截止日期：2020 年 3 月 31 日

账号名称	日期	债务总额	期内	1~30	31~60	61~90	90＋	争议	累计债务总额	DSO
××	2019 年 5 月	1649	1649	0	0	0	0	0	1649	31
公司	2019 年 6 月	3459	1810	1649	0	0	0	0	3459	98
	2019 年 7 月	5264	1805	1810	1649	0	0	0	5264	92
	2019 年 8 月	5160	1545	1805	1810	0	0	0	6809	92
	2019 年 9 月	5267	1917	1545	1805	0	0	0	8726	92
	2019 年 10 月	4196	1816	1917	463	0	0	0	10542	71
	2019 年 11 月	2445	0	1816	629	0	0	0	10542	74
	2019 年 12 月	1347	135	0	1212	0	0	0	10677	81
	2020 年 1 月	2207	2162	135	0	0	0	0	12839	61
	2020 年 2 月	4972	2810	2162	0	0	0	0	15649	62
	2020 年 3 月	4805	1960	2810	35	0	0	0	17609	60
		3542	1162	1960	420	0	0	0	18771	64

4．信用审核书

信用审核书是信用管理部门给予客户的信用申请答复。一些公司只是把信用额度申请表传真给客户，但是更规范的做法是发出信用审核书(见表3-27)。

信用管理部门在任何情况下都应保持对客户的尊敬和重视。

表3-27　信用审核书

信用审核书(核准)

尊敬的××公司

××小姐/先生：

　　我们很荣幸地通知您，贵公司20××年××月××日的信用申请，我们已经审核。我们批准给予贵司的信用总额度为××元人民币(以前给予的信用额度自动取消)，可循环使用，信用期限为发票日期后的30天。

　　如有任何问题，欢迎随时打电话与我公司信用管理部联系，电话：×××××××，传真：×××××××，E-mail：××××@×××××××.com。

　　真诚希望与贵司保持长期的合作关系。

×××　信用总监　　××公司信用管理部

信用审核书(未核准)

尊敬的××公司

××小姐/先生：

　　贵公司20××年××月××日的信用申请，我们已经审核。但是，我们非常遗憾和抱歉，我们暂时无法给予贵公司新的信用额度。我们建议我们的业务部门与贵司从事现汇业务，待几笔业务后再重新审核贵司申请的额度。

　　如有任何问题，欢迎随时打电话与我公司信用管理部联系，电话：×××××××，传真：×××××××，E-mail：××××@×××××××.com。

　　真诚希望与贵司保持长期的合作关系。

×××　信用总监　　×××公司信用管理部

5．到货确认书

到货确认书(见表3-28)是在信用期限到期前客户向授信方发出的确认货物品质和数量的函件。

到货确认书在国际贸易中十分普遍，内贸中则以电话确认为主，但在一些对质量认可比较敏感的行业中也经常使用到货确认书。

表3-28　到货确认书

到货确认书

中国××公司：

　　我公司已经收到贵司发票号NO.×××××××项下的货物。经检验，货物在品质和数量上符合合同要求。我们将按时支付全部货款。

签字：　　　　　　职务：

日期：

6. 跟踪监控表

跟踪监控表(见表3-29)是信用管理部门管理账期内应收账款的内部表格。信用管理部门按照发票日期顺序登记，并定期与客户联系，确认货物、提示付款。

表 3-29   跟踪监控表

客户名称	到期日	发票号	金额	质量确认	到期前3日提示	逾期7日提示	通信方式	联系人

7. 逾期追讨函

逾期追讨函(见表3-30)一般在逾期7～10天向客户发出，逾期追讨函使用的语气相对缓和。

表 3-30   逾期追讨函

发票号：

逾期账款金额：

账款到期时间：　　月　　日

以上金额已经逾期　　天

××先生：

　　我公司财务部提醒我们，我公司的发票号　　　项下的账款尚未收到，此笔账款已经逾期(　)天，可能贵公司尚未发现这个情况。

　　请贵公司务必在　　月　　日前支付这笔欠款，或提前告之原因。

签章：

8. 逾期催款函

逾期催款函(见表3-31)使用的语气开始加重，对客户施加更大压力，表明企业对此事严肃认真的态度。

表 3-31   逾期催款函

发票号：

逾期账款金额：

账款到期时间：　　月　　日

以上金额已经逾期　　天

　　根据我们双方协议，我公司给予贵公司的信用额度是发票日期后××天，目前账款已逾期　　　天。这个账款逾期时间已经超过我方提出的付款宽限期限，将产生严重后果。

　　请贵公司立即支付上述迟付货款并告知我方迟付的真实原因，并在　　月　　日之前给我们答复，否则我方会关闭信用账户，停止向贵公司供货，并将采用必要方式追收该账款。希望本信函能够引起贵公司注意，以便使我们的交易继续顺利进行。

签章：

9. 拒绝客户延期支付请求的回复函

拒绝客户延期支付请求的回复函(见表3-32)须对客户的延期支付请求做出明确的答复。

表 3-32 拒绝客户延期支付请求的回复函

尊敬的××先生/女生:
账号：××××××××
欠款：　　　　　元
我们收到您_____月_____日的延期支付申请，您要求每月支付_____元，4个月付清。
遗憾的是，因为付款时间太长，我们不能同意此请求。
我们同意2个月分期付款，每月支付_____元。也就是您必须在_____月底前付清款项，以避免我们采取进一步行动。
开户银行：
账户名称：
账号：
顺祝商安！
信用经理： 　年　月　日

(六) 赊销政策调整

企业制定、调整和考核赊销政策的方法可以分为两大方法。

(1) 将各种信用考核数据，如坏账率指标、逾期账款率指标、DSO 指标、账龄结构指标等控制在某一个具体数值上，以此数据作为考核和调整的标准，数值可以根据行业特点制定。当某一数据没有达标，则应加大这方面的力度。

该法的优点主要是指标明确，易于信用管理部门执行。缺点主要是：满足一个数据的要求，可能影响其他数据；缺少总体评价依据。

(2) 对赊销额与财务成本、管理成本之间关系进行预测，计算出利润最大化时各项数据值。

该法的优点主要是：追求公司效益最大化，从总体评价出发。缺点主要是：各项权数和预测标准难于确定。

六、债权保障措施

1. 规范合同管理

合同管理是信用风险控制的重要环节。合同使用公司制定的标准合同，合同条款设置要完备、合理、明晰，符合法律规范；如是单笔交易，必须签订单笔合同，如是长期合同，当合同到期后其他原因无法延续时，必须续签合同。

合同审查时要重点审查合同条款的规范性、完备性，便于日后对应收账款进行管理。尤其对于国际贸易的合同审查应更为谨慎，合同条款应更为严密，对于支付条款应格外仔细，审查单证是否相符。

2. 债权保证

信用管理部门可建议业务部门在债权保障措施下从事交易。这些方式有抵押、债务公司股

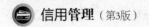

东或主要负责人的个人担保，其他个人担保、法人担保、物的担保等。

在使用抵押和担保手段时，必须考察其合法性、实效性、安全性、可操作性、可变现性以及采取审慎原则。担保合同内容应规范，抵押资产应符合规定，防止重复抵押。操作时必须征询法律部门的意见和审查。

3. 其他债权保障措施

其他债权保障措施主要有保理、福费廷和信用保险等。这些业务在操作中都有一定的专业技巧，使用时必须严格按照程序操作，具体内容参见本书第六章的相关知识介绍。

债权保障的相关费用应列入信用管理部门的特殊预算中。

七、信用管理部门的考核

企业衡量信用管理部门绩效的指标包括：应收账款周转天数、DSO 指标、坏账率、赊销比例和管理费用、企业信用销售利润增长率等。信用管理部门的人员工资和待遇与企业信用销售利润增长率挂钩。

为考核信用管理部门的工作成绩，总经理办公室每年对信用管理部门的工作成果进行测算。具体计算方法如下：

企业信用销售利润增长率 $= [A_1 \times (P - B_1) - DSO_1/365 \times A_1 \times R - M_1]/[A_0 \times (P - B_0) - DSO_0/365 \times A_0 \times R - M_0]$

式中，A_1 为评估年的总赊销额；A_0 为上年总赊销额；P 为销售利润率；B_0 为上年坏账率；B_1 为评估年的坏账率；DSO_0 为上年销售未清账期；DSO_1 为评估年的销售未清账期；M_0 为上年的管理费用；R 为年贷款利率；M_1 为评估年的管理费用。

第五节　应收账款管理

一、应收账款管理概述

(一) 应收账款管理的定义

应收账款管理(account receivable management)是指在赊销业务中，从授信方(销售商)将货物或服务提供给受信方(购买商)，债权成立开始，到款项实际收回或作为坏账处理结束，授信企业采用系统的方法和科学的手段，对应收账款回收全过程所进行的管理。

应收账款管理目标是保证足额、及时收回应收账款，降低和避免信用风险。

应收账款管理是信用管理的重要组成部分，属于企业后期信用管理范畴。

(二) 应收账款管理的作用

1. 节约流动资金

我国企业应收账款占流动资金的比重为 50%以上，远远高于发达国家 10%的水平，严重影响了正常运转。若能降低应收账款，则可以减少流动资金被冻结，增加企业营业收入，增进资产流动性。

2. 降低经营风险与资金成本

若能压缩应收账款账期，降低逾期应收账款数额，则可降低资金成本，改善经营效益。

3. 减轻账款处理成本

企业若能丰富应收账款处置方法，实行科学的催收应收账款方法和程序，提高信用管理人员素质，则可大幅度降低账款处理成本。

(三) 应收账款日常管理

1. 建立动态客户资料卡

企业在赊销前对客户进行信用调查，应先确定能否和该客户进行商品交易；做多大量，每次信用额控制在多少为宜；采用什么样的交易方式、付款期限和保障措施。

企业需对客户的信用情况做出判断，广泛收集赊销客户信用状况的资料，建立客户资料卡，掌握客户的付款动向，进行科学化的收款活动。

企业还应强化单个赊销客户管理和总额管理。对有经常性业务往来的赊销客户进行单独管理，通过付款记录、账龄分析表及平均收款期判断是否存在账款拖欠问题。对用户提供的每一笔赊销业务，都要检查是否有超过信用期限的记录，注意检验用户所欠债务总额是否突破了信用额度。

2. 科学划分应收账款管理职能

企业只有建立分工明确、配合协调的应收账款内部管理机制，才能有效地减少不必要的应收账款占用，避免坏账损失的发生，有效防止业务处理过程中的舞弊和差错，避免或及时发现不法分子截留、贪污企业货款的行为，减少应收账款风险。

为了保证应收账款业务的有效性和可靠性，需明确各相关部门的岗位职责、权限、确保办理销售与收款业务的不相容岗位相互分离、制约和监督。企业的销售部门、仓管部门和财务部门的销售审批者、销货员、仓库保管员、收款员和会计相互分离，即接受客户订货单、填制销货通知单、批准信用、发运商品、结算开单、办理销货折让、退回、收取货款、会计记录及核对账目等，必须由不同的人员分别负责办理，强调内部牵制，防止错误及舞弊行为的发生，确保应收账款的安全和业务的合理性。

3. 建立严格的审批手续

应收账款业务要明确各岗位审批人对销售与收款业务的授权批准方式、权限、程序、责任和相关控制措施，规定业务经办人员办理销售与收款业务的职责和工作要求。审批日应当在授权范围内进行审批，不得超越审批权限。经办人应当按照审批意见办理销售与收款业务，主要包括：

(1) 在销售前对销售合同的审批。

(2) 销货部门对顾客订单、订购品种、数量、价格和销货通知单的审批。

(3) 信用部门对顾客的信用情况和赊销限额的审批。

(4) 仓库保管部门对出仓单的审批。

(5) 财务部门对销售价格、销售发票、销售方式、销售收入、销售费用、销售折让、退回或坏账注销等业务的审核和控制，以防止企业财产因向虚构或无力支付货款的顾客发货而蒙受损失。

4. 强化应收账款日常管理

企业应组建专门的应收账款管理部门，负责应收账款的管理和催收，提高收款效率。其主要任务包括：

(1) 加大企业信用政策的制度力度，制定并实施具体的清算方式及企业信用奖惩规定。

(2) 加大客户信度的考核，建立债务人的信用账，进行日常台账记录，分类排队进行信用及账龄分析，避免掺杂人为因素影响对客户的考核。

(3) 定期分析应收账款与现金流量的关系，及时实施协调各项应收账款的日常工作，协同销售部门、财务部门的收款，保证应收账款的安全性。

(4) 加强与客户的沟通，了解客户的抱怨和要求，避免客户对交易事项销售条款、货物质量、交货期、结算方式的错误理解，及时协调有关部门采取补救措施。

(5) 完善销售人员激励机制，将佣金与账款回收进度挂钩。

5. 加大对营销人员追款技巧的培训

营销人员在成功追收账款的过程中扮演着很重要的角色，在日常工作中要加强营销人员在这方面的培训。

6. 建立有效的账款催收制度

企业应及时与客户对账，杜绝因与客户对不上账而产生的坏账；根据情况的不同，可建立三种不同程度的追讨文件：预告、警告、律师函，按情况及时发出；让客户了解最后期限的含义及逾期的后果；将欠款交予较高级的管理人员处理，将压力提升；成立公司内部的法律部，以法律部的名义发出追讨函件；使用分期付款、罚息、停止数期等手段分期收回欠款；使用法律维护自己的利益。

7. 实行严格的坏账核销制度

(1) 准确地判断是否为坏账，坏账的核销至少应经两人之手。

(2) 在应收账款明细账中应清晰地记载坏账的核销，对已核销的坏账仍要进行专门的管理，只要债务人不是死亡或破产，只要还有一线希望都不能放弃，同时也要为以后的核对及审查留下信息。

(3) 对已核销的坏账又重新收回要进行严格的会计处理，先做重现应收账款的会计分录，后做收款的会计处理。

(四) 应收账款跟踪管理

应收账款管理和追收的工作由信用管理部门完成，业务部门和相关人员在信用管理部门要求下协助沟通和收账。

应收账款跟踪管理服务(receivalbe portfolio management，RPM)系统，以账龄管理为监控核心，要求债权人或其代理人对应收账款的整个回收过程实施严格的跟踪管理，明确相关责任人的权利和义务，保证货物和销售程序的安全，保证客户得到满意的服务和适当的付款压力，从而最大限度地降低逾期账款的发生率。

1. RPM 内容

(1) 货物一经发出，业务部门应将发货情况通知信用管理部门，由信用管理部门负责跟踪监控，制定监控时间表，及时记录客户的反馈信息。

(2) 信用管理部门必须在发货后按时与客户(债务人)取得直接联系，询问和沟通货物接受情况、票据情况、取得客户的收货证明和质量确认，了解付款准备情况，提醒和督促客户及时付款。

(3) 在出现逾期账款的早期，及时进行追讨，不断施加压力，争取早日回收账款。

(4) 在一定期限之内，如债务人仍未付款，建议债权人采取进一步的追账行动。

2. RPM 实施步骤

(1) 建立应收账款档案，并在发货后 5 日内，以电话或传真方式主动与客户联系，通知客户发货情况及付款日期和金额。此次联系主要是显示良好的服务态度，并注意观察客户是否有异常反应。

(2) 预估货到日期，再次与客户联系，询问客户是否收到货物、货物件数与发货单是否一致、包装是否有损坏、接货是否顺利等，注意客户的态度，并记录下到货日期。如果客户发来传真或信函，要保留并归档。

(3) 货到一周后，业务人员以电话、传真或信函方式再与客户取得联系，询问客户的货物查收详细情况，了解是否有意外情况发生，客户对货物质量是否有异议等。注意这时要多让客户讲情况，认真做好记录，并关注对方的语气和意愿，分析客户是否有拖欠的企图。如果出现异常情况，及时备案并汇报，同时通知有关部门。

(4) 在货款到期前一周，业务人员应再一次与客户联系，视客户情况选择录音电话、传真、电报、快信甚至登门拜访等多种形式。了解客户对交易是否满意，并提醒客户货款的到期日，了解客户的支付能力，同时暗示客户按期付款的必要性。注意客户对按期付款的反应，并保留客户的来电、来函等资料，以备日后必要时作为法律诉讼依据。这一阶段要保持与客户的良好关系，措辞要礼貌、周到、严谨，并体现出对按期收款的关切和信心。

(5) 在货款到期日后 5 天内，应与客户直接联系，对已按期付款的客户给予感谢，以进一步加强与客户的良好关系。如尚未收到货款，则应询问其是否已将货款汇出，如还没有汇出，询问其原因，并以严厉语气敦促其付款。接下来视情况以函电形式进行催收或亲自上门了解情况。

(6) 逾期一个月仍未收到货款，应向客户施加更大压力，催促其付款，并准备在其仍不付款时，采取专案处理。

(五) 应收账款收账管理

1. 实行全面监督

针对不同的账款，依据账龄分析、平均收账期分析、逾期账款率、账款回收期、账龄结构、坏账率、收现率分析等数据进行分类，制定有针对性的收账政策。

2. 成立应收账款催收专门小组，负责账款催收

企业对已经到期的应收账款应交由应收账款清收小组进行催讨。对于清收小组的组织管理工作要注意以下几个方面。

(1) 原款项经办人、部门领导或单位负责人应为某项应收账款的当然责任人，参加清收小组，在清收小组负责人的调配下参加工作。

(2) 清收小组成员按客户分工，并分解落实清理回收目标任务。

(3) 严格考核，奖罚分明，提高催讨人员的积极性和催收效果。

3. 应收账款诊断

应收账款一旦逾期，就要立即进行诊断。

(1) 诊断事项。应收账款诊断事项包括：交易合同是否存在漏洞；是否存在内外勾结，故意造成应收账款逾期；客户是否出现经营困难；客户欺诈。

(2) 客户付款习惯分类。根据客户付款习惯，可分为四种类型：应该付款时才付；被提醒时才付款；被威逼时才付款；在付款前宣布破产。

在客户中，一般总是第二类最多，绝大多数客户是被提醒后才付款。如果没有被提醒，则一般在方便的时候付款。提醒得越及时、提醒的方式越高明，越能及早得到付款。

(3) 应收账款属性分类。基于回收概率，对应收账款进行分类。按国际上通行的划分标准，债权可分为6个等级：①正常债权；②要注意债权；③问题债权；④危险债权；⑤实际破产债权；⑥已破产债权。

逾期应收账款一般指除正常债权以外的5种债权，清收小组应根据不同情况采取不同的催讨方式。

对于要注意债权和问题债权，首先要分析拖欠的原因，如属于产品质量问题应积极与对方有关部门联系，争取能解决双方纠纷；如属于对方短期资金困难，不应过多打扰，而应最大限度地争取顾客，保持市场份额，为下次销售打下良好的基础。对于危险债权和实际破产债权，清收小组要加大催讨力度，争取在债务人进行破产程序前收回债权，并寻求债务重组的可能性。对于已破产债权，清收小组应积极进行司法程序，尽可能收回部分债权。

4. 收账政策

根据逾期应收账款性质的不同，可以制定不同的收账政策，具体如下。

(1) 应收账款全部免除。

(2) 应收账款部分免除与部分收账。

(3) 应收账款不予免除；将此类账款交由业务员催收或专业人员催收。

5. 收账策略

企业在催收过程中一定要通过合法的途径保护自己的债权利益，制定合理、合法并且行之有效的应收账款催收策略。企业应收账款催收策略的制定应当根据不同类型的企业、应收账款、客户进行。

(1) 根据账龄制定催账策略。企业应当在每个月底打印每一客户的账龄记录详细清单，根据具体情况采取不同的针对性措施(见表3-33)。

表3-33 依据账龄的催账策略

项目	逾期账龄短	逾期账龄长
金额小	电话沟通提醒，业务人员催收，不进入催账程序	采用信函、电话、传真等方式催收，一般催账程序
金额大	上门催收，如果感到问题严重，立即进入重点催收程序；相反，如果客户有正当理由，可适当延期，并进行严密监控	进入重点催收程序，有专人负责，催账手段不断升级

(2) 根据客户规模制定催收策略。具体如表 3-34 所示。

表 3-34　依据客户规模的催账策略

客户类型	相应策略
长期、大客户	追账经理或财务经理上门追账；优先解决争议问题；保障继续发货
一般客户	根据其信用限额，欠款超过一定天数停止发货
高风险客户	立即停止供货，严密监控并追讨

(3) 依据信用状况差异制定催收策略，具体如下。

① 准时付款的客户。这一类客户一般具有良好的付款习惯，企业产品及其销售政策对其影响很大，并且也愿意与企业合作，能达成长久合作意向。对于这种客户，催收人员应表达与其的贸易伙伴关系，坚持宽松的销售政策，并且在与客户对账过程中需要准时邮寄各类文件，以便客户了解公司应收账款政策，达到提醒的目的。

② 付款略微延迟的客户。客户有可能因为付款流程较为烦琐(不排除客户有拖延付款的习惯)，结算手续审批的部门较多，难以在短时间内流转完成。需要催收人员与客户明确付款流程，阶段性跟踪客户结算情况。

③ 拖延付款的客户。拖延付款的客户具体分为两种情况。

其一，客户已经形成拖延恶习。为了减少这样的事情发生，催收人员必须做到：货款到期前一周，电话通知或拜访客户，及时解决客户提出的问题并了解客户预支款项的具体日期；货款到期前三天与客户确定结款日期；结款日当天一定按时前往拜访客户收取货款或取得客户付款凭证。养成到期收款的习惯有利于与客户的及时沟通，减少产生纠纷的可能性。

其二，客户缺乏资金。催收人员要关注客户所在行业的情况，关注其是否受行规的影响，加强与客户的沟通，加强系统跟进制度。

二、应收账款账龄分析

(一) 账龄分析相关概念

账龄是指应收账款发生时间的长短，以天为单位进行计算。

账龄分析实际上就是将每笔应收账款按照对其所持有的时间长短进行排序，并给以统计表述，从而为指导信用管理部门的信用额度控制工作和逾期应收账款催收工作提供依据。

(二) 账龄分析的作用

企业发生的每笔应收账款的账龄都是不同的，持有一笔应收账款的时间越长，表明客户占用企业资金的时间就越长。一旦一笔应收账款变成逾期应收账款，客户拖欠时间越长，该笔应收账款变成坏账的可能性就越来越大。

通过账龄分析获得以下信息：

(1) 在各个不同的付款时间内，已付账款占应收账款总额的百分比，拖欠账款占应收总额的百分比，拖欠账款占应收款余额的百分比。

(2) 有多少应收账款是在信用期内支付的。

(3) 有多少应收账款是逾期支付的。

(4) 有多少应收账款仍未支付。

(5) 有多少应收账款已成为呆账、坏账。

应收账款分析结果是尽快对欠款客户施加更强压力的依据。从信用管理经理的角度看，账龄分析可以用来考核应收账款追收工作的效果。对于企业财务管理工作而言，根据对应收账款的账龄分析，可以了解企业应收账款的流动性，可以根据应收账款的账龄分析测算出每期可收回的应收账款净值，以及做出坏账准备金预算。

(三) 账龄分析的方法

1. 列表分析法

对应收账款的账龄分析通常采用列表分析法来直观表示。表 3-35 列出了某企业不同账龄下的应收账款余额，显示出该企业应收账款的分布情况。

表 3-35　账龄分析表

客户	应收账款余额	信用期内	31~60 天 (超期 1 月内)	61~90 天 (超期 2 月内)	91~180 天 (超期 5 月内)	180 天以上 (超期半年以上)
A	100 000	100 000				
B	60 000	50 000	10 000			
C	80 000	40 000	40 000			
D	30 000	10 000	20 000			
E	40 000			40 000		
F	50 000	10 000			40 000	
G	50 000			50 000		
H	60 000		10 000		20 000	30 000
合计	470 000	210 000	80 000	90 000	60 000	30 000
比例	100%	44.68%	17.02%	19.15%	12.76%	6.39%

假定企业在赊销政策中规定的信用期限为 30 天，该企业的逾期应收账款超过应收账款总额的 50%，不论行业的逾期应收账款的平均值如何，都说明信用管理部门对客户的筛选工作做得不好。

根据分析结果，信用管理部门应该尽快采取如下措施：

(1) 考虑收紧信用政策，并控制应收账款的发生总额。

(2) 加强对逾期应收账款的催收工作，特别是要加强已过期 60 天以上的各笔应收账款的催收工作。

(3) 开始考虑诊断账龄最长的逾期应收账款，做坏账核销申请的准备。

2. 二维象限图分析法

二维象限图分析法可以直观地显示出应收账款按照账龄的分布情况。

以图 3-20 为例，我们可以看出，账龄最长且金额最大的是 B、D 两笔逾期应收账款，处于第一象限内，其他应收账款依其账龄和金额排列在不同象限内。通过该图，企业信用管理部门很容易找到应收账款管理工作的重点对象，或者说是特别催收的重点，为企业信用管理的催账工作提供了可供直接观察的目标。

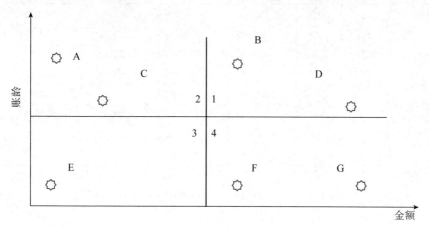

图 3-20 账龄分析的二维象限图表示

处于不同象限的应收账款，应采取不同的催收政策，具体如下。

第一象限：立即催收、重点催收；

第二象限：上门催讨；

第三象限：暂缓催收、自行催收；

第四象限：立即催收、发催讨函。

3. 平均账龄分析法

在编制账龄分析表的基础上，计算出企业所持有应收账款的平均账龄。平均账龄的计算按如下公式进行：

$$A = \alpha_1 \omega_1 + \alpha_2 \omega_2 + \cdots + \alpha_n \omega_n$$

式中，A 为应收账款的平均账龄；α_i 为各笔应收账款的账龄；ω_i 为各笔应收账款的权重。

通过对平均账龄的定期监督，企业可以随时掌握应收账款的平均账龄以及每笔应收账款的质量。

将平均账龄与赊销合同中的平均信用期限和 DSO 进行比较，可以发现信用管理工作中的问题所在，明确工作重点和方向。通过将平均账龄指标与行业平均数比较，可以了解企业在市场竞争中的地位。

信用管理部门通过对平均账龄的分析，评价本企业应收账款的质量。

【例 3-9】以表 3-36 为例，分析该企业的账龄结构。

表 3-36 企业应收账款报表

时间：2020 年 6 月　　　　　　　　　　　　　　单位：元

项目	今年月度计划		上月		本月	
1. 总应收账款	60DSO	4 000 000	65DSO	4 612 134	64DSO	4 351 267
2. 逾期账款	10%	400 000	12.3%	567 292	11.2%	487 342
3. 逾期账龄						

（续表）

项目	今年月度计划		上月		本月	
过期1~30天	75%	300 000	69%	391 433	73%	355 760
过期31~60天	20%	80 000	19%	107 785	18%	87 721
过期61~90天	4%	16 000	7%	39 710	6%	29 241
过期91~180天	1%	4000	5%	28 364	3%	14 620
总计	100%	400 000	100%	567 292	100%	487 342
4. 争议货款	0.5DSO	33 333	1.2DSO	85 147	0.6%DSO	39 460
5. 总应收/销售额	16.7%		17.8%		17.5%	
6. 坏账		20 000		14 226		14 460
7. 应收账款分类						
内贸	62DSO	2 600 000	67DSO	3 302 274	66DSO	2 894 729
政府	40DSO	900 000	41DSO	888 464	41DSO	936 428
外贸	95DSO	500 000	98DSO	421 396	98DSO	520 110
总计	60DSO	4 000 000	65DSO	4 612 134	64DSO	4 351 267

账龄结构分析结论如下：

(1) 本月总结。

① 本月和上月都没有达到今年的月度计划。

② 本月的账款回收状况比上月有所改进，特别是在长期的逾期账款和争议账款回收上。

③ 对政府和出口的销售来讲，收款状况较好。

④ 对内贸来说，收款状况不佳。

(2) 下月措施。

① 针对过期60天的逾期账款展开严厉的收款活动。

② 与国内关键客户召开三次碰头会。

③ 制定新的DSO目标和逾期账款比重指标。

三、应收账款催收内容

（一）应收账款催收程序

应收账款从其存续时间上划分，可分为信用期内应收账款和逾期应收账款。逾期应收账款分为一般超期(15天以下)、严重超期(15天以上)、呆账(超期30天)、严重呆账(超期60天)。

信用期的收账，对于采取月结的客户来说，超过协议账期10天视为正常延迟。对于信用期内应收账款，企业关心的是能否或者有没有必要提前变现，在货款到期前企业应主动与客户联系，在账款到期日准时收账。

对于逾期应收账款，则必须想办法尽快收回，应收账款逾期时间越长，其收回的可能性就越小。逾期应收账款的催收应当设有专人负责，制订合理的催收计划，掌握催收的技巧。

对于超过协议账期的账款，信用部门按预定的收账预案启动催收程序。信用经理必须全面掌控、随时监督账款的回收状况，按照下列程序展开收账。

一般超期(15 天以下)：由信用主管和销售经理负责，发付款通知，并电话敦促客户付款。

严重超期(15 天以上)：由信用经理介入关注，以电话保持付款压力，同时通知销售部暂停信用交易。

呆账(超期 30 天)：由信用经理和总经理负责，停止信用交易后付款，则恢复交易，但信用额度调低 40%。

严重呆账(超期 60 天)：取消客户资格，列入黑名单，取消信用额度，终止信用交易，只能现金交易。如还没有回款，可与对方最高级别管理层电话沟通，通知客户进入诉讼准备程序或外部收账机构。

应收账款催收程序如图 3-21 所示。

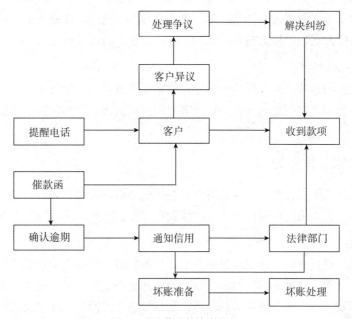

图 3-21　应收账款催收程序

(二) 应收账款催收预警

如果看到以下现象要加快应收账款的回收，并及时向主管汇报，调查并进行债权保全策略的研究，以防不良债权发生。

(1) 付款方式发生重大改变，如由支票付款改为一般商业本票。

(2) 经销商门前讨债的人增多，老板避而不见。

(3) 不正常交易情况发生，如进货量激增或锐减，大量廉售或抛售存货。

(4) 经销商对下属销售网络赊销较多，货款回收困难。

(5) 经销商内部矛盾加剧，争吵不断。

(6) 员工离职增加。

(7) 经销商主业转移。

(8) 主力银行变化。

(9) 支票付款变更，通常为延长付款期限。

(10) 员工薪资迟发或降低薪资条件。

(11) 告贷无门，利用高利贷周转资金。

（三）应收账款催收准备

1. 整理原始凭证

这是企业对逾期货款进行追讨的重要依据，也是确定对方法律责任的重要依据。检查逾期款项的销售文件是否齐备；要求客户提供拖欠款项原因，并收集资料以证明其正确性。

2. 调查债务人现状

发生应收账款，要弄清客户拖欠的真正原因。在发生拖欠的早期，从维护客户关系的角度出发，业务人员不宜采取强硬态度来追讨，而主要应以沟通的、非敌对的方式催收，并通过电话沟通现场调研等方式找出拖欠的真正原因，以决定相应的追讨措施。

3. 分析回收的可能性

业务人员应会同律师、会计师等全面分析债权债务关系；仔细研究拖欠的各种特征，了解债务发生的全过程和具体的拖欠过程；调查客户的偿债能力，以判断客户是否有能力偿还部分或全部货款。

（四）应收账款催收方式

逾期账款追讨的手段主要有：自行追讨、委托代理机构追讨、仲裁追讨、诉讼追讨、申请破产追讨。具体企业采用何种追讨方式，应综合有效性、时间、成本等因素考量。

1. 自行追讨

从追账成本上看，企业自行追讨最为合适，从维护双方当事人的良好关系看，双方当事人自行解决也较为理想。这种通过协商清偿债务的方式主要适用于债权债务关系比较明确，各方对拖欠债务的事实无争议或争议不大的情形，这种解决方式简便，能够及时解决纠纷，有利于双方今后的商业往来。

2. 委托代理机构追讨

如果追讨一段时间以后没有实质性的效果，企业面对客户的各种借口，常常会面临两难困境。一方面，由于客户的一再拖欠，企业的自身追讨已没有太大作用；另一方面，如果诉诸法律，则可能由于费用过高，程序复杂、过程漫长，判决结果的执行有困难，大多数企业不情愿采用这种方法，而且法律方式具有敌对性，造成自身与债务人关系恶化的可能性很大，也不利于以后的合作、发展。在这种情况下，企业可以委托专业机构代为追讨，这些机构包括律师事务所、会计师事务所、追账公司等专业机构。

委托代理机构追讨有如下好处。

首先，加大收账力度。专业收账机构大都由自己的专业收账人员或代理机构在客户当地机构进行追讨，专业收账人员具有丰富的追讨经验，能够在很短的时间内对客户态度做出判断，及时制定相应的追讨对策。而在客户当地进行追讨，则避免了企业自己在异地追讨的花费和不便。这无论是追账形式、追账效果，还是对债务人的心理压力上，都远远高于企业自身的追讨力度。

其次，对拖欠案件的专业化处理。企业对拖欠事宜的认识往往由于专业性知识的缺乏或对自身利害考虑过多，造成主观的判断，浪费、丧失追讨机会，而专业机构多具有丰富的经验和知识，对每一类拖欠都会制定一套相应的、有效的、包含多种手段的措施，包括对案件的分析评估，调查追踪客户，与客户直接接触、协商，施加多方面的压力，有相关律师参与等。

该方式具有灵活性强、手段多样的特点，对客户的压力逐渐增加，最终达到收回欠款的目的，它比企业自己人员的追讨更具时效性、目的性，更能够及时掌握到客户的心理活动。

最后，节省成本与费用。企业产生预期账款拖欠后，已经造成了相当大的损失，尤其是考虑对账款被收回的可能性没有多大把握时，更不愿意过多支付追讨费用，造成更大的损失。而专业收款的代理机构一般都采用"不追回账款，不收取佣金"的政策，使客户不必遭受额外的损失。当然，代理机构在收回账款后要收取一定比例的佣金，这是企业应预先考虑的。

在各种不同的追讨手段中，从追账成本上看，如果能确定马上收回欠款，则企业自己追账成本最低，委托代理机构收账次之。当企业自行追讨的时间过长，而且无效时，其用来追账的费用则大大增加，而通过专业追账机构的追账，在接案时已定好有关追讨费用，不成功不收取佣金，成本较低。

3. 仲裁追讨

申请仲裁则是一种有效的解决纠纷收回货款的手段，申请仲裁时应注意如下问题。

首先，仲裁是一种自愿解决争议的准司法方法。一方面，只有当事人双方同意将其争议提交仲裁解决时，仲裁机构才能取得对争议案件的管辖权；另一方面，仲裁庭做出的仲裁具有法律上的约束力，如果当事人一方不执行裁决，另一方当事人可以请求法院强制执行。

其次，仲裁解决具有较大的灵活性，因为当事人可以选择审理的仲裁员和仲裁使用的规则。在审理过程中，除当事人另有约定外，仲裁一般不采用公开审理的方法，这样当事人的商业信誉和商业机密就可以得到较好的保护。

最后，根据仲裁机构的仲裁规则，仲裁裁决为终审裁决，不允许上诉。

与诉讼相比，仲裁裁决不仅可以节省时间和金钱，还可以使问题得到尽快的解决。

仲裁不同于协商，因为通过协商调解达成的调解协议没有法律效力，不能申请法院强制执行；仲裁也不同于法律诉讼，因为诉讼必须严格遵守法院所在地的诉讼程序法，当事人不能选择审理其案件的法官和程序规则。仲裁已成为介于协商调解和司法诉讼之间的一种迅速、灵活的解决争议的办法。

4. 诉讼追讨

当企业与其客户发生债务欠款纠纷时，通过协商、调解无法达成一致，或当事人不愿意采用仲裁方式解决的，企业可以进行诉讼判决予以解决。

企业作为起诉人应具备如下条件：作为原告起诉时，必须是因自身权利受到侵犯或因债权债务关系与客户发生争议，必须是本案的直接利害关系人才有资格作为案件的原告；有明确的被告；必须具有具体的诉讼请求和事实、理由；必须是属于法院受理的范围和管辖的案件。

企业在运用诉讼追讨欠款时应注意的问题主要如下。

(1) 诉讼时效。案件超过时效期限的，法院不予受理。

(2) 财产保全。应有效、合理地利用诉讼中的财产保全措施，防止债务人转移财产。

(3) 支付令。为了利于债权人依法主张权利，债权人可以向法院申请支付令。双方当事人之间债权债务关系明确，彼此对债务并无争议，而且支付令可以送达至债务人的，债权人可以填写支付令申请书。法院在收到申请书 5 日内通知债权人是否要受理，对证据、事实确凿的债务，法院在受理之日起 15 日内向债务人发布支付令，债务人应当在收到支付令之日起 5 日内偿付债务。债权人在向法院申请支付令之前，要做好以下准备工作：一是理顺债权债务关系，提出书面债权债务文书；二是没有债务凭据的，要向债务人出具表明拖欠金额或有价证券数额的书面凭证；三是核实清楚债务人名称、所在地等情况，以便支付令能送达债务人。

(4) 申请执行。当法律做出有效的民事判决后，债务人却拒绝履行的，债权人可向人民法院申请执行。法院有权向银行等单位查询被执行人的存款情况，有权冻结、划拨被执行人的存款。而债权人则应收集债务人的有关存款、收入、财产的证据，为法院提出并实施执行提供可靠依据。

(5) 办理公证债权文书。在一般的经济活动中，合同双方都以协议的方式明确双方的权利和义务。债权人在协商还债的过程中，应争取办理文书公证，在公证的文书中明确所欠债务金额、偿还债务时限、抵押担保的财产或保证担保的保证人、计息办法等事项。这样债务偿还期限到后，债务人如不履行，债权人可直接向人民法院申请执行，而不必再经过诉讼程序。

诉讼清偿中要注意发挥律师的作用，企业可以聘请律师代理诉讼，以便适当地选择程序、措施和使用的法律，较好地实现诉讼目的，特别要适时申请证据保全及财产保全，保障债权的实现。

诉讼清偿的条件相对严格，程序相对复杂，所耗的时间、人力、财力、物力也较多，而且可能因为债务人没有财产而形成"空判"。但比较而言，诉讼清偿仍不失为企业清偿最终的、有效的方式之一。

5. 申请破产追讨

对不能清偿到期债务或资不抵债的客户，企业可以向法院提出对其实行宣告破产的请求，以破产财产使自己获得公平清偿。

申请破产追讨的优点如下：以债务人企业的全部财产保障债权能在最大限度内满足；一次性全面解决债权债务关系，避免企业陷于诉讼拖累，防止其他债权人先于自己得到清偿，而自己得不到足额清偿。

对那些有钱不还，故意拖欠，在几经催收仍然无效的情况下，企业应寻求法律帮助，及时采用法律手段以规避自身的财务风险。

各种追账方式比较如表 3-37 所示。

表 3-37　各种追账方式比较

项目	自行追账	法律追收	委托代理机构追收
效率	中等，因负责追账人员大部分是公司职工，成功与否，对个人影响不大	较低，因法律有一定的方法、程序，不能改变	较高，因追账员的收入与欠账之回收率成正比，成功率越大，收入越多
与客户的关系	最好，因债权人最熟悉债务人的需要，但此点也是造成欠债的因素	最差，最冲突的方法，不可逆行	中等，较灵活，可因债权人的要求改变
时间	不确定，如果能在发生时马上追讨是最好的，但如果因担心与债务人的关系，一拖再拖，可能变成最差	最差，如在我国香港，通常要一年半以上	最好，当收到案件后马上处理
费用	如能马上收回，费用是最少的，但如计算机会成本、边际利润等费用就很高	最差，法律费用很高，而且随着时间的增加而增加，没有确定的数目	中等，于接案时已定好费用。若不成功，则不用付佣金

(续表)

项目	自行追账	法律追收	委托代理机构追收
保障	不确定	最好	如果委托正常的追债公司也有很大保障
其他	企业往往缺少有经验的追账人员	法律是根据文件及程序，不一定能胜诉，如失败，则会增加损失；如胜诉，法庭并不会协助追账，只是确认了债权	追账机构对当地的法律及商业习惯都很熟悉

(五) 应收账款处理方法

应收账款的处理方式决定了应收账款的回收率和利用率。好的处理方式能够降低企业坏账的数目，加快企业资金的周转。应收账款处理不当影响企业的各个运转环节，甚至可能导致公司资金链断裂而破产。

应收账款的处理方式主要有：应收账款质押融资、应收账款转让、债务重组。

1. 应收账款质押融资

应收账款质押融资是指企业与银行等金融机构签订合同，以应收账款作为抵押品。在合同规定的期限和信贷限额条件下，向银行等金融机构取得短期借款的融资方式。

2. 应收账款转让

应收账款转让是指企业将应收账款出让给银行等金融机构以获取资金的一种筹资方式。

(1) 应收账款抵借。应收账款抵借是指持有应收账款的企业与信贷机构或代理商订立合同，以应收账款作为担保品，在规定的期限内企业有权以一定额度为限借用资金的一种融资方式。合同明确规定信贷机构或代理商借给企业资金所占应收账款的比率，一般为应收账款的70%～90%不等。借款企业在借款时，除以应收账款为担保外，还需按实际借款数据签署借款手续，如果作为担保品的应收账款中某一账款到期收不回来，银行有权向借款企业追索。

(2) 应收账款让售。应收账款让售是指企业将应收账款出让给信贷机构，筹集所需资金的一种方式。企业筹措的资金是根据销售发票金额减去允许客户在付款时扣除的现金折扣信贷机构收取的佣金以及在应收账款上可能发生的销售退回和折让而保留的扣存款后的余额确定。扣存款占的比例由双方协商确定，一般为10%左右。应收账款让售后，假若出现应收账款拖欠或客户无力清偿，则企业无须承担任何责任，信贷机构不能向企业追索，只能自己追索或承担损失。

(3) 保理。借助保理业务，企业可以把应收账款卖给保理商，等于变相实现了应收账款的回收。保理的一项基本功能是催收账款，其专业化特点决定了它可以把企业持有的应收账款的时间尽可能缩短，同时避免伤害买卖双方关系。在催收账款的同时，保理还可以为企业提供销售账户的管理，使企业随时掌握所有买主的付款情况。

3. 债务重组

债务重组是处置企业应收账款的一种有效方法，主要包括以下几种方式。

(1) 采取贴现方式收回债权。贴现方式是指在企业资金严重缺乏而购货者又无力偿还的情况下，可以考虑给予债务人一定的折扣而收回逾期债权。这种方式不同于企业在销售中广泛采用的现金折扣方式，首先它是针对债务人资金相对紧张的逾期债权，其次往往伴随着修改债务条件，即债务人用现金清偿部分债权，剩余债务在约定日期偿还。通过这种方式企业虽然损失了部分债权，但收回了大部分现金，对于盘活营运资金、降低坏账风险是一种较为实际的方法。

(2) 债转股。债转股是指应收账款持有人与债务人通过协商将应收账款作为对债务人的股权投资，从而解决双方债权债务问题的一种方法。

由于债务人一般为债权人的下游产品线生产商或流通渠道的销售商，债权人把债权转为股权投资后对产品市场深度和广度的推广很有利。

(3) 以非现金资产收回债权。以非现金资产收回债权是指债务人转让其非现金资产给予债权人以清偿债务。债务人用于偿债的非现金资产主要有存货、短期投资、固定资产、长期投资、无形资产等。在债权人不缺乏现金流量，而债务人的非现金资产又能为债权人利用，或者债务人的非现金资产有活跃的交易市场和确定的参考价格的情况下，才可考虑以这种方式收回应收账款。

(4) 债股互转。债股互转是指企业为了强化应收账款的管理，通过契约的形式约定在购买商品或接受劳务的企业偿付困难时，将本企业的债权转为股权，而在购买商品或接受劳务的企业支付能力具备时，再将股权转回债权的一种应收账款管理方式。

债股互转是一种创新的应收账款的管理模式，它从根本上不同于债转股或者股转债，可以使债权人和投资者进行互转，是一种应收账款的事先控制方法。

(5) 应收账款证券化。应收账款证券化是指企业将应收账款包装后转让于特定的中介机构(如特设信托机构等)，由其向资本市场投资者发行资产支持证券(ABS)以获取资金，用以购买所转让的资产，资产发起人即获得资金流入。应收账款证券化不仅提供了一种重要的应收账款管理方式，同时也提供了重要的企业融资方式。在美国，各类金融机构、贸易公司和租赁公司将应收账款的证券化作为重要的融资手段，在资产支持证券市场中扮演着极其重要的角色。

(6) 应收账款转为应收票据。应收账款转为应收票据是指企业可将其拥有的应收账款转换成商业票据。只需要求买方开具商业汇票，卖方与商业银行签订贴现协议将应收票据进行商业票据贴现即可。商业票据贴现具有手续简便、利率低的优点，但应收账款转为应收票据由买方卖方的交易合同与协商谈判所决定。

(7) 基于应收账款的信托贷款。基于应收账款的信托贷款是指信托公司依照企业的需求，发行在应收账款基础上的买入返售的信托计划，再以信托贷款方式为企业提供融资贷款。这种信托贷款方式取决于信托公司的品牌影响力，银行与信托公司之间的合作尤为重要，且其对企业的信用水平要求较高。

(六) 账款收回后管理

(1) 确保回收账款及时入账，防范收款人员挪用公款潜逃。

(2) 累积经验，吸取前车之鉴，完善企业内部交易合同、应收账款管理等制度。

(七) 对失信客户的处理

企业应针对预期应收账款拖欠的原因、性质、还款能力和还款意愿，分别制定不同的收账策略。

企业发生预期应收账款，除了加强催收外还要运用商业制裁、法律制裁手段，以保持催收压力。

商业制裁手段包括终止供货和服务；撤销信用额度；要求偿付延期利息；在所有权保留条款下收回货物；寻求商账追收机构协助。

法律制裁手段包括申请支付令、诉讼、仲裁。

当然，企业运用商业制裁、法律制裁手段要慎重，这些手段是在催收无效的前提下，才能考虑使用。

四、应收账款催收技巧

(一) 催收成功的关键因素

应收账款能否顺利回收的关键因素是时间。

未回收账款的风险取决于账龄的长短。随着账龄的增加，收回应收账款的机会日渐减少。

根据美国收账者协会统计(见图 3-22)，追账成功率随逾期月份的增长急速下降，超过半年的账款回收成功率为57.8%，超过1年的账款回收成功率为26.6%，超过2年的账款只有13.6%可以收回。

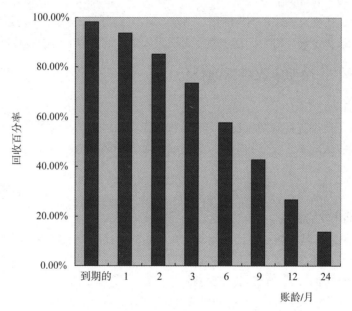

图 3-22　应收账款回收率与时间的关系

时间是欠债者的保护伞，一旦出现欠款，应该马上追讨。所有应收账款都要勤催，勤上门。如果催收不紧，客户也不会重视，从而造成催收的难度加大，不但永远收不到货款，而且也保不住以后的交易。客户所欠货款越多，支付越困难，越容易转向他方购买，就越不能稳住这一客户，加紧催收才是上策。

(二) 催收方法

账款催收是一件耗时耗力的工作，企业应设有专人负责催收，并讲究一定的方法。具体方法如下。

1. 恻隐术法

催收人应如实讲清自己的困难，说明本身的危险处境，以打动债务人的恻隐之心，使债务人良心发现，按时付款。不要以一个讨债者的身份出现，而要像朋友之间在谈心一样，互相帮助。

2. 疲劳战法

对于一些总是不好要钱的客户，要有一种不达目的不罢休的精神。不能让客户觉得好对付，应盯住欠债企业的一两个领导人，如厂长、总会计师、财务科长，长期软磨硬泡，坚持打持久战，总有一天，该领导人意志瓦解，终于同意付款，当然尽量不要伤了和气。

3. 软硬术法

即软硬兼施，由两个人讨债，一人态度强硬，口气要坚定，寸步不让；另一人态度和蔼、委婉，以理服人，说明无故拖欠货款是不应该的，已对债权人产生消极影响，造成经济损失，若不及时付款，引起双方法律纠纷对双方都不利。如二人配合较好，会收到较好效果。

4. 激将法

即用语言刺激债务人，使其懂得若不及时付款将会损害其公司形象和尊严，对方为了面子和公司的信誉，以及长久的业务往来，不得不及时付款。激将法是一种很有力的技巧，在使用时要看清楚对象、环境及条件，不能滥用。同时，运用时要掌握分寸，不能过急，也不能过缓。过急，欲速则不达；过缓，对方无动于衷，无法激起对方的自尊心，也就达不到目的。

（三）自行催收逾期应收账款的技巧

1. 收款要领

如果企业决定自行进行逾期应收账款的催收工作，销售人员和收账员就必须掌握一些基本的技巧，以提高收账效率。收账的基本规则是找出对方的弱点进攻，使用威慑手段，而不能够违法追账。

收款要诀即应具备六心：习惯心、模仿心、同情心、自负心、良心、恐吓心。

2. 催收逾期账款的要点

(1) 运用常识。就是要通过自己的经验，在和客户的接触中了解客户不按时归还账款的原因，同时分析客户归还的可能性，运用自己的财务和法律常识劝导客户及时还款。这不仅需要公司加强对营销人员的培训，同时也需要营销人员在平常的工作之余加强学习，提升自身的素质。公司应完善激励制度，对于努力提升自身素质的人员进行物质和职位上的奖励。

(2) 追讨函件。每一次追讨的时候的应寄出格式正确、措辞合理的函件，既能够对欠款人形成的威慑作用，又不至于咄咄逼人。

(3) 丰富、完善客户资料档案。在每一次催讨之后要及时补充客户的信用信息，对于那些顽固的拖欠者要及时将其拉入黑名单，同时减免对其的授信额度。对于信用优良的客户也要及时记录，对其适当扩大其授信额度。

(4) 让对方写下支付欠款的承诺函件并加盖公章。加盖公章的承诺函件是具有法律效应的文件，等到双方实在无法通过协商方式解除纠纷必须诉诸法律的时候将是对追讨方非常有益的证据，所以一定要提升营销人员签订合法合规的承诺函件的意识。

(5) 与负责人直接接触。这么做的目的是防止不同部门的搪塞和推诿。如果不和负责人直接接触，其他人并没有决策权，最后还是必须经过负责人的手，负责人不同意仍然无法达到催收目的，因而与负责人直接接触是有效的方式。

(6) 录音。在法律中，录音是非常重要的证据，在一些比较不利于我方的场合，录音将会起到关键作用。

(7) 向警方求助。面对一些难以收回的款项，特别是在借款人涉黑的情况下，就不要强行收回甚至与对方发生冲突，要注意保护自己。此时最明智的做法是向警方求助，通过警方的力量完成收款任务。

(8) 谨慎从事。在与借款人交流的过程中要注意方式方法，把握好分寸，当情况明显不利时要注意适可而止。

(9) 丰富自己财务方面的知识，如支票、电汇、汇票等。在与借款方交涉的时候不要被对方所蒙蔽，要有自己的判断力。

3. 不同催账方式的技巧

(1) 信函收账。收账信是一种传统的收款方式，使用收账信方式进行收账具有费用低、较正式的优点。随着网络的普及，电子信函收账的效率也在提高。这种方法能够对客户付款起到潜在的影响，企业可以用相对较低的成本，使绝大多数信用尚可的客户及时付款，从而把追账精力集中在疑难账户上，进而降低总体收账成本。

企业在应收账款快要到期时，首先要发函通知客户，有礼貌地提醒客户付款日期将到，请准备好资金以按时付清欠款。如果客户逾期没有付款，通常要打电话询问为什么还没付款。如果还收不回，可以再发一封催收函或多发几份措辞越来越严厉的催收函。如果客户还没有反应，就有必要请公司的常驻律师给客户发信函，律师发信催款的效果往往要好过企业的催收函。如果以上措施仍没有效果，企业就应该派人上门催收。

使用收账信时需要注意以下一些要点：

① 收信地址要具体写到某个个人，或某一具体职位。

② 写明签字人的职位与职权。

③ 写明电话，以方便回话。

④ 语言简洁，长度以不超过一页为宜。

⑤ 要求支付的货款金额要写在信函前部最显著的位置。

⑥ 一定要说明货款的来龙去脉，如果太复杂，则可附一张清单复印件。

⑦ 避免"时间段"的写法，例如，"七天之内"这一时间段应写到具体的到期日——"12月15日之前付款"。

(2) 电话收账。电话收账的费用相对较低，且能够和对方直接进行沟通。电话收账人员要清楚自己的权限和决策范围，事先做好准备工作，包括了解客户的相关资料和其与本企业的订货资料，在合适的时间打电话给关键的联系人。

专栏 3-12

与客户通电话时，要使自己成为一个好的聆听者并保持一种友好的态度："对您的困境我很遗憾，但我们确实需要你们立即付款，我们已经尽了自己的责任。"

在电话中要坚持自己的意见，不要偏离既定的目标，始终回到要求付款这一目标上；要有与人合作的态度；要取得对方明确的兑现承诺，对确定的事项要做好记录并得到对方的确认。

(3) 面访催收(上门催讨)。面访催收是自行收账方式中最严厉的一种措施，面对面的交涉可以加大施加的压力。当函件和电话追账无效时，可以采用这种方式，以免债务人随意搪塞。但面访的成本相对较高，对收款人员的要求也较高，适用于对重点客户和收款困难客户的催款。

如果与客户建立了良好的人际关系，熟悉不同客户的具体资金审批规则和结账管理制度，就有可能抢在其他债权人之前取得偿付。特别是当客户的资金确实不足，已很难遵守付款的承诺时，如果催收工作做得好，就有可能早点拿到欠款。对于信用差的客户，要有思想准备，催收人员要有打攻坚战和穷追猛打的精神，即使不能全额追回，也要带回部分款项，还要落实进一步追款计划和时间表。催收时，期望值越高，将来收回款项的数额可能就越大。

面访催收是了解拖欠账款实际情况的最佳途径。有经验的收款人员可以通过面访掌握大量的客户信息和意图，并通过语言、行为技巧推动收款行动。这种方式一般让债务人说出久未付款的真实理由，并立刻达成某种协议或者就付款做出安排。采用这种方式不单是为了施加压力，也有助于协调客户关系。

(四) 催收注意事项

1. 讲究顾客心理

(1) 调整优势心态。催收欠款有充足的理由。不少销售人员在催欠时认为"是求别人办事"，没有丝毫的底气，未上阵就会表现出某种程度的畏缩。由于这样一种怯懦的心态，让客户觉得"好欺负"，故意刁难或拒绝付款。有的收款人员认为催收太紧会使对方不悦，影响以后的销售。其实，客户所欠货款越多，支付越困难，越容易转向别的公司进货，便就越不能稳住这一客户，所以加紧催收才是上策。

(2) 收到欠款后，要做到有礼有节。在填单、签字、销账、登记、领款等每一个结款的细节上，都要向具体的经办人真诚地表示谢意，以免下一次他故意找借口刁难。如果只收到一部分货款，与约定有出入时，要马上做出一副不依不饶的样子。但若是因对方的确没钱，也要放他一马，警告其下一次别轻易食言即可。

(3) 对于集团型企业，分公司为了不与客户撕破脸皮，可让集团总部出面与欠款户"武"收——打官司，当恶人，到时分公司再派人出面协调，当好人。这样公司收回了欠款，也许今后还能合作，继续销售公司的产品。

(4) 分清欠款户类型采取不同的行动。对付款不爽快却十分爱面子者，可以在办公场所当着其邻里和客户的面，要求还欠款，此时他会顾及自己的信誉形象而结清货款，甚至可以在下班时间到其家里去，对方不愿家庭生活受到干扰也必立即结款。对付款爽快的，则应明确向其告知结款的原因及依据，并经常地鼓励他，将其纳入信誉好的代理商之列。找准付款人，悄悄地收了钱就来一个"走为上策"。向做不了主的人提出结款要求，只能是徒劳无益，甚至会"打草惊蛇"。

(5) 依据货款期限的长短、货款金额大小及类型、客户的信誉度、为人情况、资金实力、离公司的远近等因素，做出"武"收还是"文"收的准备。"武"收如拉货、打官司，或以其最恼火的方式去收；"文"收就是做工作，帮助他催收下面客户的欠款。确定是"武"收还是

"文"收的标准主要看其是否与公司友好配合，对那些居心不良、成心赖账的经销户只能是"武"收。

(6) 业务员不可向客户讲出自己的高待遇。

2. 具备正确的收款态度

(1) 坚定信心，让欠款户打消掉任何拖、赖、推、躲的思想。收款要有穷追不舍的精神。实行"三紧跟"战略，即紧跟在办公室里，紧跟在吃饭上厕所的后面，紧跟在下班回家的途中。不能心软，要义正词严，表现出非收不可的态度，不可摆出低姿态。例如，不可说："对不起我来收款"，否则，有些客户会认为你好欺负，而拖延付款。如果你是代表一个大公司收欠，应当将公司的强大摆出来，以坚定的口气告诉对方："宁可花两万也要收回欠款一万。"不可与其他公司相提并论，要有信心照本公司的规定执行。不可欠客户人情，以免收款时不便。临走前切勿说出还要到别家收款这类话，以显示专程收款的姿态。若客户说："今天不方便"，可以问客户："何时方便？"客户回答："三天后。"则应当着客户的面说："今天是某月某日，三天后是某月某日，我就在那天再来收款。"同时当着客户的面在账单的空白处写上"某月某日再来"，届时一定准时来收款。

(2) 在收欠款的过程中需归纳整理账目，做到胸有成竹。如果营销人员自己心目中对应收账款的明细也没有数的话，收款效果肯定不佳。

(3) 做好进货记录，并让对方及时签字，以免日后有争议。明确在哪一天经销商进了哪些品种，合计多少，每一笔款项按约定该何时回笼。

(4) 做好欠款的风险等级评估。按照欠款预定的回收时间及回收的可能性，将货款分为未收款、催收款、准呆账、呆账、死账等。对不同类型的货款，采取不同的催收方法，施以不同的催收力度。

3. 注意收款节奏

(1) 根据欠款客户还欠的积极性高低，把握好催欠时机。对于还欠干脆的客户，约定的时间必须前去，且时间一定要提早，这是收款的一个诀窍。否则客户有时还会反咬一口，说"我等了你好久，你没来"，还有可能还款被挪用。

对于还欠款不干脆的客户，如果只是在约定的收款日期前往，则可能白跑路，必须在事前就去守候，或先打电话让其做好准备。

事前上门催收时要确认对方所欠金额。如果是打电话，还得告诉他下次收款日一定准时前去，请他事先准备好这些款项。这样做一定比收欠款当天去催讨要有效得多。

如果对方总是说没钱，则可想办法安插内线，在发现对方手头有现金时，或对方账户上刚好进一笔款项时，飞马杀到，逮个正着。

(2) 到经销商处登门催收欠款时，不要看到其有另外的客人就走开。有的业务员总是处处为经销商考虑，生怕因自己催欠损害了经销商的形象，今后业务不好谈。这时应说明来意，专门在旁边等候，说不定这本身对催欠还有帮助。

(3) 有时欠款户一见面便是百般讨好，会假意让你稍稍等候，说自己马上去取钱。但跑一圈回来，十有八九是两手空空，这时他会表示对不起，自己已经尽力了，让你不好责备他。这其实是经销商在施缓兵之计。这时务必要强调，今天一定得拿到欠款，且根据当时的具体情况，采取实质性的措施迫其还款。

(4) 在催收欠款时，如对方有钱故意吊你的胃口，那一定在准备下一步有扯皮之事发生，应及时找出对策。一般不能在此时去耐心地听对方说明，如客户确实发生了天灾人祸，在理解客户难处的同时，也应让其理解自己的难处。可以说就因没收到欠款，自己已一个月没领到工资了，连销售部经理的工资也扣了一半。诉说时，要做到神情严肃，力争动之以情。

(5) 掌握打催收电话的时机。在欠债人情绪最佳的时间打电话，他们更容易同你合作，例如下午3:30时打电话最好，因客户上午一般较忙，这样他们有足够的时间进入正常的工作状态，下午一般心情较好，此时催欠容易被接受。同时还应避免在客户进餐的时间打电话。此外，在经销商进货后，估计他卖到80%后催还欠款的时机最佳。

(6) 查出客户最适当的收款时间。例如，凡不忌讳"早上尚未开市不愿被收款"者，可排在早上第一家收款；若客户不睡午觉，可排在中午收款等。

(7) 尽可能避免在大庭广众之下向客户催讨欠款。

(8) 反复走访付款成绩不佳的客户。

4. 注意沟通的技巧

(1) 不能在拿到钱之前谈生意。因为对方会拿还欠做筹码来讨价还价，此时一定要把收欠当成唯一的大事，如这笔钱不还，哪怕有天大的生意也免谈。

(2) 若在一个还欠款本不积极的客户处出乎意料地收到很多欠款，最好赶紧离开，以免客户心疼反悔，或者向你索取好处。

(3) 销售人员在把客户当上帝一样尊敬的同时，也应时刻关注一切异常情况，如经销商打算不干了，欲把店转让他人，或是合伙的散伙转为某人单干了等情况，一有风吹草动，应马上采取措施，防患于未然，杜绝形成呆账、死账。

(4) 可利用银行来对欠款户收取欠款利息。事先发出有效书面通知，声称银行对公司催收贷款，并给公司规定了还贷款期限，如公司没按期限归还银行贷款，银行将按"什么样的"措施处罚公司。因此公司要求销售欠款户必须在某期限还欠，否则只好被迫对其加收利息。如此一来，一般欠款户易于接受，使他们觉得公司是迫不得已而为之。

(5) 公司暂搁下欠款不提，但强调"要想进货，一律现款"。这样做可以稳住经销商，保持销量。等其销售公司的产品比较稳定，形成难舍难分的局面时，压在公司的折扣的积累增加了，再让其清欠就容易多了。

(6) 因势利导，巧妙施压。假如对方对销售公司的产品非常倚重，在结款时除了"按程序办事""按规矩办事"之外，还可以规定如开发盈利较大的新品种时，无欠款的经销商才允许销售此产品，或规定只有还清欠款的经销商才给其经营。此外一般公司都把现场折扣定得较高，同时规定凡是欠款的经销商一律扣下现场折扣以抵消欠款等。在采取这类较为强硬的措施时，一定要充分地估计对方的承受限度。如果经销商已不值得公司珍惜，在采取强硬措施的同时，应在其进最后一次货，并把本次进货的钱交消，才可以翻脸，一方面扣回部分欠款，同时马上向法院申请诉前保全，以防翻脸后欠款户采取转移财产的方式赖账。

(7) 有时经销商会以各种原因为借口，不予付款，如管钱的不在，账上无钱，未到付款时间，产品没有销完或销路不好，赊货款没收上来等。这就要求业务员把工作做到赊欠户那里去，留心各赊欠户还款的时间，及时地掌握与结款相关的一切信息动态。只有这样，才能辨明客户各种"借口"的真相，并采取有效的针对措施。

(8) 变通。可能有时候客户欠款并非有意而为之，而是迫不得已，如自身账款管理出现问题，下游客户欠款太多造成其资金链出现问题；或经营出现困难等。这个时候，一般要先给客户一封有礼貌的通知信函，进一步可通过电话催收，如再无效，企业的收账员可直接与客户面谈。若证实客户确实遇到暂时困难，则可以出手帮他一把，如帮他催收下游客户欠款，为他出谋划策提高经营业绩，帮助客户渡过难关。这些都是很好的方法，能够以合情、合理、合法的方法收回较多账款。在收账时，对逾期较短的客户，不便过多地打扰，以电话或信函通知即可；对尚未到期的客户，可措辞婉转地写信催收；对逾期较长的客户，应频繁地进行催收；对故意不还或上述方法无效的客户则应提请有关部门仲裁或诉诸法律。

(9) 避免被客户要求"折让"。在回收货款时，如果客户要求暂付部分款项，要设法不伤害对方感情，说服对方尽量付款。

(五) 收账技巧及应对用语范例

1. 一般客户

对于一般客户，在收款时应尽量避免以下的表现方式："我们公司的会计部等我们收款已等得不耐烦了，尤其是你们公司以往付款一向无误，所以会计都早已把这部分收入计算进去了。"

首先，应先确立计划，平常就要勤于拜访对方，为收款工作做准备。其次，须与主管仔细商量，考虑利用信函等方法来督促对方，必要时才加强语气表现。如客户地处较远的区域，每有货车送货至附近时，就应前往拜访。其他也可利用电话、信函等来加强联络。

2. 目前付款情况良好的客户

如对方要求暂付部分货款时，销售人员可以如此应对："因为以往我总是如期收齐全部货款，以为本月份也绝对可以百分之百收齐全额，我恐怕要头痛了。无论如何请看我的面子想想办法。老实说，我今天的命运都操纵在您的手中了，请务必想办法帮忙"等，设法让对方多付一些货款。

3. 付款情况总是不佳的客户

当向对方表示"实在很抱歉，这个月份的货款我们完全没收到，今天希望您能一次缴清。您一再地拖延部分余款，会计部一再地催我们，实在是很困扰。所以，无论如何请看在我的面子上，结清余款"之后，对方仍然无法缴付全额时，必须再强调："什么时候我会再来，届时请务必拜托"或"送货时我们会附上发票过来，到时麻烦您了"等。

4. 其他情况

(1) "上个月收款时因只收到部分货款，回到公司后，会计部责怪这种做法将使账目混乱。我们对会计部保证这个月一定设法收齐全额，所以，今天无论如何请看在我的面子，多多帮忙、合作"等，诚心恳求对方。

(2) "我们这次应该收您的货款，这已列入我们的账款，但因为你们也有你们的计划，所以取其折中，今天希望你们至少能付部分货款。"

(3) "非常感谢你们这次的付款。不过，老实说，因为是你们，我们特别在单价方面打了折扣，所以，能否请您再多付一些？当然你们也有你们的不方便，但因为本公司每月都有制订收款计划，根据此计划来进行对外付款等计划，如果计划乱了，不但会计部会非常困扰，我们也会受到责备。而且对于未付余额较多的客户，我们还须把他们的名字提报上去，对于我们来说，这实在不是我们愿意做的事。很抱歉，讲了这么多，总之希望本月能多收部分货款，无论如何希望您合作，配合我们的计划。"

(4) "谢谢您这部分付款。本月的欠款原为××元，现在还有余款××元，实在很抱歉，能否请您再多付××元，因为本公司会计部对外采购原料都是用现金，因此收款的预定对我们非常重要。在此是否能提一无理要求，可否把您部分的客户收款拨给本公司代行，请您务必协助"。

5. 收到货款的反应

收到货款(订金)后应客气言谢，并表示："这几个月以来我们都只收到部分货款，无法结清全账，不知阁下是否对我有任何不满之处？如有不满请不吝指教，我将尽快改正。"

对方表示没有不满之处时，应表示："还是送货时，司机有什么不周到之处，或是你来电时，我们有疏忽、怠慢之处？"

对方仍表示无上列情况时，应回复："还是您对我们的质量或价格感到不满？"

当对方答案仍然是没有时，接着就请教对方感到满意的原因。"就您所知道的，我们的商品不像其他建材店一样标上单价，而且我们是以现金交易，所以都由你们自行结算。如果你们不能如期付款，不但上面的会计部会抱怨，主管也会怪我们做事不力。不但如此，主管每月要我们提出未缴齐全款的客户名单，每1000家当中约有20家左右会被提报出去。这时如果光是我们受到责备倒也没关系，目前客户需要量大，产品供不应求，遇到配货忙时，这些提报出去的客户恐怕会被挪到最后处理，这样我们对客户就说不过去了，凭我一个人的努力也难把货品尽快送达给客户。我明白你们也有不方便的地方，不过还是请您配合付款。另外，如果您有什么特别情况，也请不必客气，告知我们，我会设法将情况报告给公司上级。无论如何，请多见谅，谢谢。"

6. 客户抱怨"其他的店并没有涨价"时

"这次的涨价是因为工资、运费、材料费都提高了的关系。这种涨价是全国性的，有的厂商或批发商也许会因为其他因素，延一两天才采取行动，但涨价是势在必行的。诚如您所知道的，最近最令人头痛的问题是人力招募十分困难，这是一个很现实的问题，我们也面对待遇的改善、现场的机械化等问题，而要克服这些问题就只有靠提高商品价格这个对策了，对经营者而言这是一个攸关存活的问题，所以在价格方面都是审慎地做过检查才决定的。而我刚才也说过的，在日期上虽有两三天的差距，但涨价是绝对的趋势，请您务必谅解。"

7. 客户虽知涨价为业界的一致行动，但仍有不满时

(1) "关于涨价问题，在今年年初，其他厂商及批发商曾强烈提出反应，希望执行，一度经本公司控制下来，不过基于工资与运费的双双上涨，逼得实在不得不上涨，关于这一点，请您多体谅。"

(2) "如您所说，确实在本地区有数家同业者尚未采取行动，不过只有我们是完全依照工会的规定在行动的，其他的企业看到我们的行动后，相信不久也会随后跟着采取涨价行动的。"

(3) "事实上这次的涨价是迫于工资的上涨和为确保从业人员的劳务费而采取的行动，这是

全国性的趋势，绝不是我们一家公司自行决定就贸然实施的，关于这一点盼您多谅解。其他可能还有几家店没有跟着行动，不过，相信近日之内，他们一定会采取行动的。"

(4)"就像您说的一样，有的厂商还没涨价行动，不过这只是迟早的问题，像总公司最近就准备行动。因为不管怎么说各厂商的库存都不多，再加上人事费用等各项经费跟着涨价，但事实上他们的业绩有的并不好，也很想涨价，只是还在观望别人的动作罢了。总之，他们都在一旁静观我们公司的动作而已，这点请您务必理解我们的立场。但若从另一方面来看，等有降价的时候，同样，我们的脚步也是会比其他厂商快的。"

(5)"其他公司我想大概都还在观望别人的动作吧！如果我们公司没有率先行动，恐怕其他的店也不敢安心贸然行动。总而言之，工资等不断提高已影响批发商，涨价实在是趋势所向，您不必这么在意。"

(6)"这次的涨价，实际是因为劳务费的提高所致，各厂商目前的人工费都大幅度提高，而本公司目前仓库的存货已有限，生产又赶不上需求，正处于困境之中。所以，其他公司最迟在近日内必有涨价动作，这点请您体谅并多合作。"

(7)"现在只要是商品，几乎每样都要涨价，实在是很令人头痛。这次连×产品也不得不面临涨价。一方面是由于原料上涨，另一方面人事费也上涨，所以这次的涨价趋势可以说是全国性的，请您多体谅。"

(8)"您说别的厂商尚未涨价，似乎只有我们公司自己在涨价。其实，我们只是尽可能提早将消息通知你们，但实施的时机是和别家公司同步的，关于这一点请您放心，同时请务必配合。"

8. 对于不同类型企业的注意事项

对于一些小的私有企业，包括小加工厂、贸易类公司等各种形式的小企业，即使官司打赢了也不一定能够获得赔偿。因为对方可能早就把财产转移了，或者根本就注销了原来的公司另外再开一家。对于这样的小企业，追讨成功的关键不是优先考虑采取法律手段，而是先找到其可用来偿还债务的财产，并及时对财产进行保全。也就是说，是否有被执行财产，能否找到被执行财产，是追账成功的关键。

经营不好的国有企业拖欠货款也比较严重，即使官司打赢了，也不一定有办法执行。对于这样的企业，最好办法就是和个别人拉近关系，或者通过其上级施压。

思考练习题

1. 结合企业信用管理案例，总结成功企业信用管理经验。

2. 任选一家上市公司的年度报告，根据其财务数据进行信用分析，并给出相应的信用政策。

3. 假设公司生产能力富裕，有一客户要求以10%的折扣率赊销公司产品。你作为公司销售主管，应如何决策？

4. 假设公司派你向客户催收账款，你如何制定适宜的催收策略？

5. 某企业的信用条件及相关资料如下：①信用期限为45天；②销售额为100万元；③管理成本为2万元；④坏账损失率为1%；⑤银行年利率为10%。

现在有A、B、C三个现金折扣方案可供选择(见下表)，请选择最佳方案。

采用折扣方式	A方案 2/20	B方案 3/10	C方案 2/10
账款在折扣期收回可能性	98%	95%	90%
管理成本降低为	50%	70%	80%
坏账损失率	0.5%	0.6%	0.8%

6. 某企业2019年6月采用新的赊销政策后，12月份统计企业销售的情况见下表。①请用期间平均法计算该企业该年上半年和下半年的DSO，并评价企业新的赊销政策；②用倒推法计算12月份的DSO；③用账龄分类法计算该企业两个半年度的DSO。

日 期	1月	2月	3月	4月	5月	6月
平均日销售额	23 000	20 500	20 000	22 000	20 000	22 000
其中未收账款	335 000	250 000	250 000	300 000	240 000	310 000
日 期	7月	8月	9月	10月	11月	12月
平均日销售额	16 000	18 000	17 000	16 000	20 000	18 000
其中未收账款	125 000	140 000	130 000	125 000	150 000	150 000

7. 案例：美国企业建立信用管理制度过程和分析。

(1) 背景

美国D医药集团公司是美国第三大医药集团，从业时间长达80多年。D公司很早就开拓了国际市场，欧洲、亚洲和南美洲都占据了一定的市场份额，有多个医药产品是世界级品牌。D公司的主要销售还是在美国本土，占其销售总额的65%以上。

在1970年以前，D公司的前身，UM公司一直采用信用销售手段开发客户，集团专门成立了销售公司，而且发展了30多个国内销售代理和十几个海外代理，同时海外还有5家子公司。由于没有信用管理部门，信用管理的实际职能分配到了几个部门的手里：财务部门负责管理销售产生的应收账款，业务部门负责收集客户的资料和审核赊销的金额，法律部门负责追收逾期的应收账款。1975年，UM公司与另一家企业合并，成立D集团公司，并在董事会改组后任命了新的总经理拉斐尔先生。拉斐尔先生是美国哈佛大学管理学硕士，曾长期在石油、汽车和电信等领域的大企业任职。

拉斐尔上任的4个月里，马不停蹄地穿梭于国内销售代理、子公司和世界各地的销售网点，认真研究了公司以往的销售策略和管理方式，认为导致公司在销售和财务方面出现危机的根本原因是信用管理存在严重缺陷，体现在企业坏账和拖欠款比较严重，同时销售竞争的方式也存在问题。4个月后，拉斐尔向董事会提交了一整套销售管理改革方案。

(2) 信用管理部门的筹备

1976年3月，董事会采纳了拉斐尔的方案，拉斐尔开始大刀阔斧地进行管理体制和机构的改革。

他指示财务副总监辛迪女士分管信用管理的全面工作，并限期着手组建信用管理部门。辛迪立刻从财务部门和法律部门抽调了两位长期从事账款管理和收账的经验丰富的职员，专职协助她开始信用管理部门筹建工作。

为了尽量避免走弯路，达到公司预定的目标，辛迪与信用管理的专业机构取得联系，并最终委托了一家专业的信用管理机构作为管理顾问，并签署了一年的管理合同。

4月，以资深信用管理专家雷蒙德先生、会计顾问乔恩先生组成的工作小组前往D公司，开始协助D公司信用管理部门的筹建工作。辛迪向拉斐尔汇报后，组织公司财务部门、业务部门、管理部门、仓储部门、采购部门和分公司主管，以及筹备组人员一起，参加信用管理知识的讲座和培训，由雷蒙德先生授课、讲解信用管理的知识和技巧。之后，雷蒙德先生又分头召开小组会议，就各部门的具体工作和相互协作等问题进行了深入细致的探讨。

5月，为了寻找信用管理部门合适的人选，辛迪、雷蒙德和人力资源部共同起草了一份招聘广告，公开招聘信用经理。经过大量的面试，辛迪和雷蒙德终于从众多的应聘人员中找到了合适的人选——杰森先生。杰森毕业于英国的信用管理学院，取得硕士学位，已在英国的一家信用管理机构实习一年。之后，杰森在两家较小的公司担任过信用管理部门经理，对信用管理的理论和实际经验都有一定经验。在得到拉斐尔总裁的批准后，杰森正式上任了。

(3) 信用管理部门的建立

6月下旬，杰森上任后，与雷蒙德先生一起讨论部门建设方案。在雷蒙德的协助下，杰森在一个月后提交了5份报告，分别是《企业信用管理的诊断结论和问题》《各部门的信用资源整合和利用》《信用管理部门初期组建方案》《关于组建信用管理部门的费用申请》和《人员培训计划》。

《企业信用管理的诊断结论和问题》系统阐述了企业目前的信用政策、营销策略、客户资料完整性、信用分析与决策、DSO、坏账率、现金流量、应收账款账龄结构、逾期账款率等与信用管理密切相关的问题，并分析造成目前状况的原因。

《各部门的信用资源整合和利用》阐述了建立客户信用档案数据库，整合企业各部门的客户资料，报告标准化设计，制作各种信用调查表格，培训信息收集人员，帮助企业用最低成本收集客户信用资料等方面的问题。

《信用管理部门初期组建方案》设计了信用管理部门的职能、架构，企业招聘、选拔信用经理和其他信用管理人员；指导企业建立内部纵向、横向申报、通报制度等方面的内容。

《关于组建信用管理部门的费用申请》提出了年度普通预算、年度特殊预算的计划和申请。

《人员培训计划》提出了培训企业管理、销售、财务、仓储、采购、客户服务等部门人员，传授信用管理理论与实务知识，提高企业信用管理意识和管理水平的计划。

8月，公司开始第二轮招聘，招聘对象是信用管理部门的信用调查和管理员、信用评估员和账款管理员。其中，信用调查和管理员要求具有档案管理的学历和经历，信用评估员要求具有会计师执照，账款管理员要求具有律师执照并有多年的法律事务经验。9月初，5名信用管理部门的人员到齐。

9月下旬，在雷蒙德先生的配合下，信用经理杰森先生起草了一部公司信用政策的大法——《企业信用政策管理和实施方案(草案)》，并上报财务副总监辛迪女士。辛迪女士立刻上报拉斐尔总裁，并在总裁召集下召开了高层经理办公会议，会议由辛迪主持，杰森详细介绍信用管理纲要的内容。经过1天的讨论，在征求了其他部门的意见后，杰森起草了正式方案。

10月，修订稿再次上报给董事会和公司最高管理层，并抄送财务部、销售部、会计部、采购部、仓储部、资料室、子公司、直销店和销售网点等，并在7天后通过。同月，信用管理部门年度预算报告被批准。10月底，公司特意召开了全体员工大会，公开宣布了信用管理部门正式成立的消息和信用政策的执行方案。

至此，信用管理部门成功组建起来了。

(4) 运转

由于没有计算机系统，信用管理部门临时雇用了几个图书专业的大学生，负责整理散落在各部门的客户信用资料，并长期订购了一个信用调查机构的信用报告。经过两个月的整理和收集，信用管理部门基本建立了公司 1000 多个客户的信用资料。审计发现，有多达 304 笔业务长期未收回欠款，也长期没有与客户联系，其中有 56 笔出现争议而无人解决，账款逾期现象严重，坏账率很高。经过信用管理部门 2 个月的努力，82%的欠款得以全部或妥善解决，一些失踪和倒闭的企业被销户。

在运转 4 个月，信用档案和应收账款处理完善后，企业开始着手信用审批制度。这时，计算机开始进入市场，信用管理部门申请建立计算机信用管理系统。

1977 年 5 月，公司专门为信用管理部门购进两台计算机，并委托专业机构逐步设计客户管理数据库、应收账款预警系统和自动提示打印系统。1980 年，企业最终实现了信用管理全部自动化的管理目标，企业的信用管理水平、速度、规范性都进一步大幅度改善，管理费用降低至原来的 1/3。

到 1977 年年底，公司的信用管理部门完全走入正轨。统计显示，经过一年的信用管理，企业的销售额上升了 56%，坏账率从 7.9%下降到 2.5%，销售未清账期从 83 天降到 55 天，客户的数据库档案齐全，每笔交易都记录在册，客户的等级关系基本建立。各项指标全面超过行业平均水平，企业从年初的轻度亏损一跃盈利 5000 多万美元。在随后的 20 年中，D 公司的信用管理一直非常规范，信用管理部门成为公司卓有成效的部门之一。

案例分析：根据上述 D 公司信用制度的建立过程，分析其成功的经验。

8. 案例：某公司经济纠纷案。

1995 年 5 月 18 日，甲有限公司与乙外贸经济开发公司签订了 005 号和 006 号两份合同。005 号合同规定，甲公司供给乙开发公司国际中级毛绿豆 3000 吨，每吨价格 985 元，总货款 2 955 000 元，于同年 6 月 20 日前交货，并负责办理商检证、免疫证、产地证、供货证和化验单。需货方开发公司在合同生效后预付 22 万元定金，5 月底付足货款的 50%，包括定金共 1 477 500 元；货物在当地装上车船后再付货款的 40%，余下 10%的货款平仓结清。006 号合同约定，甲公司供给乙开发公司原苎麻 2 万吨，每吨价格 3600 元，总货款 7200 万元，于同年 6 月 30 日前交付 5000 吨，其余在 7 月至 9 月底分批交付；需货方乙开发公司在合同生效后，于 5 月底前预付批货款的 5%，后陆续付出批货款的 90%，余下 5%平仓结清。上述两份合同还分别对质量、运输等做了约定。合同签订后，乙开发公司于 1996 年 5 月 19 日给付 005 号合同定金 22 万元，并在收到甲公司提供的商检、产地等证和省经贸委的绿豆计划外销售批件后，于同年 6 月 3 日将合计金额为 1 257 500 元的两张汇票交给甲公司。甲公司将其中的 142 万元汇入 A 市蔬菜乡农副产品购销站，作为甲公司与该购销站签订的购销绿豆合同的预付货款。同年 6 月 9 日，A 市市场监督管理局以 A 市蔬菜乡农副产品购销站无履约能力为由，将该货款冻结。甲公司在无货可供的情况下，将款被冻结一事告知乙开发公司。乙开发公司提出无货退款。双方遂于同年 6 月 17 日达成"退款协议"。协议规定，甲公司将被 A 市市场监督管理局冻结的货款 142 万元立即退回乙开发公司。同年 6 月 24 日、7 月 4 日，A 市市场监督管理局先后将该款解冻。甲公司接款后，未按约退款，却致电乙开发公司速按 006 号合同约定付款。乙开发公司则表示，先退绿豆款再办苎麻事宜。双方为此发生纠纷。

案例分析：是什么原因导致乙外贸经济开发公司陷入经济纠纷中？由这个案例你得到什么启示？

9. 案例：阿里巴巴诚信体系。

阿里巴巴作为全球最大的网上贸易市场，它的诚信体系主要包括：诚信通档案、诚信论坛、投诉曝光机制、信用记录搜索。

(1) 诚信通档案。它结合传统信用认证和网络互动的特点，多角度、及时、持续、动态地展现企业在网上贸易过程中的信用情况，让诚信的企业赢得客户青睐达成更多交易，对不诚信的企业进行曝光。通常情况下，诚信通档案包括以下组成部分：企业身份认证、客户评价、证书荣誉、信用参考。

(2) 诚信论坛。阿里巴巴论坛是网商们交流信息的园地，其中不少是揭露网络骗子的信息，用户对某企业诚信程度不能把握的情况下，可以到阿里巴巴论坛中去搜索相关信息，如果发现有网商发帖子揭露该企业的不诚信行为，那用户与该企业进行商业贸易的风险性就比较大了。

(3) 投诉曝光机制。对于不诚信的企业和不诚信的行为，会员可以进行投诉曝光。

(4) 信用记录搜索。在阿里巴巴的企业信用数据库中，可以查询到很多信用不良的企业被投诉的记录。这些记录可以帮助用户判定信息发布方的诚信程度。

前面 3 项防范贸易风险的措施均是依据阿里巴巴网站来获取信息的，除此之外，也可以借助其他工具获得相应的信息。而通过搜索引擎获取某个企业的贸易诚信信息也不失为一个好办法。同时，要了解交易对方诚信的资讯，还可以通过国家权威部门的网站上查询。

案例分析：阿里巴巴的信用评级方法是否符合电子商务实际？请协助优化阿里巴巴的评级体系。

10. 案例：长虹应收账款。

2001 年起，为实现长虹的海外战略，长虹与当时在美国市场有一定影响力的 APEX 公司接上了头，这家公司的掌舵人正是季龙粉，此人因拖欠国内数家电器公司的货款早已声名狼藉。但从 2001 年 7 月开始，长虹彩电便源源不断地发向美国，由 APEX 公司在美国直接提货。APEX 公司一度成了长虹最大的合作伙伴，季龙粉也成了长虹的红人。

2002 年，长虹的出口额达 7.6 亿美元，其中 APEX 就占了近 7 亿美元；2003 年长虹出口额达 8 亿美元左右，APEX 占 6 亿美元。而从 2000 年长虹开始出口到现在，其总的出口额也就 24 亿多美元，长虹内部为此专门成立了 APEX 项目组，同时在美国设立了一个联络点，但这个联络点不负责 APEX 项目的监管。后来，季龙粉总以质量或货未收到为借口，拒付或拖欠货款。长虹一方面提出对账要求，另一方面却继续发货，APEX 方面总故意搪塞或少量付款，"对账都对了一年"还没有结果，欠款却在继续增加。长虹海外营销部发现这其中的风险太大，曾下令不准发货，但季龙粉总能说服长虹继续发货。2003 年年底，季龙粉回到长虹会晤高层，结果 2004 年年初长虹又发了 3000 多万美元的货到美国。

2004 年，据内部人士透露，长虹挂在 APEX 公司名下的欠款高达 4.7 亿美元，折合人民币近 40 亿元。这个巨额的负担已让长虹不堪重负，长虹下决心在 2005 年以前甩掉这个包袱，对 APEX 的这笔高额欠款计提坏账准备。而对于长虹来说，40 亿元的教训已成事实。

案例分析：长虹应吸取哪些教训？从哪些方面改进信用管理制度？

11. 案例：A公司是从事机电产品制造和兼营家电销售的国有中型企业，资产总额4000万元，其中，应收账款1020万元，占总资产额的25.5%，占流动资产的45%。近年来企业应收账款居高不下，营运指数连连下滑，已到了现金枯竭，直接影响生产经营的地步。造成上述状况除了商业竞争的日愈加剧外，企业自身内部控制制度不健全是主要原因。

会计师事务所2020年3月对该公司2019年度会计报表进行了审计，在审计过程中根据获取的不同审计证据将该公司的应收账款做了分类(见下表)。

单位：万元

应收账款分类	金额
商业被骗损失，未做账务处理	60
账龄长，原经办人员调离，工作未交接，可回收金额无法判定	300
账龄长，有一定回收难度	440
未发现重大异常，能否收回待定	220

案例分析：请对该企业的应收账款进行诊断，并提出收账策略。

第四章 >>> 政府信用管理

学习目标

- 了解政府信用管理概念和政府信用管理体系;
- 了解公债信用管理概念;
- 了解政府信用评级方法;
- 掌握公债信用管理方法。

第一节　政府信用及信用管理概论

一、政府信用的概念

政府是执掌公共权力的主体,是按照一定规则建立起来的组织机构体系。一般而言,政府有广义和狭义之分。广义的政府包括一个国家的立法机关、行政机关、司法机关、军事机关、国家元首等在内的所有行使国家权力的机构;狭义的政府仅指国家行政机关。本文讨论的"政府信用"的"政府"指的是广义的政府,即行使国家权力的所有政府机关。因此政府信用就是指国内外社会各主体对一国政府守约重诺的信任,它是社会信用体系的核心。

政府信用是指各级国家行政机关在经济社会管理和服务活动中能够履行契约而取得的信任,是社会组织、民众对政府行政行为所产生的信誉和形象的一种主观评价或价值判断,是政府在从事管理国家事务的活动中与广大社会公众之间建立起来的以诚实守信为基础的践约能力,也即政府是否得到社会公众信任的因素及其履约能力在客观上能为社会公众所信任的程度。

"民无信不立",于是信用作为公共伦理范式成为安身立命之本、社会交往准则、国家治理指南。政府信用体现的是政府的德行,是政府的主观言行和社会评价的反映。

政府信用主要包括三层含义:

(1) 国家行政机关以平等主体的身份与个人或企业签订行政合同(或行政契约),并能够以实际行动履行合同而取得对方当事人的信任。

(2) 国家行政机关在法律、法规、政策的执行过程中,能够做到依法行政,从而取得社会的信任。

(3) 国家行政机关在没有法律、法规、政策和行政合同具体约束的情况下，也能始终主持正义，维护公众的利益，正确履行自己的职责，从而取得社会的信任。

前两层含义主要体现的是法律方面的信用，后一层含义主要体现的是道德方面的信用。

二、政府信用的思想

政府信用的思想来源于近代西方出现的社会契约理论。17—18 世纪英国资产阶级思想家霍布斯、卢梭提出的社会契约论，着重说明国家是人们由于理性驱使，为摆脱无序争夺状态，寻求有组织和平生活而相互订立的一种社会契约。

在这个契约中，人民交出一部分自然权利，把它委托给主权者，从而有了政府，政府成为政治代理人，享有管理社会的权利，行使行政权，同时主权者也担负保证人民安全、维护社会秩序与公共利益等政治、经济责任与义务。

据此，政府实际为掌权者与人民订约的产物，人民与政府之间存在着政治委托—代理关系：公众将行政权委托给政府行使，同时期望获得能维持其利益的政府产物，这实际上构成了政府的义务或职责。

政府代理公众行使行政权，并通过履行职责获得相应的利益；政府作为一个组织，通过履行其职责得以继续存在和发展；政府官员作为真正的利益主体，获得工资、地位及其他利益。

在委托—代理关系已经发生或者已经存在的情况下，政府信用就成为决定这种委托—代理关系存续的最重要因素。如果政府无法回应公众的期待和信任，就会出现信任危机，政府不能获得公众的信任甚至失去公众的信任，就会威胁委托—代理关系的存续，也意味着政府对社会的违约。信任是编织公众和政府之间和谐关系的重要因素，它有利于保持稳定的政治局势。

近代的西欧各国，在经历了罗马法复兴、文艺复兴和宗教改革三次运动后，契约关系就从经济领域向社会各个领域延伸，从而出现了经济生活和政治生活的契约化，形成了西方的契约文明和契约型社会。契约的衍生价值——信用也就成了西方社会的主导价值之一。经过几个世纪的发展，西方社会信用体系建立起来。在西方社会信用体系中，个人信用是基础，政府信用居于核心的地位。

在我国传统思想中，信用和契约的关系以"信"和"约"的概念表达，"信可使守约，做事可法"，信用成为契约的本质内涵和契约行为的逻辑起点。"民无信不立"，"信"是优先于"兵"和"食"的重要的治国方略，强调了政府信用的重要性。

将诚信提高到政治高度的，是春秋时期霸主齐桓公的宰相管仲，他在《管子》中论述："先王贵诚信。诚信者，天下之结也。"也就是说，诚实守信的统治者会得到天下人的拥护，只有"诚信"的因，才能取得"结"这个果。中国古代政治家在治理国家方面往往强调"得民心者得天下，失民心者失天下"，认为国家的领导者只有以诚心诚意的态度和方法取信于民，才能人民安居乐业，进而国家太平、社会安定。

商鞅变法是从"立木为信"开始的，取得了变法的成功；周幽王为了博得褒姒的"千金一笑"，随意动用烽火台，戏弄诸侯，而当大敌来临，真正需要使用烽火台时，却再也没人相信他了，由于失信于诸侯，他丢掉了江山。

几千年源源不绝的以"德""仁"为核心的传统文化，影响、制约着一代代封建王朝和帝王将相"践礼求仁、取信于民"。

由此可以看出，在以"礼"作为治国之道的中国古代，诚信是作为伦理道德、修身齐家治国平天下来使用的。

可见，无论是西方还是东方，诚信在整个道德体系中都占有重要的地位，是人们重要的德行之一，是人类有秩序的生活绝对不能缺少的。特别是在世界各国经济高度发展、技术高度发达、人民高度自由、政治高度民主的时代，维护社会秩序稳定、提高人民生活水平都离不开诚信。

三、政府信用的作用

1. 政府信用是整个信用体系的核心与支柱

信用的体现主体是多种多样的，可以将信用分为国家信用、政府信用、政党信用、社会组织信用、企业信用、团体信用、行业协会信用及公民个人信用等。这些不同信用主体所体现的信用相互作用、相互影响，构成一个完整的社会信用系统。

在这一社会信用系统中，政府信用处于核心地位，是整个社会信用体系建立的基石。

(1) 政府信用的范围最广、内容最复杂。政府作为公共管理的客体，主要体现为两大方面：一是国家事务的管理，如军事、国防、外交、法治、公安等；二是社会公共事务的管理，如经济、文化、教育、科技、社会保障、人口控制环境保护等。从政府与其他社会组织、企业、公民的比较中，可以看出社会组织、企业及公民的信用内容较为单一，范围远不如政府信用广。

(2) 政府信用是其他信用得以存在和发展的基础，政府信用贯穿于政府与公众的整个互动关系中。政府的每一项决策、公务员的一言一行，都在显示着政府信用。在社会信用系统中，政府信用是最关键和最基础的信用，政府要成为信用的典范。

(3) 政府是整个社会信用的捍卫者。无论是社会团体、组织、企业还是个人，在社会、经济交往中都应遵守信用准则，但信用不是靠单个的组织、团体或个人来维系的，而主要是靠政府通过法令、法规来管理和维护。对破坏信用、违反信用规则的社会组织、企业及个人，政府可以对其给予制裁或惩罚，而企业信用、公民信用则不具有这种功能。

2. 政府信用是政府职能顺利实现的保障

政府的职能可以从两个层面来界定：一是从静态角度将政府职能分为四个基本方面，即政治职能、经济职能、文化职能及社会管理职能；二是从动态角度，即从政府行政行为的整个运作过程将政府职能分为计划职能、组织职能、执行职能、调控职能及监督职能等。

不论是政府的静态职能还是政府的动态职能，其能否顺利实现，既需要从人、财、物等有形方面提供保障，也需要从制度、规则、信用等无形方面提供精神支持与动力。如果政府信用缺失，政府职能的实现就必然遇到阻碍，如政府信用度低，失信于民，其法令、决策就不可能得到贯彻落实，必然会出现"有令不行""有禁不止"的现象，政府行为就得不到社会和民众的支持与配合，甚至还会引起民众与政府的对抗，危及政府自身的生存与发展。

3. 政府信用促进市场经济的良性发展

市场经济是一种法治型经济，是一种依靠秩序、规则、信用维系的经济。市场经济离不开竞争，市场中各竞争主体之间的竞争行为既要严格依法进行，也要严格依信用规则进行。但市场竞争中信用规则的确立、维系单靠竞争者的自身行为往往是无济于事的，必须依赖于政府和政府信用。

(1) 政府要为市场竞争制定游戏规则、信用规则，从而为市场运行提供公平竞争、诚实守信的规则基础。

(2) 市场游戏规则、信用规则的遵守与履行离不开政府。政府要通过政府行为，运用法律、行政经济等手段对不讲游戏规则、不按信用规则办事的当事人给予制裁与惩处。

(3) 政府信用是市场经济信用的表率与楷模。在市场经济条件下，不仅要求各市场竞争主体要讲信用，恪守诚实信用原则，更首先要求政府讲信用，只有政府做到诚实守信，才能为市场运行提供信用示范与表率。政府作为法律和法规的制定者，如果不讲信用，对整个社会信用体系的危害最大。政府规则的不稳定，必然造成人们预期的不确定性增大，导致人们只追求短期利益。在一个政府信用缺失的社会，不可能建立起诚信的市场经济，没有政府信用的规范引导作用，市场经济不可能良性运行与发展。

四、政府信用危机

(一) 政府信用危机的概念

社会信用危机的核心问题就是政府信用危机。由于政府在社会生活中居于强势和支配地位，政府的政治强权、经济强势、信息优势不可避免地存在，政府的主观随意性自然而然地出现，偏好行政、随意行政、政府不可治理性随之产生，信用缺失、信用贫困、信用滥用也就伴生了，这些现象统称为政府的信用危机。

政府信用危机可以划分为客观型信用危机和主观型信用危机。

客观型信用危机又可划分为能力变故型信用危机和条件变故型信用危机。能力变故型信用危机主要由于政府所遇到一些不可抗力因素，如自然灾害、战争等，导致政府履约能力的完全丧失；条件变故型信用危机则是由于包括政府客体，如公众的素养与能力未能兑现而导致政府失约。

主观型信用危机可以划分为随意型信用危机和故意型信用危机。随意型信用危机表现为政府的随意型行政行为，包括政府行政的不作为、行政裁量权的放大、政府官员的草率行为，不考虑自身的能力和受限条件，轻率许诺，最后因许诺的责任超出自己的能力范围而不能践约；故意型信用危机则是政府无视法律权威、契约规则和自身信誉，利用手中权力和信息不对称故意践踏规约、恶意损人、欺上瞒下等。

(二) 政府信用危机产生的原因

政府的强势性、官员的自利性、信息的不对称性、地方利益的可保护性、道德资源的短缺性、制度供给的不足、传统文化的负面效应和政府职能尚未完全转变等方面原因是导致政府信用危机的主要根源。

1. 政府的强势性

政府始终居于社会的支配地位，享有各个方面的优先权，包括政治、经济、文化、信息等方面，也享有国家法律和公共政策的制定与执行的制导权，政府及其部门的监督显得极其脆弱，因而有些地方政府随意行政、出尔反尔、办事拖拉、推诿扯皮、不负责任就不足为奇了。政府政策的随机性越大，变化越大，公众对政府的信任度就越低。如果政府都可以说话不算数、言行不一致，整个社会就会陷入信用危机的恶性循环中。

2. 官员的自利性

按照公共选择理论的观点，政府官员是理性的自利者，也追求个人利益的最大化。出于"经济人"的本性，政府官员的获利通过"创租"和"抽租"的方式实现。"创租"就是创设人为的稀缺性而诱使私人或企业向他们"进贡"；"抽租"就是故意提出某项会使私人或企业利益受损的政策作为威胁而迫使他们割让一部分既得利益给予政府官员。官员创租和抽租的存在，促进了寻租活动的普遍性和经常性，政府信用因此大为降低。

3. 信息的不对称性

委托代理存在信息不对称带来的风险。政府所提供的公共产品或公共服务在质量、性能等方面享有充分的信息优势，而公众作为消费者明显处于信息不对称状态。在缺乏法律规则制约和公众有效监督的情况下，官僚制及政府官员常凭借其专业知识和特殊地位，拒绝公开信息，政府便有损害公众利益、谋取私利的机会倾向。由于公众本身所拥有的知识、信息相当有限，加之虚假失真信息泛滥，这样就会怀疑政府所提供公共产品或公共服务的真实性。特别是在一些比较复杂的领域，如金融保险、公共工程、基础设施、公共安全、公共秩序等，存在严重的信息鸿沟(information gaps)和知识差距(knowledge gaps)。这种不对称最终导致信用危机的出现，致使社会交易成本增高和交易链的中断。

4. 地方利益的可保护性

国家利益和地方利益之间存在着某些不可调和的矛盾，一些地方由于自身利益的驱使对国家政策产生对抗性反应，甚至制定了与中央政策相悖的"土政策"。这种地方保护主义造成了"上有政策、下有对策"的拉锯，公共政策文本及其执行的不一致性在公众心目当中形成了政府信用滥用的印象。事实证明，地方保护不但危害了地方经济的发展，也损害了地方政府的信誉。

5. 道德资源的短缺性

诚信应该是公共伦理的道德底线，是每个公民的道德守则，特别于市场经济的发展中显得尤为重要。但传统的"农本商末""小人喻于利、君子喻于义"等非理性教条仍然残留于一些人的头脑当中，对提出"以经济建设为中心"的政府的信用危机亦隐性地存留着。

由于诚信教育的缺席和某些政府官员本身的职业道德素养存在问题，禁不起各种诱惑，不能做到荣辱不惊、富贵不淫，因而滥用职权、谋取私利，致使政府的信用形象受到损害。

6. 制度供给的不足

制度建设存在两大"软肋"：一是制度短缺即制度供给不足；二是制度执行失范。在信用制度建设方面，完善的信用管理法律制度、完备的信用信息披露制度、公正的信用评估体系、有效的信用监督惩戒机制等出现供给不足的问题。如果守信者和失信者享受"同等待遇"，那就会出现如古典经济学所言的格雷欣法则——"劣币驱逐良币"的现象。这种集体行动的逻辑(the logic of collection action)将会使公众"人人自危"、信用环境恶化，政府信用危机在所难免。

7. 传统文化的负面效应

传统文化博大精深，许多积极的东西仍是我们今天的瑰宝。但是，其中也有一些影响人们思想文化的负面成分，如官本位现象。在中国古代思想中，当官做老爷与光宗耀祖、出人头地是密切相连的，领导者一旦拥有支配社会财富的权力，就高高在上，为所欲为。由于官本位的价值观是以做官为核心的，因而对善政、德政都很少考虑，其根本出发点不是为政以德、为政以信，而是为官为己。

8. 政府职能尚未完全转变

市场经济下的政府必须转变职能，退出微观经济领域，切实转变到宏观调控、社会管理和公共服务方面来。但是政府包揽一切、管制一切、指挥一切的现象仍然存在。管理一切，势必造成缺位和越位现象，而政府的能力是有限的，不可能承担无限责任，从而导致政府失信。

（三）政府信用危机的危害

一个政府信用失范的社会，不可能建立起诚信的市场经济，不可能实现政府的有效职能，也不可能树立良好的政府形象，构建政府文明和政治文明。政府失信行为将加速信用体系的崩溃，加大信用制度建设的难度。

1. 毁掉了政府机构公信力

政府信用危机对政府与公众之间良好的互动关系造成了严重的影响，损害了政府的权威，使得政府的行政行为往往难以得到公众的理解和配合，造成政府无力提供最基本的公共服务。

2. 影响经济发展

政府信用危机增加了交易成本，扰乱了市场秩序，降低了经济运行效率，引发了乱收费、乱罚款、黑恶势力猖獗等行为，恶化投资环境，导致经济发展受阻。

3. 影响政府的公众形象和国际形象

政府信用危机造成政策执行走样，行政效率低下，客观上使政府的公正性和权威性受到质疑，动摇了公众对政府的信任。如果一国的信用危机长期持续，得不到根本遏制，信用危机后果就会蔓延至全球，影响一国的国际形象。

4. 影响执政地位的巩固和提高

如果政府信用危机持续恶化，意味着政府权威的下降和政府运作成本的上升，就会影响人民对政府的信赖，影响执政地位的巩固，导致非正式秩序的滋生，甚至最终会丧失人民的信任，丧失执政地位。

五、政府信用管理概述

面对严重的政府信用危机，重塑政府信用刻不容缓。政府信用建设是一项复杂的系统工程，需要在道德和制度两个方面加以完善。

（一）政府信用道德建设

首先，应培养政府官员的诚信意识。政府要把"恪守信用""诚信为本"作为社会道德建设的基础工程来抓，把讲信用作为公共伦理的底线。要使公民做到诚实守信，政府首先要做到诚信。政府行政的宗旨是全心全意为人民服务，没有良好的政府信用道德就不可能形成良好的行政作风，也不可能出现良好的政府行为。

其次，政府信用道德应要求强调服务的理念、绩效的理念、伦理的自主性、公共精神、责任意识，要求行政机关和政府官员处理好权力与权位的关系，要求在思想、言论、行动、决策上对公众高度负责，忠实履行岗位职责，遵守行政伦理，不要被"自利性"淹没了"公共性"，树立良好的公仆形象和良好的政府信用形象，从而建构"道德型政府"。

政府的诚信是由政府中各个具体官员的诚信行为构建而成的，要根据诚信养成需求，营造舆论环境，有计划、有组织地进行诚信教育，反复训练，形成诚信习惯；树立诚信文化，弘扬正气；推行诚信法制，规范诚信行为。

（二）政府信用制度建设

1. 外部制度建设

以信用为基点，严格依法行政，建立公开的社会信用信息网络，优化"信用生态"，建立信用管理制度，强化政府信用，完善政府信用管理体系。

(1) 政府必须充分运用行政行为推动社会诚信体系建设。政府应当制定并组织实施贯彻信用原则的法律法规，如美国施行的《社会信用法》《公正信用报告法》等，用以规范企业、个人的行为，引导市场主体诚信交易、守法经营、有序竞争。

(2) 要强化信用需求。引导、推进建立信用的记录、评价、公开制度，为社会提供信用信息，使诚信者获得更多的交易机会，使失信者无机可乘；信用状况必须纳入政府工作的诸环节，将信用状况列入干部提拔的主要标准。

(3) 政府要确立诚信规则。建立监督机制和惩戒机制，对失信的行为要追究行政及经济责任，给予受损方一定的补偿。对严重的政府失信行为要采取行政、经济、法律等综合惩治措施，行为特别恶劣的，要坚决追究失信者法律责任，形成守信者受益、失信者守法的良好社会氛围。

(4) 政府要大力扶植和监督信用中介服务行业的发展。引导信用中介服务企业加强行业自律，推动企业内部的信用管理制度建设，完善个人信用制度。

2. 内部制度建设

根据诚信建设的总要求，政府应本着诚信在先的原则，打造信用政府，强化政府信用。严厉惩治政府官员的腐败行为，建立相应的权力监督体系，对政府在改变制度和政策方面的权力做出严格限定，严格执行行政执法责任制和行政过错责任追究制等。

(1) 建构有公信力的政府。由"任性"政府走向守信政府，实施善政——依法履行契约，有效承担代理责任，良性回应公众期待；推进法治行政、责任行政和回应行政。

(2) 建构服务型政府。判断服务型政府以人民是否满意为标尺，任何行政行为都要以人民满意不满意、人民拥护不拥护、人民赞成不赞成、人民高兴不高兴作为价值评判标准。要从管理人民转变到服务人民，从政府愿望出发转变到从服务对象的需求出发。各级政府要大力整顿机关作风，推行服务承诺制、办文限时制。政府要严守承诺，凡是向群众承诺的事情，必须坚决落实到位。严格按承诺办事，是各级政府机关取信于民的重要保证。

(3) 建构责任型政府。承担责任是政府的第一要义，也是服务于民、取信于民的基本要求，为此，要完善政府官员的政绩考核机制，建立失信追究和赔偿制度，这是建立政府信用体系的主要链条。要对在工作中出现重大违法、失职、滥用权力的政府官员给予罢免或责令辞职；对公务员违法失职、滥用职权、贪污受贿等行为给予行政处分和刑事处罚；行政机关和公务员轻微违法失职或官僚主义等行为，应向公民、法人代表赔礼道歉。

建立相应的权力监督体系，一切以人民利益为中心，把人民赋予的权力交给人民去监督，约束某些政府官员的决策和行为，防止腐败、失信行为发生；严厉惩治政府官员的腐败行为，恢复人民对政府的信心；建立行政责任追究制度，要按照《中华人民共和国国家赔偿法》的规定，对政府机关及公务员违法行使职权侵犯公民、法人和其他组织的合法权益的，依法予以行政赔偿。

(4) 建构法治型政府。要加强政府信用建设，必须实施政府行为法定化，按照法定职权和程序，依法管理国家事务、社会事务、经济和文化事务；改进行政执法作风、建立行政执法责任制，规范行政执法行为，努力实现依法行政，杜绝多头执法、重复处罚、执法扰民等现象。

构建责任明确的政府，明确权力与利益的边界，明确政府及工作部门的职责、权限，依法、科学、合理地设置行政审批权，精减行政审批事项，解决交叉审批、重复审批等问题；对政府进行"限权"，有效制止行政的随意性，杜绝政府权力部门化、政府权力地方化、地方权力利益化、部门利益法制化等不良现象。增强责任意识，切实转变作风，本着对人民负责的精神，努力做到廉洁、勤政、务实、高效，以实实在在的政绩取信于民。

(5) 建构有限政府。变全能政府为有限政府，深化行政体制改革，进一步转变政府职能，建立公正、廉洁、高效、精干的行政管理体制。要精简机构和人员，改革行政审批体制，推行电子政务，建立行政听证制度，实现行政程序公开。要按照建立"有限政府"的要求，本着"政府创造环境，民间创造财富"的市场经济一般原则，合理界定政府与企业、政府与市场、政府与社会、政府与中介关系，将本属于市场、社会中介组织、企业和个人的权利还本复位，充分发挥市场机制在资源配置中的基础性作用，最大限度地减少对经济行为的直接介入，政府的角色须转变为市场经济和社会公众的裁判员、服务员，做到不越位、不缺位、不错位，该由自己管的要管住管好，不该管的坚决不管，该放的放下去，该转移的转移出去，放权于基层，还权于社会和企业，以更好地承担起指导、协调、监督、服务的职能。只有这样，才能保证政府充当好制定规则、营造环境、提供服务、维护公平公正的角色。

(6) 建构透明政府。实现"阳光行政""透明行政"，推行政务公开，要公开政府的行政内容和行政程序。

行政内容的公开包括政府的职权范围、资格条件、办事标准、办事规范、危机处理、救济措施及其途径；行政程序的公开就是建立政府立法、执法的公开运行机制，消除"暗箱操作"。只要不是涉及国家机密，国家法令、公共政策、行政行为、行政程序、行政结果都应通过传播媒介或者汇编文件及时告示或发布，使政府行为有效地接受群众监督，以诚信去赢得群众。

要从根本上改变政府的公共服务，就必须推行电子政务。把发展整合性的电子化取用信息服务作为重点，按民众的方便来提供政府信息，以帮助公民"一站式"访问现有的政府信息和服务，节约公众的时间成本、费用成本和其他一些无法预料的成本，提高政府行政的透明度，增强政府的行政效率。

(7) 建构以人为本的政府。以服务对象为本，解决宗旨、感情问题；以工作队伍为本，解决服务能力、水平问题；政府在处理经济活动中发生在各种行为主体之间的利益冲突时应该采取公正、公平、公开的原则，同时兼顾向弱势群体倾斜。政府只有真正成为一个合格的"裁判员"，才能得到社会各阶层的认可。

(8) 建构可评价的政府。建立科学的、可评价的政府信用评级指标体系，引入市民和社会的评价，用于督促和规范政府行为。

第二节　公债信用及信用管理概论

一、公债信用的内涵

公债信用也称财政信用，是以国家(中央和地方政府)为主体，按照信用原则筹集和运用财政资金的一种再分配形式。公债信用包括两个方面的内容：一是国家运用信用手段筹集资金，如发行国库券、地方政府债券、财政统借统还外债等；二是国家运用信用手段供应资金，如以有偿的方式安排的某些财政支出。

(一) 西方经济学对公债信用问题的认识

随着公债的产生并在社会经济生活中发挥越来越重要的影响，公债成为财政学中最受关注而又褒贬不一、争论最多的工具，公债理论和政策也成为自亚当·斯密创建政治经济学以来最使学者们感兴趣的话题之一。各种关于公债的思想和学说也普遍兴起。这些学说大体上分为两派：正统学派、新兴学派。

正统学派以古典经济学家亚当·斯密和大卫·李嘉图为代表，他们从公债的非生产性用途出发，对政府举借公债持反对态度。

随着自由资本主义向垄断资本主义过渡，对公债持肯定态度的新兴学派应运而生，这一学派反对古典经济学派自由放任的经济思想，主张国家积极干预经济生活。他们认为，政府不但应该发行公债，而且还应主动利用公债来解决资本主义经济所面临的问题。

"二战"以后，根据公债规模不断增长的现实，西方经济学家对公债制度有了进一步的认识。特别是近年来，在一些发展中国家纷纷出现债务危机的情况下，学者们又重新强调减少财政赤字的必要性，并指出公债的功能应转向以实现中央银行的公开市场业务为主，从而达到利用财政、货币政策双重调控宏观经济运行的目的。

(二) 公债信用发生的前提条件

公债是指国家为了筹措资金而向投资者出具的，承诺在一定时期支付利息和到期还本的债务凭证。广义的公债是指公共部门债务，狭义的公债是指政府部门债务。在现实生活中，所指的公债大多是狭义的，即政府举借的债。一般把中央政府发行的债券称为中央政府债券，或国家债券，简称国债，而把地方政府发行的债券称为地方政府债券，简称地债。公债信用发生的前提条件如下：

(1) 充裕的闲置资金。只有在商品货币经济发展到一定水平时，社会上才会有充足和稳定的闲置资金，这是发行公债的物质条件。

(2) 金融机构的发展和信用制度的完善是发行公债必须具备的技术条件，否则公债发行便缺乏有效的手段和工具。

(3) 公债的存在和发展还必须与商品货币经济下的社会意识观念相适应。

(三) 公债信用的性质

马克思在《资本论》中对国家信用的性质进行了明确的论述："国家对借入资本每年要付给自己的债权人以一定量的利息。在这个场合，债权人不能要求债务人解除契约，而只能卖掉他的债权，即他的所有权证书。资本本身已经由国家花掉了。"

1. 公债是一种虚拟的借贷资本

公债体现了债权人(公债认购者)与债务人(政府)之间的债权债务关系。公债在发行期间是由认购者提供其闲置资金，在偿付阶段是由政府主要以税收收入进行还本付息。公债资本与其他资本存在的区别在于公债资本(用于非生产性开支)并不是现实资本，而只是一种虚拟的资本。用于生产性开支的公债则表现为不能提取的公共设施等国家的现实资本。

2. 公债体现一定的分配关系，是一种延期的税收

公债的发行，是政府运用信用方式将一部分已做分配，并已有归宿的国民收入集中起来；公债资金的运用，是政府将集中起来的资金，通过财政支出的形式进行再分配；而公债的还本付息，则主要是由国家的经常性收入——税收来承担。因此，从一定意义上讲，公债是对国民收入的再分配。

(四) 公债信用的作用

(1) 从财政角度看，公债是财政收入的补充形式，是弥补赤字、解决财政困难的有效手段。

当国家财政一时支出大于收入、遇有临时急需时，发行公债比较便捷，可济急需。从长远看，公债还是筹集建设资金的较好形式。一些投资大、建设周期长、见效慢的项目，如能源、交通等重点建设，往往需要政府积极介入。

(2) 从经济角度看，公债是政府调控经济的重要政策工具。

① 调节积累与消费，促进两者比例关系合理化。公债采用信用的方式，只是获得了一定时期内资金的使用权，没有改变资金的所有权，适当发行公债，可以使二者的比例关系趋于正常。

② 调节投资结构、促进产业结构优化。

③ 调节金融市场、维持经济稳定。公债是一种金融资产、一种有价证券，公债市场可以成为间接调节金融市场的政策工具。

④ 调节社会总需求，促进社会总供给与总需求在总量和结构上的平衡。

国债券同其他金融工具一样，都被视作一种金融资产。投资者选择什么样的金融资产，取决于其偿还期、流动性、风险性和收益率等几个方面。国债作为国家信用的代表、"金边债券"，风险最小，投资者可根据自身的风险承受能力，灵活调整投资组合。对于个人和非金融机构来说，运用国债有利于优化其金融资产结构。

对于商业银行而言，他们愿意持有的主要是短期国债。短期国债由于期限短、风险小、流动性强，一般可以视作准货币。商业银行持有短期国债，主要是作为二级储备，持有国债有利

于商业银行资产多样化，降低风险。

国债也是中央银行的资产之一。央行资产包括国债、再贴现、再贷款和黄金外汇占款，央行资产总额等于央行资金来源总额，资金来源总额构成了央行的基础货币和高能货币，能够倍数地派生创造出存款货币，形成货币供给。如果央行因持有国债而增加了基础货币量，并超过经济中需要的资金量，就会造成货币供给过多，出现通货膨胀。但在实践中，央行能够控制基础货币量。控制基础货币量的方法主要是央行货币政策的三大手段：准备金政策、再贴现政策和公开市场业务。其中，公开市场业务是指央行在公开市场上购入和出售国债，以此投放和收回基础货币，影响货币供给的行为。公开市场业务的前提是存在着高度发达的证券市场，有大量的短期国债券可供操作。如美国的国库券为一年期之内的国债，发行方式为每周拍卖发行，在百余年的发行中已经积累了大量余额。

（五）公债信用的基本形式

1. 公债分类

按发行的地域分为：国内公债和国外公债。

按发行的主体分为：中央政府公债和地方政府公债。

按偿还期限分为：短期公债、中期公债、长期公债。

按公债的流动性分为：可转让公债和不可转让公债。

按举债的方式分为：强制公债和自由公债。

2. 国债分类

国债是一国中央政府作为债务人，按照法律的规定或合同的约定，向其他经济主体承担一定行为的义务所形成的债权债务关系。

按契约形式分为：债券型国债和非债券型国债(政府间借款、财政透支等)。

按发行地域分为：国内国债和国外国债。

按购债意愿分为：强制国债和自由国债。

按计量单位分为：实物国债和货币国债。

按利率决定分为：固定利率国债和浮动利率国债。

按流通条件分为：流通国债和非流通国债。

按使用方向分为：一般国债和专项国债。

3. 国库券

国库券是一种可转让公债，是短期国债的最主要形式，期限有 3 个月、6 个月、9 个月，最长不超过 1 年。其面额多样，可大可小。国库券一般不记名，不按其付息，债券上只有票面金额，而不载明利率，但出售时按票面金额打一定折扣发行，到期按票面金额足额还本。

（六）国家信用对经济增长的作用

首先，国家信用是国家筹集建设资金的主要手段。国家通过发行国债，可以筹集经济建设所需资金。其次，国家信用是国家履行财政职能的需要。国家可通过调控国债发行规模和结构来调控经济运行。

二、公债信用风险

（一）公债信用风险类型

1. 国债风险

国债风险主要体现在国债发行风险、国债投资风险和国债偿还风险。国债风险累积到一定程度，将可能使国家陷入债务危机。

2. 地方政府债务风险

地方政府如果发债规模过大，将面临无法按期偿还到期债务的风险，导致地方财政破产。

（二）公债信用风险特征

（1）公债信用风险具有隐蔽性。只要公债能获得市场认同，持续发行，公债风险就可以推迟爆发。

（2）公债风险的积累性。只有公债规模达到一定程度，才会对经济运行带来全局性、系统性的损伤。在此之前，公债风险是可控的，其负面影响不易为公众所觉察。

（三）国家信用风险对宏观经济的影响

1. 国债发行规模过大影响经济稳定

如果国债规模过大，未清偿国债余额过多，国债还本付息压力加大，将会给未来经济带来沉重的负担。

2. 国债规模不合理会导致通货膨胀

政府举债规模持续增加，意味着社会总需求的扩大，若规模超出了现实经济可以承受的水平，则会带来通货膨胀预期。

3. 国债流通可能会将民间资源排挤出商业领域，产生一定的"挤出效应"

政府发行国债，实质是将社会资金吸引到政府。如果此时社会资金供求状况紧张，将导致私人融资困难，抑制民间投资需求。

4. 国债规模过大有可能引发财政危机

如果政府国债发行规模过大，导致偿债困难，可能引发通货膨胀或债务危机，严重时将导致政府财政破产。

三、国家信用评级

（一）国家信用等级的概念

国家信用等级是衡量其偿付能力强弱的标志，是国家外币债务利率的决定性因素之一，通过影响国家本币债务利率成为国内债市、股市、汇市和信贷市场价格形成机制的主要因素。根据国际惯例，国家主权等级为该国境内单位发行外币债券的评级上限，任何外币债券评级不得超过国家主权等级。

国家信用评级在第一次世界大战前发源于美国，此后，穆迪、标准普尔、惠誉三家信用评级机构主导了这一评级体系，是全球仅有的三家国家信用评级信息提供商，他们据此垄断国际评级体系近百年。

（二）国家信用评级方法

国际上流行国家主权评级，体现的是一国偿债意愿和能力，主权评级内容很广，除了要对一个国家国内生产总值增长趋势、对外贸易、国际收支情况、外汇储备、外债总量及结构、财政收支、政策实施等影响国家偿还能力的因素进行分析外，还要对金融体制改革、国企改革、社会保障体制改革所造成的财政负担进行分析，最后进行评级。

国家主权信用评级具体涉及的主权评级包括：长、短期外币债券国家上限评级；长、短期外币银行存款国家上限评级；政府外币及本币长期债券评级。鉴于外币转移风险及国家系统风险，国家上限评级代表了外币债务发行人所能得到的最高评级。主权评级标准从 AAA 至 C 划分。

国际三个主要信用评级机构都推出了国家信用评级业务(见表 4-1)。各家主权信用评级的方法、指标选择等尽管存在一定差别，但差别不大，基本将人均 GDP、债务水平及构成、政府金融资源、政治稳定性的某一指标及金融部门的活力视为关键标准。差别主要体现在惠誉和标准普尔对政府或有负债赋予较高权重，而穆迪对事件风险赋予较高权重。穆迪和标准普尔对经济结构考虑更多的因素，包括收入差别、竞争性和保护主义者因素(标准普尔)以及人力资本的创新和投资(穆迪)。

专栏 4-1

表 4-1　信用评级机构使用的国家主权信用评级指标

项目	惠誉	穆迪	标准普尔
宏观/增长	• 人均 GNP 及人均 GDP • 货币和财政政策及信誉和政策框架的一致性 • 长期增长途径的可持续性 • 经济竞争力 • 本币需求深度 • 执行反周期宏观政策的能力 • 经常账户构成	• 人均 GDP • 名义产出的长期波动 • 经济规模 • 经济和贸易区一体化	• 评级及经济增长模式 • 货币政策工具的范围及效率 • 存款和投资规模及构成 • 货币和信贷扩张 • 经济周期价格行为
公共融资	• 政府金融资产 • 主权净外资头寸 • 政府收入波动性 • 收入/GDP 比率 • 中期公共债务动态 • 财政政策框架及机构信誉 • 金融灵活性	• 政府增加税收、削减支出、出售资产或取得外币的能力(如从官方储备)	• 政府总税收、支出及盈余/赤字趋势 • 财政态势和货币及外部因素的兼容性 • 增加税收的活力及效率 • 支出的有效性及压力 • 非金融公共部门企业规模及健康程度
债务	• 公共债务的规模及增长率 • 政府债务构成(期限、利率和货币) • 政府或有负债 • 外币债务和资产的期限及货币结构	• 债务水平 • 利率支付及收入 • 政府债务结构 • 债务偿还负担 • 债务动态 • 有条件负债	• 政府总债务及净债务；总外部债务及净外部债务 • 利息专用税收份额 • 一次性还本付息的负担 • 期限分布及货币构成 • 优惠融资的获得

（续表）

项目	惠誉	穆迪	标准普尔
债务	• 不同部门国外负债及资产的分布支付记录	• 金融深度	• 当地资本市场的深度及广度
金融部门	• 宏观审慎风险指标 • 银行部门质量及监管 • 银行部门或有负债 • 银行部门外资所有权	• 金融部门实力 • 银行部门或有负债	• 金融部门稳健性 • 金融部门效率
外部融资	• 资本流动 • 非居民扩展信贷及购买国内资产的意愿 • 对外债务专用经常产出的份额 • 储备充足率	• 国际收支动态 • 外汇储备 • 外汇使用权 • 外部脆弱性指标	• 财政政策及货币政策对外部账户的影响 • 经常账户结构 • 资本流构成 • 储备充足率
汇率	• 汇率机制 • 指数化及美元化	• 汇率机制 • 指数化及美元化	• 汇率机制和货币目标的兼容性 • 指数化及美元化
政治	• 战争风险 • 政治机制的合法性 • 国际社会及国际机构的关系	• 战争 • 政治共识的程度 • 政治混乱 • 政府行为的效率及可预测性 • 政治透明度水平	• 政治机构的稳定性及合法性 • 政治过程的大众参与 • 领导继任的秩序 • 经济政策决定及目标的透明度 • 公共安全 • 地缘政治风险
结构/机构	• 政府效率 • 向国际资本流及贸易的开放程度 • 商业环境、人力资本及治理 • 关于财产权的法治 • 私人部门的竞争性和盈利性 • 控制腐败	• 透明度 • 创新水平 • 人力资本投资 • 尊重财产权	• 公共部门效率 • 机构因素，如中央银行独立性 • 报告的合时性、覆盖率及透明度 • 私人部门的竞争性和盈利性
其他	• 存储比率 • 经济向贸易的开放程度 • 商品依附性	• 地震 • 飓风 • 投机危机	• 市场导向性的繁荣、多样性及程度 • 收入差距 • 贸易保护主义及其他非市场影响 • 劳动力的灵活性

资料来源：全球金融稳定报告——主权、融资和系统流动性，2010年10月

四、公债信用管理概述

（一）公债发行管理

1. 内债发行规模风险管理

内债发行规模可用以下指标衡量。

（1）内债发行规模与国债投资者投资能力的适应程度。用国民应债率指标衡量，即国债累计余额占当年居民储蓄存款余额的比例。

（2）内债发行规模与社会经济承受能力的适应程度。用国债负担率指标衡量，即一定时期的国债累计余额占GDP的比例。国债累计余额相当于当年的财政收入总额，也被国际上公认为

国债规模的最高警戒线。

(3) 内债发行规模与财政偿债能力的适应程度。用财政收入偿债率指标衡量，即国家用于偿还内债债务支出占财政收入的比例。

(4) 内债发行规模与财政支出之间的适应程度。用债务依存度指标衡量，即指当年的国债发行规模与财政支出的比例。

2. 外债发行规模风险管理

外债和外资是发展中国家特别需要的经济资源，它提供了一种发展的机遇。但外债过多也能引发债务危机。因此，对待外债规模，应该始终持谨慎的态度。

可用下列指标衡量外债发行规模风险状况。

(1) 偿债率。偿债率是指当年的外债本金和利息偿还额占当年贸易和非贸易外汇收入之比。国际上一般认为，这一指标保持在20%为宜，最高不要超过25%。

(2) 债务率。债务率是指外债余额与当年贸易与非贸易外汇收入之比。

(3) 负债率。负债率是指一国对外债务的负担程度，可用下列指标来衡量负债率：

外债余额占同期商品及劳务出口外汇收入额的比重，一般应保持在100%左右；外债余额与同期国民生产总值的比率，一般不应超过20%；外债还本付息额占同期国民生产总值的比率，一般应控制在5%以内；年末利息支付额占同期国民生产总值之比，一般应控制在3%以内。

3. 国债发行结构风险管理

国债发行结构风险管理是指国债发行人通过合理确定发行条件的不同组合和量的比例，以达到降低风险的目的。

国债结构风险主要体现为国债品种单一、利率偏低、期限比较集中、币种不够对称等因素。

国债结构管理要注重推进品种结构多样化、利率结构基准化、期限分布平缓化、币种结构相关化。

4. 国债发行风险综合管理

投标竞争不足、利率定价偏高、投资主体弱小、市场准入较严、政策告示不强，是形成国债综合管理风险的潜在因素。

稳步推进发行方式竞争化、利率水平市场化、投资主体机构化、市场准入宽松化、公开操作告示化、债务管理规范化，是降低国债发行风险的可行办法。

多重价格竞争、二次加权定价、基数均衡曲线、充分预示信息，均为化解发行风险提供了综合分析的技术手段。

(二) 公债流通管理

1. 国债流通规模管理

(1) 国债流通规模的衡量指标。

绝对指标，具体如下：

$$国债流通规模＝国债自营买卖交易额＋国债代理买卖交易额$$
$$国债自营买卖交易额＝国债自营买入额＋国债自营卖出额$$

$$国债自营库存＝国债自营买入额－国债自营卖出额$$

相对指标，具体如下：

$$国债流通率＝国债流通规模/国债累计发行规模\times100\%$$
$$国债余额流通率＝国债流通规模/国债余额\times100\%$$
$$证券国债流通率＝国债流通规模/全社会证券流通规模\times100\%$$

(2) 国债流通规模对货币流量的影响。处于准货币地位的流通国债的换手对货币流通量将产生两方面影响：一是弥补货币流通量的不足，帮助物质商品实现其社会价值；二是排挤信用货币量，引发通货膨胀。

国债流通规模的临界值通常考虑四个关键性指标：国债流通率、国债余额流通率、证券国债流通率、流通国债需要的货币量。这些指标反映了国债流通的过程和主要方面，具有简洁、便于业务部门进行实际操作的基本特点。

2. 国债流通结构管理

(1) 国债流通期限结构管理。一个国家政府债券流通期限结构的特点是由很多因素形成的，如国民储蓄的特点、投资者的构成、居民消费结构的特点、金融体系的特点、国债二级市场的流动性等。

合理的国债流通期限结构的特点是长期、短期、中期国债相结合，品种丰富，各期限国债相互搭配、相互补充，形成一体化的流通品种系列。

(2) 国债收益率曲线和流通结构管理。国债收益率曲线是描述在某一点上一组上市交易的国债收益率和它们剩余期限之间相互关系的数学曲线。通过二级市场的流动性所形成的国债收益率反映市场利率的期限结构，揭示市场利率的总体水平，推动流通市场发展，并为中央银行制定货币政策、进行利率调控和市场风险监管提供了重要的依据。

3. 国债流通品种结构管理

从债券形式来看，发行的国债可分为凭证式、无记名式和记账式三种。其中凭证式国债为非流通国债，后两种为可流通国债。

可流通国债与非流通国债的结构关系可以总结为：可流通国债是国债的主要品种，非流通国债是国债的重要补充和组成部分。可流通国债规模过小以及可流通国债与非流通国债的比例失调，会对市场交易规模、市场流动性等产生不利影响。

4. 国债投资者结构管理

国债投资者，即国债持有人，指在国债二级市场上买卖政府债券的个人、各种养老保险基金、银行和外国投资者。

从世界各国的实际情况来看，政府债券的主要投资者是各种机构投资者，如养老保险基金、基金管理人、银行。这样的国债投资者结构是健全的国债市场的重要标志，优点主要有：一是基金长期持有国债，有利于市场稳定；二是银行持有国债可以为中央银行实行公开市场操作创造条件；三是有利于实行招标或承购包销等市场发行方式，降低国债发行成本。

5. 国债流通风险综合管理

除了关注对流通规模、流通结构的管理外，还必须综合考虑国债市场交易技术、交易方式、市场体系的布局与构建以及市场机制等诸多方面的风险管理，以建立完整、全面的国债流通市场风险管理机制；在合理控制市场风险的基础上，进一步扩大国债流通市场的交易规模，增进市场容量，促进国债流通市场在广度、深度上的提高，充分发挥国债流通在整个宏观经济中的作用。

就实践而言，做市报价、库存头寸、非对称信息、市场分割、监管缺陷，构成了当前国债流通综合管理风险的可能性因素。

(三) 公债使用管理

1. 国债资金使用状况

发行长期建设国债，筹措建设资金，主要投放到以下领域：基础设施项目、水利和生态项目、产业结构调整项目、教育设施、城市环保项目。国债项目投资成为拉动经济增长的重要力量。

2. 公债资金运行中的问题

(1) 国债资金使用分散，影响了资金的使用效益，增加了资金管理的难度。

(2) 挪用或不按规定用途使用国债项目资金。

(3) 国债项目前期准备不足，工程预算严重超支。

(4) 建设项目单位财务管理弱化现象普遍存在。

3. 加强国债资金管理，控制国债资金流向，提高国债使用效益

(1) 严格国债资金的使用管理和监督。

(2) 完善国债建设项目管理。

(3) 全面提高建设单位财务管理水平。

(四) 公债偿还风险管理

1. 国债偿还规模风险管理

国债偿还规模包括两个概念，即当年的国债还本付息额和国债余额。

(1) 国债偿还规模风险指标分析，具体包括：

① 国债偿还规模增幅与中央财政支出增幅的比较；

② 国债偿债率分析；

③ 国债依存度分析；

④ 国债负担率和国民应债率分析。

(2) 管理重点。中央财政集中度偏低、税制无弹性、进口额增长速度较快，是影响偿还规模风险的潜在因素。

提高中央财政的集中比重，增强税制弹性，保持较高的出口增长率，是消除潜在隐患的基本对策。

2. 国债偿还结构管理

(1) 国债偿还利率结构管理。国债偿还利率结构主要是指不同期限国债的利率结构。良好的利率结构不仅能保障国债发行成功，同时能降低国债的发行成本。

(2) 国债偿还期限结构管理。国债偿还期限结构优化关键在于调整好国债发行期限结构，即扩大短期国债的发行，重视长期国债的发行，适当调整中期国债的期限设计。

3. 国债偿还风险综合管理

加强偿还风险的综合管理，重点应消除隐性赤字和结构性赤字的压力，坚持财政周期性平衡与结构性平衡并举的方针，强化债务余额管理，实现债务经济的稳定性。

建立偿债基金，赋予偿付、减债、调节、增值和担保功能，完善基金的提取、存储、管理和运用管理，形成以债养债的机制也是各国的成功经验。

(五) 公债风险的转移与处置

1. 公债风险转移

公债风险可通过保险转移、非保险转移等方式转移。

保险转移是最基本的风险管理技术。国际上有很多保险机构开展对主权国家债务的保险业务，对主权国家发行国家债券予以承保。

非保险转移，主要是通过第三国银行，对主权国家发行债券提供担保。

2. 公债风险处置

对于存在偿还困难的债务国，可通过对债务的重新安排，改善债务国状况。

通常做法是债权银行通过和债务国协商，采取延长贷款宽限期、延长贷款偿还期限、降低贷款利率、豁免部分到期贷款本息、提供部分新增贷款、债转股等方式来缓解债务国的严重流动性危机。其中，官方或官方担保的贷款重新安排通常在国际清算银行、国际货币基金组织或巴黎俱乐部的主持下进行。

思考练习题

1. 简述政府信用危机的表现。
2. 论述政府树立信用形象的措施。
3. 如何降低公债的风险？
4. 简述国债发行风险的管理措施。
5. 简述国债偿还风险的管理措施。
6. 简述主权国家信用评级的要点。

第五章 >>> 消费信用管理

第一节 消费信用概论

一、消费信用的内涵

消费信用从一个小故事说起。一个美国老太太和一个中国老太太同一天在天堂相遇。美国老太太说:"唉,我昨天总算把 30 年的住房按揭款还清了。"中国老太太说:"唉,我昨天总算用我毕生的积蓄把住房买了。"

消费观念和消费方式的差异造成了两位老太太截然不同的生活质量。前者是用信用消费方式,后者是用现金消费方式。在经济发达国家,信用消费已经成为最主要的消费方式。

按授信对象分类,个人信用是授信机构向个人提供的信用。这种信用形式以消费者个人及其家庭为授信对象,为消费者购买生活资料和为消费者理财提供融资。由于个人信用一般用于满足个人的消费需求,一般也称作个人消费信用,或简称为消费信用。

只要授信机构将一种信用工具售给提出信用申请的自然人,而他(她)是将取得的信用用于家庭生活目的,这种个人信用就称为消费信用。

消费信用的定义强调的是受信人的自然人身份特征和信用工具用于私人家庭生活目的,而不论授信机构的性质和信用工具的种类。

消费信用是消费者通过把授信机构提供的信用来满足消费需求的一种经济行为。在性质上,消费信用是与个人储蓄行为相对应的,储蓄的目的是用现有收入实现未来的消费,而消费信用则是未来消费的即期实现。

消费信用的使用形式表现为赊购大件消费品、分期付款购物、延期付款、消费贷款等。投放消费信用能够扩大消费品市场的需求，缓解消费者有限的购买力与不断提高的生活需求的矛盾，扩大消费，刺激经济发展。

根据消费信用的定义，有的消费信贷用于个人创业目的，如无指定用途的消费信贷。此时，虽然该信贷是以自然人的身份取得的，授信机构也是根据申请信贷者的自然人身份将其分类到个人信贷的，但违背了消费信用的定义，不应将其视为消费信用范畴。

二、消费信用理论

(一) 马克思的信用理论

剩余价值的生产所受的是社会生产力的限制，而剩余价值的实现所受的是社会消费力条件的限制。社会消费力是指消费者在一定社会关系(即分配关系)中所具备的消费能力。生产者迫切需要一种稳定并具有连续性的解决剩余价值实现困难的问题的有效措施。而消费信用作为满足这种需要的有效手段就应运而生。由此可见，消费信用是社会化大生产的产物，是社会生产力发展到一定阶段，为了缓解生产与消费的矛盾，促进剩余价值实现的必然要求。

(二) 经济增长理论

在凯恩斯的经济理论中，国民收入是由总需求和总供给决定的。总供给和总需求是决定国民收入的力量，国民收入达到均衡的条件是：总供给＝总需求。

通过发展消费信用可以达到同时减少储蓄和增加消费的目的。消费者获得消费信用后会将其用于即期消费，同时减少了当期储蓄(因为消费信用一般不提供消费者的全部费用，至少还有一个首期付款和自付款部分)，结果导致消费增加而储蓄减少。

消费信用除了可以通过增加消费减少储蓄从而增加总需求来刺激经济增长以外，还可以通过提高社会边际消费倾向从而增大"乘数"来刺激经济。

(三) 商业银行经营管理理论

商业银行之所以进入消费信用领域，一个重要的原因是商业银行经营管理理论的演变为商业银行介入消费信用领域打开了缺口。

资产管理方法在理论上的突破是 20 世纪 40 年代提出的"预期收入理论"。该理论认为，借款人的预期收入是归还贷款真正的资金来源和衡量其归还贷款能力的标准。

(四) 持久收入假定和生命周期假定理论

持久收入假定理论认为，消费者的消费支出主要不是由其现期收入决定的，而是由其持久收入决定的。持久收入是指消费者可以预期到的长期收入，即在一生各个阶段可望得到的收入的平均值。消费信用的实质是将消费者的未来持久收入提前到即期，即增加现期收入，将预期消费需求提前实现，只要消费者预期未来收入向好，便可增加现期消费。当现期收入不能满足现期消费支出时，可以根据自己对未来持久收入的预期结果而暂时向金融机构申请消费信贷加以弥补。实质上，债务人是借助消费信贷这一手段，将其未来的持久收入转化为现实收入提前进行消费。

"消费与储蓄的生命周期"假说中将人的一生分为青年、壮年和老年三个阶段，该理论假定消费者是理性的，其行为的唯一目标是效用最大化，消费者要估算一生总收入并考虑在生命过程中的各阶段如何最佳分配自己的收入与支出，以获得一生中最大的消费满足。年轻人收入一般偏低，消费支出超过收入。步入壮年后，收入逐渐增加，此时收入大于支出，一方面可以偿还年轻时欠下的债务，另一方面积攒收入用于养老。到了老年退休后，收入下降，支出又会超过收入。消费信贷可以很好地解决收入与消费需求的错位。

三、消费信用特点

1. 消费信用风险高

由于个人信用信息的缺乏，消费信用经营机构无法有效甄别个人信用，在确定信用额度和信用期限方面存在一定的盲目性，导致消费信用的呆账率一直处于较高水平。特别是消费信用的风险与经济周期密切相关，一旦经济步入萧条，极易引发消费信贷危机。

2. 消费信用经营成本高

个人消费信用的经营对象是居民个人，存在个体消费信用规模小、发放对象分散、调查成本高等特征，导致消费信用经营成本居高不下，只有整体上达到一定的经营规模才能获利。

四、消费信用原则

1. 早借钱、早立信

建立"信用"的开端始于向银行借钱。越早借钱，才能越早在银行建立借款记录，为逐渐建立个人"信用"打基础。

2. 小额信贷是立信之初的最佳帮手

银行向来对个人借贷持审慎态度，特别是当人们在银行没有任何信用记录的时候，借钱会较困难。在众多借款方式中，贷记卡作为一种小额信贷的工具，是申请信贷及建立个人信用最便利的工具。信用卡在申请之后必须使用，否则，它只是张睡眠卡，信用并未被启动，更谈不上建立信用记录了。

3. 准时还贷，再借不难

尽早借钱、小额信贷都是在为建立个人"信用"做准备，但如果光借不还，便成了无信用可言的人，银行也不会再继续接受贷款请求。即使是有借有还，但未按期偿还，同样也不利于建立起良好的个人"信用"。只有准时还贷，良好个人"信用"才能建立，才能再借不难。

五、消费信用分类

根据授信主体的不同，消费信用可以分为零售信用(retail credit)和现金信用(cash credit)两大类。

(一) 零售信用

零售信用是指商品制造企业或商业企业等非金融机构授予消费者个人的信用。根据定义，赊销企业对自然人性质的消费者个人授信，使用的是企业自有资金，没有金融机构资金的直接介入。换言之，使用零售信用赊销商品的消费者，将根据赊购协议向赊销企业还款，而不直接与金融机构打交道。

零售信用通常分为三种：零售赊欠信用、零售分期付款信用以及零售循环信用。

1. 零售赊欠信用

零售赊欠信用是传统的零售信用方式，表现形式为普通赊欠账户，即俗称的挂账方式。它是最古老的消费信用方式，已经有几千年的历史，据记载，我国在商朝时期就有了这种方式。

零售赊欠信用应用范围很广，便于消费者使用，是一种常用的促销方法。但它也是一种比较落后的信用销售方式，明显的缺点是商家和厂家承担了全部来自客户的风险。

2. 零售分期付款信用

零售分期付款信用是近代出现的消费信用方式，一般被用于大件耐用消费品的赊销。在签订赊销合同以后，消费者只需按照要求付少许的首付款，就可以将所购商品拿走使用，但只要消费者没有清偿贷款，商品的所有权仍然属于厂家。

零售分期付款信用赊销商品的还款方式是分期偿还贷款的本金和利息，一般是按月偿还分割到每个月的本金和利息的相加额度。

3. 零售循环信用

零售循环信用是一种仅由零售商资金支持的赊销形式，是开放式循环使用的信用。零售循环信用属于现代信用方式，它的大规模出现是受到了信用卡概念的影响。

在形式上，零售商的通常做法是发给消费者一张赊购卡。只要消费的金额不超过随卡授予的信用额度，持卡消费者可以从发卡公司开办的商场赊购任何商品。消费者可以在 30 天内付清赊欠账款，而不用支付利息和其他费用。

（二）现金信用

现金信用是主流金融机构向消费市场投放的信用类别的统称，是金融机构介入赊销而产生的消费信用方式，直接由金融机构与消费者个人签订信贷合同。最为熟悉的现金信用类工具是消费信贷和信用卡。

金融机构开办消费信贷和信用卡业务是为资金寻找新的、有价值的信贷领域。

消费者使用现金信用的主要理由如下。

(1) 在某些交易中，零售商或者服务的提供者只收取现金，不接受任何形式的挂账，如大学的学费等，因此有单笔信贷形式的信用需求。

(2) 在使用商业银行提供的现金信用的利率比大件耐用消费品制造商提供信用的利率低时，消费者会权衡使用现金信用。

(3) 某种现金信用的授信标准门槛较低时，对于被个人征信局给予低信用评分的消费者和那些信用记录有瑕疵的消费者，现金信用比较有吸引力。

(4) 消费者为合并多笔额度较小的债务时，出于个人理财的目的，会向金融机构申请一笔额度能够盖过其他债务总和的贷款。

(5) 由商业银行发行的信用卡等现金信用工具，其使用更为方便，用途更为广泛。

（三）其他类别信用

1. 服务信用

服务信用是指服务提供者给予消费者的信用，消费者在使用了服务之后，服务的提供者没有立刻向消费者收取费用，而是经过一段时间再将积累的账单寄送给消费者，请求照单付款。

2. 美国式房地产信用

美国式房地产信用类似于我国的按揭贷款，贷款申请被金融机构核准后，借款人便要签订一份房贷借据，同意在约定时间内连本带利以分期付款方式逐渐还清购房贷款和利息。

六、消费信用形式

消费信用常见的表现形式为消费信贷和信用卡。

（一）消费信贷

消费信贷是指商业企业、银行或其他金融机构对消费者个人提供的信贷，主要用于消费者购买耐用消费品，如家具、家电、汽车，房屋和各种劳务。

消费信贷的形式包括赊销、分期付款和消费贷款。

1. 赊销

赊销是指零售商以商品赊销形式向消费者提供的信用，主要用于日常生活消费品的购买，属于短期信用，在发达国家多数采用信用卡的方式进行。

赊销是零售商向消费者提供的短期信贷，即用延期付款的方式销售商品。西方国家对此多采用信用卡的方式，定期结算清偿。

2. 分期付款

分期付款是指消费者在购买高档消费品时，只支付一部分货款，然后按合同分期加息支付其余货款。如果消费者不能按偿还所欠款项，其所购商品将被收回，并不再退回已付款项。

分期付款是购买商品和劳务的一种付款方式。买卖双方在成交时签订契约，买方对所购买的商品和劳务在一定时期内分期向卖方交付货款，每次交付货款的日期和金额均事先在契约中写明。分期付款的方式一方面可以使卖方完成促销活动，另一方面也给买方提供了便利。

分期付款方式是在第二次世界大战以后发展起来的，开始时只局限于一般日用商品或劳务的购买。后来，随着生产力的迅速发展，工、农业生产的规模日益扩大，所需费用增加，加之银行信用的发展，分期付款的领域扩大到企业购买大型机器设备和原材料上。

分期付款实际上是卖方向买方提供的一种贷款，卖方是债权人，买方是债务人。买方只需支付一小部分货款后就可以获得所需的商品或劳务，但是因为以后的分期付款中包含利息，所以用分期付款方式购买同一商品或劳务，所支付的金额要比一次性支付的货款多一些。

3. 消费贷款

消费贷款是指银行通过信用放款或抵押放款以及信用卡、支票保证卡等方式向消费者提供的贷款。消费贷款又可分为买方信贷和卖方信贷，前者是对消费品的购买者直接发放贷款；后者则是以分期付款单做抵押，对销售消费品的商业企业发放贷款，或由银行同以信用方式销售商品的商业企业签订合同，用现金的形式把货款付给商业企业。

消费贷款的产生和存在是社会生产发展和人们消费结构变化的客观要求，在一定程度上可以缓和消费者有限的购买力与不断提高的生活需求之间的矛盾，对开拓销售市场、促进生产和流通有积极作用。但是消费者对未来购买力的超前预支，往往会造成一时的虚假需求，掩盖生产与消费之间的矛盾。

（二）信用卡

信用卡作为现代信用工具，具有存取款、转账结算、汇兑和消费信用等功能。它是银行(或信用卡公司)对具有一定信用的顾客发放的一种赋予信用的证书，需要信用卡的顾客可以向银行申请，并由银行核定一定的透支额度，然后凭信用卡向承接该银行信用卡的各个商业部门赊销商品，再由银行定期向顾客和商业部门进行结算。

信用卡最早出现于美国，20世纪70年代在西方发达国家流行。我国从1986年开始发行信用卡，信用卡上印有持卡人姓名、签名式样、编号等，其特点是先消费，后付款。持卡人外出可以不必带现金或支票，凭信用卡到指定商店、饭店购买商品或就餐等，可向发卡银行的分支行或代理行透支小额现金。

和银行签有合约的商店、宾馆、饭店等商业部门凭持卡人签字的账单向银行收款，再由银行送持卡人核对，在规定的期限内付清。如果逾期未付清，发卡银行就按期计算欠款利息，直到持卡人付清利息为止。由于信用卡方便消费，能增加公司、商店、宾馆和其他服务机构的营业额，有助于银行业务的开展，所以得到了广泛的使用。电子计算机的采用，也使得信用卡的使用更加安全、方便和普遍。

1. 信用卡分类

按性质与功能的不同，信用卡划分为以下几种。

(1) 借记卡(debit card)：先存款，后支用。

(2) 贷记卡(credit card)：先消费，后还款。

(3) 综合卡：结合两种功能的卡，偏重"借记"。

按发卡机构不同，信用卡划分为以下两种。

(1) 金融卡：万事达卡(master card)、维萨卡(visa card)、中国银行长城卡等。

(2) 非金融卡：加油卡、地铁卡、电话卡、商业优惠卡等。

按发卡对象，信用卡可划分为：主卡、附属卡、个人卡、公司卡等。

按持卡人信誉或社会经济地位，信用卡可划分为：白金卡、金卡、银卡、普通卡等。

按流通范围，信用卡可划分为：国际卡、区域卡。

2. 信用卡主要形式

国际上使用的信用卡主要有4种。

(1) 购物卡。即在百货公司、超级市场等商业零售商那里购买消费品，并具有信贷功能的信用卡。使用这种信用卡的消费者在规定时间内偿还欠款，无须支付利息；超过规定期限的，则不仅要支付利息，还要按使用金额支付一定的手续费。

(2) 现金卡。即购物时用于付款、转账并可在发行银行的分支机构或设有自动取款机的地方，随时提取现金的信用卡。

(3) 记账卡。即购物时用于记账、转账的信用卡。

(4) 支票卡。即凭卡签发支票付款的信用卡。支票卡一般都规定了使用期限和签发的最高金额，银行在限额内保证支付；如果超过了限额，则可以拒绝支付。

现金卡和支票卡实际上是一种客户向银行透支的形式，银行与客户签订信贷限额以后，客户就能够凭信用卡签发超过其存款余额的支票，自动取得贷款。

3. 信用卡功能

(1) ID 功能。即能够证明持卡人的身份。

(2) 结算功能。即用于支付，是非现金、支票、期票的结算。

(3) 信息记录功能。即将持卡人的属性(身份、密码)、对卡的使用情况等各种数据记录在卡中的功能。

(4) 信用卡的补充功能。即消费信用、消费信贷、吸收存储、转账结算、通存通兑、自动存款、代发工资、代理收费、信誉标志等。

七、消费信用作用

(1) 刺激消费，扩大消费品销售额。

(2) 加快消费品更新换代步伐。

(3) 过量发展消费信用会导致信用膨胀；延期付款的诱惑下，对未来收入预算过大使消费者债务负担过重，增加社会不稳定因素，严重时可能诱发债务危机。

八、消费信用服务机构

(一) 零售商

零售商包括提供商品和劳务的许多部门，如汽车推销商、家具推销商、商场、医院等。零售商开办消费信用有其悠久的历史，在商业发展的早期就已存在。它们不是对消费者提供贷款，而是给予消费者一种在接受商品和劳务后延期支付的权力。

(二) 专业消费信用机构

专业消费信用机构属非银行金融机构，主要包括金融公司、信用协会等，它们直接向消费者发放货币贷款，往往只经营消费信用中的某一项。专业消费信用机构大都是消费信用的开拓者。

(三) 商业银行

专栏 5-1

商业银行几乎经营所有的消费信用业务，其汽车贷款、循环信用、住房贷款都遥遥领先于其他机构。商业银行通常要求对所贷款项提供担保品，担保品可以是贷款所资助购买的商品(如汽车和家具)，也可以是储蓄支票簿、人寿保险单或不动产等。

第二节　消费信用管理概论

一、消费信用风险

消费信用的风险分为系统风险与非系统风险。

系统风险是指与宏观经济体系相关的风险，如失业率上升、收入水平下降、需求萎缩等。

非系统风险即由于债务人违约导致信用提供者(债权人)不能收回本息而造成损失的可能性。债务人违约既有可能是由于其收入变化等原因失去足够的支付能力，也有可能是债务人的恶意欺诈。

二、消费信用管理的定义及内容

(一) 消费信用管理的定义

消费信用管理是为防范消费信用风险而采取的管理制度。消费信用管理由客户授信、账户管理、商账催收等部分组成。

消费信用管理的目标客户是消费者个人。个人信用消费的特点是单笔交易的金额小、交易频繁、交易数量庞大。

(二) 消费信用管理内容

1. 客户授信

当消费者提出信用申请，企业的信用管理部门对其进行信用审核，依据企业的信用标准，决定是否授予信用、额度多少、期限多长。

消费授信流程如下：

(1) 授信申请。个人消费者向授信人提出信用消费申请，允许授信人调查其信用状况。

(2) 授信调查。授信人(或其委托的机构)向信用评估公司进行信用调查。

(3) 授信补充调查。信用评估公司向消费者进行补充调查；个人向信用评估公司提供补充资料。

(4) 授信报告。信用评估公司向委托人提交该消费者的信用评估报告。

(5) 授信。提供信用的企业或金融机构决定是否向该消费者提供个人信用。同时将信用申请结果通知申请者，若申请者对信用申请有争议，可以申请复议。此环节至关重要，要认真审核授信资料，以确定是否符合授信条件，达到充分揭示风险的目的。

2. 账户管理

消费者接受了信用交易的条件后，企业信用管理部门要为其开立一个信用账户，记录所有的交易数据、还款记录和信用记录。由于拖欠风险的存在，企业的信用管理部门要在信用期限内对消费者进行风险监控和额度调整，同时还要协助销售部门找到新的交易机会。

对消费者的风险监控主要是通过观察和分析消费者的行为表现，及时判断消费者的信用程度如何变化。如果出现信用恶化，企业的信用管理部门要及时进行预警；反之则要及时地提高消费者的信用额度或延长合同期限。

3. 商账处理

商账处理分为两个部分：一是正常的账款回收，即定期地向消费者提供账单，提醒消费者及时还款；二是拖欠账款的催收。

消费者使用企业提供的信用服务后，其消费记录会输入账款记录系统。在规定的时间内，系统会定期自动打印账单，由企业的信用管理部门统一提交给消费者，消费者则根据账单的要求进行付款。

专栏 5-3

对于客户出现拖欠或不还的情况，企业的信用管理部门要及时进入催收程序。催收工作是循序渐进的，从信函催收到电话催收，再到上门催收，直到进行诉讼催收。

三、消费信用监管体系

消费信用监管体系着重在两个方面，一是降低不对称性，二是建立失信惩罚机制。主要包括消费信用监管法律体系和政府消费信用监管制度。

（一）消费信用监管法律体系

消费信用发展有赖于消费信用法律环境的完善。下面以美国为例，其完善的消费信用法律体系由以下法律组成。

1. 消费信用评级法

通过信用评估法，对信用评估机构、评估标准、操作程序等加以明确规定。

2. 消费信贷环境法律

通过信贷机会平等法、诚实信贷法、公平信贷报告法、社会再投资法规范消费信用法律环境。

3. 授信法律

通过诚实贷款法、信用卡发行法、公正贷款对账法规范授信流程。

4. 还贷法律

通过破产法规范破产条件和流程。

5. 消费信用数据保护法律

通过个人数据保护法，明确界定公民的隐私权，保护消费者的个人隐私；通过信用公示法，对信用公示的条件、程序、范围、方式、途径、机构、效力等做出规定；为确保公示信息的公信力，要特别明确公示机构对信用公示失实的法律责任。

还有在其他法律体系中规范消费信用的法律，包括完善失信惩戒法律制度等，如我国在《中华人民共和国合同法》《中华人民共和国银行法》等法律中明确限制失信者、破产者在某些经济活动中的权利能力，给失信的消费者在个人生活和经营活动中制造一定的困难和障碍。

专栏 5-4

（二）政府消费信用监管制度

(1) 个人信用评估标准化。建立个人信用登记体系，统一个人身份编码标准、信息分类标准、个人信用报告格式、报送数据格式标准和网络传输标准；建立客观、合理、科学、统一的个人信用评估指标体系。

(2) 强制或协助基础征信数据的开放，搭建公共数据库平台，实现联合征信。个人基础信用信息数据库主要是为银行业内部的授信决策、化解信用风险提供信息支持。在公共征信数据库的建设方面，建立个人信用档案登记制度，将银行、税务、社保、法院、司法、工商等政府部门的个人公共记录信息，以及保险、证券、商业机构掌握的个人信用交易信息纳入公共征信数据库。数据库要向符合条件的公司和个人开放，以充分利用个人信用信息资源，尽快扩大个人征信体系的覆盖面。

(3) 扶持征信公司的发展，推动征信行业协会的建立，以加强个人征信业与政府的交流，推动业内交流，加强行业自律。

(4) 加强信用文化的宣传力度，鼓励各界使用征信公司的产品。

(5) 构建个人信用风险控制与预警机制。严格实施贷款后风险监测跟踪信贷资金流向，发现问题及时向借款人发出警告并采取措施加以制止。具体控制措施包括三个方面的内容：制定相关金融法规、制度、办法，依法约束信用借款人的行为；金融机构按严格程序和要求与借款人签订借款契约；银行采用抵押、担保和信贷保险等方式转移自身风险。

(6) 建立不良信用惩罚机制。消费信用失信惩罚主要是借助于信用报告的公信力来实现的，信用报告能对相关主体产生广泛的约束力。只有将惩罚机制严格贯彻，才能令消费者对失信的严重后果有所顾忌，不敢随意违约。

四、消费信用风险防范

（一）银行防范个人消费信用风险

1. 强化法律约束借款人的行为

从个人消费信用的申请、过程及事后处理各方面，保证各个环节严格进行，从源头上减少个人信用消费违约的可能性。

2. 采用抵押、担保和信贷保险等方式转移自身风险

银行对个人消费者施行抵押、资产证券化、担保和保险等方式，不仅能减少自身风险，更可以使消费者更加重视自己的信贷，不敢轻易违约。

3. 建立健全对个人信用消费的监管系统

监管是对风险防范最有效的方法之一，严格的监管可以使各个环节严格进行，减少差错。常见的措施包括建立并监管个人信用信息征信系统，强制有关部门将征信数据以有偿或无偿的方式交给有资质的专业征信机构，使有关部门监督、规范个人信用信息和征信数据的取得、使用和披露程序，建立和实施失信惩罚机制。

(二) 个人消费信用自我管理

1. 建立个人信用记录

建立个人信用的第一步是开立个人的银行和公共事业付费账户。个人应当注意建立和维护自己的付费账户，要使用银行的信用工具，履约及时付款，才能提升自己的信用分值。

2. 对个人信用记录进行维护

个人进行信用消费，要对自己的信用记录随时跟踪，以防发生错误以致信用级别受到损害。维护个人信用的方法有以下两种：

第一，个人应定期查看自己在征信局的"当事人信用调查报告"内容，确认没有负面记录，或者一切负面信用记录的内容正确，同时确认自己信用档案的记录"干净"。

专栏 5-5

第二，可以委托专业机构或者律师定期查看自己的信用档案。如果所在地区有不止一家征信局，需要确认每家征信局所做的记录都正确。

一旦产生不良信用记录，要及时依法解释，或尽快解决欠款问题，争取撤销记录。

3. 谨慎消费

要遵循留有余地原则，不要将手头的现金全部用完，对于家庭的经济承受能力要留有余地，不能过分追求消费而不顾及自己的实际能力。

(三) 商家的消费信用管理

个人消费信用在为商家提供销售量、带来更多利润的同时，也带来了很大的风险，有的甚至成为坏账。对个人授信就像滚雪球一样，一不留神就越滚越大，使商家越陷越深，所以商业企业应加强对个人消费信用的管理。

1. 商家对个人消费信用的管理流程

(1) 事前防范。即在正式交易(签约或发货)之前，对客户信用情况进行的审查及对信用限额和信用条件进行的分析和决策，包括客户信用信息管理、客户信用状况评估和信用销售政策(授信)决策。

(2) 事中管理。即发货之后直到货款到期日之前，对客户及应收账款的监督、管理和对信用风险进行合理的转移，包括应收账款监控和信用风险合理转移。

(3) 事后处理。即债务客户发生拖欠以后，对逾期账款的有效处理，包括逾期账款追收、坏账处理以及客户信用重审。

2. 商家防范个人消费信用风险的措施

(1) 从法律上保证个人消费信用。在商家直接向个人提供赊销，或与银行联合推出信用卡为个人提供信贷的过程中，《中华人民共和国担保法》《中华人民共和国合同法》和美国的《信用公示法》是商业企业面对个人消费信用中最重要的法律保护。

(2) 尽可能利用个人征信机构系统。国家建立的个人信用信息基础数据库信息准确，是很好的参考渠道。

(3) 商家应对个人消费信用进行科学评估。每个商家都应该建立标准化的个人信用等级，不要受人为情绪的干扰或对过去经验的依赖而陷入主观性的缺陷。

(4) 商家应建立个人失信惩罚机制。将有经济失信行为的个人从市场主流中剔除出去，为以后的经济交易减少风险，形成向诚实守信的消费者倾斜的政策优惠、社会环境和正向的激励机制。

(5) 商家应进行必要的防范手段。商家在对个人提供赊销或分期付款信用时，应采用担保、贷款证券化和保险等必要的防范手段。

第三节　消费信用评级体系

一、消费征信模式

西方发达国家经过 100 多年发展起来的现代个人信用制度已较成熟，形成了科学化、法制化、规范化的运作机制。其特点主要表现在以下四个方面：完善的法律体系；完善的个人信用档案登记系统；规范科学的个人信用评级机制；严密而灵敏的个人信用风险预警、管理和转嫁机制。

专栏 5-6

消费征信模式包括以下几种。

1. 政府主导模式

个人信用信息主要由国家央行和政府出面，由中央银行建立一个全国性的个人信用登记系统。征信机构成为服务于公共利益、服务于政府政策目标的非营利性组织，征信机构加工的个人信用信息产品主要供银行内部使用。

目前一些欧洲国家，如德国、法国、意大利等国都是这种模式的实践者。

2. 市场主导模式

美国模式是市场主导模式的代表。美国是世界上信用管理最发达的国家，但并未专门设立一个信用管理部门来管理有关事务，而是通过严密的信用管理法律来实现的，包括严密的个人信用调查制度、规范的个人信用评估制度和严格的信用报告制度。

按照市场化的原则，成立了信用信息经营公司——信用局。在美国，有超过 1000 家的地方性信用局，它们大多归属于三家主要的信用报告机构(艾贵发、益百利、全联公司)或者与它们有协议关系。这三家全国性的机构都建有中央数据资料库，其中保存着 1 亿 7 千万美国人的信用记录。

这些独立的征信公司以盈利为目的，运作模式是收集消费者的个人信用数据，然后按照科学的信用评价体制把这些原始的信用数据分析整理成信用产品，出售给授信机构。反过来，当银行、保险等授信机构同消费者发生信用业务时，他们会及时地把自己手中最新的消费者信用资料反馈给征信公司，解决了征信部门的数据来源问题。

美国的信用报告往往被用于确认该消费者的消费信贷资格或保险资格、确立一定的雇用关系、确定政府机构批准消费者领取某种许可证的资格、满足涉及该消费者的有关商业交易的任何其他合法的商业需要。信用报告具有浓厚的商业化和经济资源化色彩，从而对相关主体产生广泛的约束力；这种约束力内化为消费者个人严于自律和深刻内省的动力，迫使他们珍视自己的信用，进而保证了整个消费信用体系的健康发展。

美国个人消费信用防范风险的主要手段是担保、贷款证券化和保险，其中以保险方式最为典型。

3. 银行协会模式

日本模式是银行协会模式的代表。1973 年，日本第一家个人信用信息中心在东京成立。该中心由一个银行家协会发起，主要为地区性的会员机构提供服务。随着消费信贷市场的发展，1988 年 10 月 17 日，该信息中心与其他的 24 个银行家协会联合，合并为日本银行家协会下的一个单位，为 2002 家会员机构提供服务。现在，日本国内提供个人信用信息情况的机构主要有 3 家。它们基本上是按照行业划分的，即银行系统的"全国银行个人信用信息中心"、邮购系统的"信用信息中心公司 CIC"以及消费金融系统的"日本信息中心 JIC"。

目前全球最有影响的个人信用评级机构有三家，分别是益百利、艾贵发、全联公司(Trans Union)。

益百利公司主要提供消费者个人信用调查服务，是美国和英国最大的个人信用评估机构。公司记录了近 2 亿人的个人信用记录，消费者不良信用记录将保留 6 年零 9 个月，信用良好记录则会永远保留。

艾贵发公司总部设在美国亚特兰大。该公司始建于 1899 年，是一家跨国征信公司，在北美、南美、欧洲和亚洲一些国家都有分支机构。公司拥有 1.9 亿消费者信用记录，主要提供消费者信用调查和保险信息服务。

全联公司总部设在美国芝加哥。1988 年，全联公司开始提供全国消费者个人信用调查报告。到 20 世纪 90 年代，全联公司已拥有 45 家地区性信用评级机构以及 220 家代办处。全联公司最先于 1990 年将信用报告服务推上联机检索服务和网络服务，为推动美国授信机构的办公自动化做出了贡献。公司拥有 2.2 亿消费者信用记录，负责提供雇员背景调查、住房贷款人信用调查、风险管理等服务。

二、消费信用评分概述

(一) 消费信用评分的定义

消费信用评分是利用个人信用报告中的信息，如付款记录、欠款账户、账户数量和信用记录时间等，通过量化和计算得出的分值。

消费信用评分可以客观地预测消费者按时足额还款的可能性。对于银行和金融机构来讲，预测性评分是一种风险评估工具，可以帮助贷款人估计贷款申请人在未来的信用表现，帮助贷款人做出迅速、有效的决定。

消费信用评分广泛应用在信用卡、住房抵押贷款、小企业贷款等领域。作用主要包括：用于控制和减少信用风险，协助消费信贷机构进行风险定价，对现有消费账户进行管理；协助企业进行市场营销，发现潜在的优质客户，淘汰劣质客户。

(二) 消费信用评分分类

按信用评分目的划分，消费者信用评分分为申请人评分、行为评分。申请人评分是供申请人申请消费信贷时使用的评分；行为评分是评价消费者信用行为的评分，用于企业制定催收策

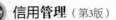

略时使用。

按信用评级模型所使用的信用数据来源划分，分为通用化评分、定制化评分。通用化评分是采用通用的信用数据库数据给出的消费评分；定制化评分是基于委托人的要求开发的特殊评分，是基于通用化评分基础上的个性化评分。

（三）消费信用评分指标

消费信用评分指标体系由三部分组成。

(1) 用于反映个人信用存量的指标，包括个人拥有的金融资产、实物资产等有形资产，专利、著作权等无形资产，负债状况，收入水平及稳定性等，考察个人还款能力。

(2) 用于衡量个人信用历史的指标，包括银行信用记录、社会不良记录、司法信誉和社会地位等，考察个人的还款意愿。

(3) 用于揭示个人信用预期的指标，包括工作背景、健康程度、个人未来发展、所在行业前景等，考察个人信用状况动态变化的可能性，预测未来还款趋势。

（四）消费信用评分体系

(1) 消费信用信息的采集和处理。通过多种渠道采集消费信用信息，构建符合完整性、有效性要求的消费信用档案库。

(2) 消费信用档案的建立与维护。及时补充和更新消费信用档案，保持消费信用信息的时效性。

专栏 5-7

(3) 消费信用信息的评分。建立消费信用评价模型，量化个人消费信用评分。

(4) 消费信用信息的使用。个人征信机构发布个人消费信用报告，供消费授信相关机构使用。

三、消费信用评分模型构建

信用评分模型是个人信用评分的最重要工具，是可以得出评分的一系列计算公式。评分模型是利用统计学对大量的消费者信用记录进行处理而得出的。

个人信用评价所用数据不可能像企业信用评级那样齐全，可对报表进行全面分析，在实践中一般采用专家打分方法，如 5C 法、5W 法、5P 法、LAPP 法、CAMRARI 法，其中以 5C 法在实践中应用更为普及。具体方法见本书第二章的介绍。

（一）消费信用评分模型构建步骤

(1) 明确评分目的，界定评分内容。消费信用评分的目的就是对消费信用状况进行测定，并将测定结果划分出若干等级，以降低消费信贷中的信用风险。这一目的决定了消费信用评分指标选取的范畴。

(2) 根据消费信用评分内容选取评分指标，以此构建评分指标体系。该指标应全面反映评价对象的总体信用状况，一般包括借款人的基本情况、借款人的品德、借款人的财产、借款人的能力和借款人的担保等指标。

(3) 采用适当方法把反映评价对象不同侧面的多个指标整合起来，形成一个综合指标，以此来衡量评级对象的风险大小。

(4) 设定风险等级数，制定风险等级的判断标准。

(5) 根据综合指标值，对照统一的等级判断标准，确定出评价对象的风险等级。

具体的个人信用等级划分及信用状况描述如表 5-1 所示。

表 5-1 消费信用等级设置及说明

等级	级别说明	级别评语
AAA	信用极好	近年来无贷款逾期欠息，个人资产雄厚，收入稳定，偿债能力强，有充足把握按时足额偿还本息，其他信息优良
AA	信用优良	近年来无贷款逾期欠息，个人资产实力较强，收入稳定，按时足额偿还本息的可能性很大，其他信息较好
A	信用较好	近年来偶有贷款逾期欠息，但逾期时间短，收入较稳定，有一定的经济实力，其他信息较好
BBB	信用一般	近年来偶有贷款逾期欠息，但逾期短，申请本次贷款时无逾期欠息，经济实力一般，收入较稳定，其他信息一般
BB	信用差	近年来屡有贷款逾期欠息，申请本次贷款时还存在逾期欠息，经济实力弱，收入不稳定，基本没有能力按时足额偿还本息，其他信息差

(二) 消费信用评分模型建模步骤

(1) 选择具体的客户群，以便开发适用此类群体的信用评分模型。

(2) 客户定义。即定义"好客户"和"坏客户"。

(3) 样本选择。即获取数据抽样，并将数据转化为电子格式。

(4) 数据分析。

(5) 推导被拒客户的行为。

(6) 属性分类及分值加权计算。

(7) 模型测试。

(8) 消费信用评分模型后续监测及修正。监测一般通过统计监测报告的形式来描述。监测报告一般分为前端跟踪报告和后端跟踪报告。前端跟踪报告分析信用申请人分值的分布和信用特征变量的分布。后端跟踪报告测量信用评分模型的有效性。

(三) 美国消费信用评分系统

在美国，经过长期改良并借助计算机应用功能的信用管理相当规范。信用报告公司给外界提供的有关个人信用的文件称为个人信用报告，包括以下几个内容：

(1) 个人信息，如姓名、住址、社会安全号、出生日期以及职业。

(2) 信用历史，主要是消费者借款和还款的状况。

(3) 调查的情况，涉及贷款人、保险公司和其他类似机构和消费者的交易记录。

(4) 公开记录，如法院的判决或者破产情况。

从以上四点可以看出，除了姓名、住址、出生年月这些自然状况外，信用报告汇集材料的重点集中在个人的借贷以及消费行为上，它涉及的隐私是有限的。即便在借贷领域，信用报告也只能披露消费者与贷款人的交易账户，而不能披露消费者的储蓄账户。至于消费者的工作表现、收入水平以及种族、宗教信仰以及政治倾向等信息则禁止出现在信用档案中，除非消费者本人同意这样做。

1. 信用评分

美国个人信用评估的核心是信用分评定。美国信用分一般分为三种：信用局信用分、定制信用分、普通信用分。费科(FICO)信用分是最常用的一种普通信用分。由于美国三大信用局——艾贵发、益百利和全联公司出具的每一份信用报告上都附有 FICO 信用分，以至于 FICO 信用分成为信用分的代名词。在近年来的个人信用报告中，美国信用报告公司常常会应邀卖给当事人一份三合一的信用评分，就是将益百利、艾贵发、全联公司三大信用公司的各自评分集中在一份个人信用报告上。一般来说，由于信息来源大同小异，这三个公司的评分往往没有什么大的差异，对评分的解释也没有多大区别。

一份个人信用报告不仅会打出个人的信用评分，还会标示等级并给出比例。例如，近来流行的三合一信用报告评分标准定在 330～830 之间，分成 5 个等级，分别是很差、差、一般、好、出色。一个获得 761 分的申请人就会被归到"出色"的最高级别。同时，信用报告还给出 73.79% 的比例，顺便告诉申请人，美国消费者中 73.79% 的人信用评分低于他，换句话说，他属于 26.21% 信用出色人的行列。

信用评分的历史大约出现在第二次世界大战前后，战争使得人力匮乏，信用分析人员严重不足，于是信贷公司开始让有经验的人将评估标准写下来，仿照申请医疗保险的评分卡，以便让没有经验的贷款人决策。20 世纪 50 年代，数学家比尔·费尔(Bill Fair)和工程师厄尔·艾萨科(Earl Isaac)在美国西海岸的旧金山用两个人的名字成立了第一家专门致力于信用评分的费尔—艾萨科公司，并建立了后来盛行于美国的评分标准——FICO 积分。

FICO 信用分模型利用高达 100 万的大样本数据，首先确定消费者的信用、品德，以及支付能力的指标，再把各个指标分成若干个档次以及各个档次的得分，然后计算每个指标的加权，最后得到消费者的总得分。FICO 信用分的打分范围是 325～900。

随着计算机的普遍应用和现代社会网络的发展，费科积分运用越来越普遍，汽车贷款、房屋抵押贷款、保险费计算以至于手机销售都与这个积分相关。

使用信用分可以提高信贷决策速度。据美国消费银行协会统计，以前不使用信用分，小额消费信贷的审批平均需要 12 小时，使用信用分和自动处理程序后，这类贷款的审批可缩短至几分钟，如 60% 的汽车贷款的审批可以在 1 小时内完成。

2. 评级标准

信用评估公司根据信用资料中的 5 项基本内容对消费者进行打分。这 5 项内容是：①付账记录；②未偿还债务；③开立账户的时间长短；④申请贷款情况；⑤信贷种类及综合信用。

从第一项付账记录来说，按时支付贷款、还本付息就可以逐渐积累较高的信用积分，这当然是对的，但并不是说早付就比晚付好。因为在信用卡公司给的一个月的宽限期之内，只要能按期到达，在当月第一天付和在期限最后一天支付效果是一样的。所以一个精明的消费者会充分利用时间差、最大效用地使用金钱，将欠款在最后一刻付出。

尽管这样，按期付款积累的积分不过占总积分的三分之一多一点，就是说即使每次都做到了在期限内付款，也不过争取到最高积分的三分之一而已，而不是最高积分。这一点上与普通积分的常理不同，很多人以为只要按时付账就可以得到最高积分，事实上并非如此。

从第二项未偿还债务上看，之所以越小越好，是因为债务积累大的积分就少。理论上虽然如此，但是美国是一个鼓励消费的社会，在实际生活中，还款记录同样及时的消费者，借钱多、消费也多的人实际积分要高于借钱少、消费也少的人，后者又高于不借钱的人。以信用卡为例，一个每月按期全额付款的持卡者的积分可能会小于按期非全额付款的持卡者。后者通过利用循环信贷每月欠账，会为信用卡公司带来高额利息收入，因而更受信贷机构的欢迎。

传统的财富积累意识中，每天积累一个铜板、集腋成裘、集土成山才是致富的秘诀，而信用评分中却不是这个概念。所以很多美国人都知道，要获得高的积分需要有意识地借贷，就是说消费者可能会放着存款不用，而故意到银行和信用卡公司借钱花。为此，消费者就应该既有汽车贷款，又有房屋贷款，也不用现金买东西，而使用信用卡付账。有人这么做纯粹是为了积累信用评分。

从第三项开设账户的时间长短上看，当然开户时间长的消费者信誉就好，开户时间短的信誉就差，这符合一般的观念。但是这里面仍有玄机，由于每个账户有不同的用途，专用的账户开立过一段时间将欠款全部还清并关闭账户的话，反而影响在这一点上的信用历史。因为这样的话信用卡公司就会机械地将消费者在这方面的欠款定为零数额。消费者的开户历史就可能会被抹去，从而影响它所有账户开户平均的时间，继而丧失了可增加积分的条件。这意味着如果想获得积分，不仅要多借钱，而且还要长时间地借钱，只借一两次就还钱攒积分是有限的，不断借钱、不断还钱才能获得高的积分。

第四项申请贷款情况是指在一定期间内，消费者申请的信用账户越多，积分越低。具体来讲，消费者新增的申请贷款并不影响积分。只是他的每一次申请都被记录在案，后来的贷款人都会去信用档案公司查看，被查看次数过多会被怀疑有支付问题，消费者的积分就会下降，申请贷款就会遇到困难。所以专家建议消费者不要四处申请信用卡，因为不管被接受与否，信用档案都会记上一笔可能被视为负面的信息。

第五项所占的积分比例虽然不高，但是相当重要。比如在 FICO 积分方法中，尤其不能忽视的是第五项综合信用评估的公开记录那部分。就是说如果消费者有破产的记录，那他就不应该去申请贷款。其实消费者只要被法院判决过，有过诉讼、扣押薪金以及留置等记录的话，社会上的各种信贷部门就会严加考虑，拒绝放款，而不仅仅是提高利息。

FICO 信用分的计算方法至今未向社会完全公开。Fair Isaac 公布了一小部分 FICO 信用分的打分方法，如表 5-2 所示。

表 5-2 FICO 信用分的部分打分方法

住房	自有	租赁	其他	无信息			
	25 分	15 分	10 分	17 分			
现住址居住时间	<0.5 年	0.5~2.49 年	2.5~6.49 年	6.5~10.49 年	>10.5 年	无信息	
	12 分	10 分	15 分	19 分	23 分	13 分	
职务	专业人员	半专业人员	管理人员	办公室	蓝领	退休	其他	无信息
	50 分	40 分	31 分	28 分	25 分	31 分	22 分	27 分
工龄	<0.5 年	0.5~1.49 年	1.5~2.49 年	2.5~5.49 年	5.5~12.49 年	>12.5 年	退休	无信息
	2 分	8 分	19 分	25 分	30 分	39 分	43 分	20 分

（续表）

信用卡	无	非银行信用卡	主要贷记卡	两者都有	无回答	无信息		
	0 分	11 分	16 分	27 分	10 分	12 分		
银行开户情况	个人支票	储蓄账户	两者都有	其他	无信息			
	5 分	10 分	20 分	11 分	9 分			
债务收入比例	<15%	15%～25%	26%～35%	36%～49%	>50%	无信息		
	22 分	15 分	12 分	5 分	0 分	13 分		
一年以内查询次数	0 次	1 次	2 次	3 次	4 次	5～9 次	无记录	
	3 分	11 分	3 分	-7 分	-7 分	-20 分	0 分	
信用档案年限	<0.5 年	1～2 年	3～4 年	5～7 年	>7 年			
	0 分	5 分	15 分	30 分	40 分			
循环信用透支户个数	0 个	1～2 个	3～5 个	>5 个				
	5 分	12 分	8 分	-4 分				
信用额度利用率	0～15%	16%～30%	31%～40%	41%～50%	>50%			
	15 分	5 分	-3 分	-10 分	-18 分			
毁誉记录	无记录	有记录	轻微毁誉	第一满意线	第二满意线	第三满意线		
	0 分	-29 分	-14 分	17 分	24 分	29 分		

FICO 信用分计算的基本思想是把借款人过去的信用历史资料与数据库中全体借款人的信用状况相比较，检查借款人的发展趋势是否跟经常违约、随意透支，甚至申请破产等各种陷入财务困境的借款人的发展趋势相似。

费科公司公布的信用记录的积分方式如下：①是否按时付账的记录占总积分的 35%；②负债金额的多少占总积分的 30%；③信用记录期限的长短占 15%；④申请信用的次数多寡占 10%；⑤各种综合信用的评估占 10%。

四、消费信用信息数据库

（一）消费信用信息记录范围

个人基本信息包括姓名、身份证号码、家庭住址、工作单位等。个人贷款信息包括发放贷款的银行、贷款额、约定还款时间、实际还款时间、还款方式、不良贷款记录等。

信用卡信息及消费记录包括信用卡所属银行、授信额、还款记录、欠款记录、月消费额等。其他信息包括学历、法院民事判决、个人欠税记录以及个人缴纳水电费等公共费用的情况。

不良信用记录的保留年限如下：在国外，一般负面记录保留 7 年，破产记录保留 10 年，正面记录保留的时间更长，查询记录一般保留 2 年；我国则规定个人不良信用记录的保存期限为 5 年。

（二）消费信用信息来源

个人消费信用信息采集主要来自四个方面：官方信息、金融机构信息、公共信息、第三方调查信息。

(三) 消费信用数据的使用

商业银行的基层信贷审查人员均可在经当事人书面授权后，查询个人信用记录，以此作为发放个人贷款的依据。

如果信用数据反映借款申请人是一个按时还款、认真履约的人，这对银行则意味着是一个潜在的优质客户，不但能提供贷款、信用卡等信贷服务，还可能在金额、利率上给予优惠。

如果信用数据反映借款申请人曾经有借钱不还等不良信用记录，银行在考虑是否贷款时就要慎重对待，极有可能要求提供抵押、担保，可能降低贷款额度，或提高贷款利率，甚至会拒绝贷款。

如果信用数据反映借款申请人已经借了很多钱，银行也会很慎重，怕其负债过多承担不了，也可能会拒绝再贷款。

如果信用数据反映借款申请人没有历史信用记录，银行就没有判断借款人信用状况的便捷方法。如要有可能，个人应该尽早建立信用记录。简单的方法就是与银行发生借贷关系，如申请一张信用卡或者申请贷款，借款人的信息就会通过银行自动报送给个人信用信息数据库。

专栏 5-9

许多商业银行已经将查询个人信用信息基础数据库作为贷前审查的固定程序。目前已有 10%左右的自然人在申请贷款时，由于有不良信用记录而被银行拒绝。

五、个人信用报告

(一) 个人信用报告内容

消费信用征信机构基于法律规范、事实、完整性等要求制作和发布个人信用报告。个人信用报告是征信机构的基础产品。

个人信用报告一般分为两大类：消费者信用记录型报告、消费者信用调查型报告。消费者信用记录型报告是指汇总消费者的信用记录生成的信用报告。消费者信用调查型报告是在记录型报告的基础上，补充一些调查获得的信用资料及调查人员对消费者的评价。除最基本的消费者信用调查报告以外，常见的信用调查报告还包括购房信贷信用报告、就业报告、商业报告、销售支援报告、消费者信用评分报告等。

个人信用报告由信用报告名称和信用报告内容组成。信用报告内容包括信用报告头、信用报告主体、信用报告说明三个部分。

(1) 信用报告头。主要包括报告编号、报告时间、查询信息等内容。

(2) 信用报告主体。个人信用报告是个人的"信用档案"，全面、客观地记录个人的信用活动，如偿还贷款本息、信用卡透支额的情况等。

① 个人基本信息，包括个人姓名、地址、工作单位、居住地址、职业等。

② 信用交易信息，如个人的贷款、信用卡、为他人贷款担保等信息。

③ 个人开立结算账户信息，指个人开立结算账户的数量、开户银行等。

④ 个人非银行信息，包括个人住房公积金信息、个人养老保险金信息、个人电信缴费信息等。

⑤ 特殊交易信息，用于描述被征信人在商业银行发生的特殊信用交易的总体情况，包括展期(延期)、担保人代还、以资抵债等情况。

⑥ 特别记录，用于描述数据上报机构上报的应引起特别关注的信息(特别是负面信息)，如欺诈、被起诉、破产、失踪、死亡、核销后还款等信息。

⑦ 查询记录，显示何人(或机构)在何时、以何种理由查询过该人的信用报告。

(3) 信用报告说明。即对信用报告内容的一些解释信息和征信服务中心对信用报告所涉及的权利和责任的说明。

个人不仅要善待自己的信用报告，而且要善用信用报告。个人信用报告可应用在信用卡申领、求职、交易、租房等领域，提高交易成功率，降低交易成本。个人信用报告内容具体如表 5-3 所示。

专栏 5-10　　　　专栏 5-11

表 5-3　个人信用报告内容

个人的基本信息	包括个人的姓名、身份证号、家庭地址、工作单位等基本信息。这些信息告诉商业银行"这个人是谁"
个人在银行的贷款信息	何时在哪家银行贷了多少款，还了多少款，还有多少款没还，以及是否按时还款等信息
个人的信用卡信息	办理了哪几家银行的信用卡，信用卡的透支额度以及还款记录等信息
个人的信用报告被查询的记录	计算机会自动记载何时何人出于何种原因查看了信用报告
个人信用报告的其他内容	记载社会保障信息，银行结算账户开立信息，个人住房公积金缴存信息，是否按时缴纳电话、水、电、燃气费等公共事业费用信息，以及法院民事判决、欠税等公共信息

(二) 个人信用报告查询

个人可到征信中心或当地的查询机构申请查询本人的信用报告或代理他人查询信用报告。

个人在征信活动中有知情权、异议权、纠错权、司法救济权。

(1) 知情权。个人有权知道征信机构掌握的关于自己的所有信息，知晓的途径是到征信机构去查询自己的信用报告。

(2) 异议权。如果对自己信用报告中的信息有不同意见，可以向征信机构提出，由征信机构按程序进行处理。

(3) 纠错权。如果经证实，信用报告中所记载的信息存在错误，有权要求数据报送机构和征信机构对错误信息进行修改。

(4) 司法救济权。如果认为征信机构提供的信用报告中的信息有误，损害了个人的利益，而且在向征信机构提出异议后问题仍不能得到满意解决，可以向法院提出起诉，用法律手段维护个人的权益。

消费者查询自己信用报告的途径主要有：

(1) 去商业银行办理贷款、信用卡业务时，通过银行获取。

(2) 通过当地人民银行分支行的征信管理部门，或直接向央行的征信中心提出书面申请(包括网上申请)。

为保护个人隐私和信息安全，只能经当事人书面授权，并且限定用途，才能查询个人信用信息，每次查询还会自动生成查询记录，违规将受处罚。

除本人外，只有商业银行在办理贷款、信用卡、担保等业务和进行贷后管理时才可以直接查看个人信用报告。而且，个人信用信息基础数据库的计算机系统还会自动追踪和记录每一个用户查询个人信用报告的情况，并展示在信用报告中。

如果商业银行违反规定查询，或将查询结果用于规定范围之外的其他目的，将被处以罚款；涉嫌犯罪的，则将依法移交司法机关处理。

个人应该定期查询自己的信用报告，根据信用报告中的查询记录判断是否有可疑情况，发现未经授权的查询，及时报告征信中心。

在查询个人信用报告的过程中，应特别关注"查询记录"中记载的信息，据此可以追踪信用报告被查询的情况。主要有以下两方面的原因：第一，其他人或机构是否未经授权查询过信用报告。第二，如果在一段时间内，信用报告因为贷款、信用卡审批等原因多次被不同的银行查询，但信用报告中的记录又表明这段时间内没有得到新贷款或信用卡，可能说明向很多银行申请过贷款或申请过信用卡但均未成功，这样的信息对获得新贷款或申请信用卡可能会产生不利影响。需要说明的是，因贷后管理查询个人信用报告虽然也被记录在查询记录中，但并不需要经过本人授权。如果发现自己的信用报告被越权查询时，可以向征信管理部门反映，造成实际损失的，可以向法院起诉。

专栏 5-12

（三）消费信用修复

信用修复包括两个层面：①个人消费信用信息若有错误，个人有权向消费征信机构申请更正；②在规定期限内没有发生新的失信行为，或已有的失信行为得到纠正，可以删除已有的失信记录或不予公布。狭义的信用修复就是指第 2 种情形。

1. 个人消费信用信息错误的更正

个人信用报告内容发生错误，出错的原因可能来自四个方面：

(1) 在办理贷款、信用卡等业务时，个人提供了不正确的信息给银行。

(2) 别人利用各种违规手段，盗用名义办理贷款、信用卡等业务。

(3) 在办理贷款、信用卡等业务时，柜台工作人员可能因疏忽而将信息录入错误。

(4) 计算机在处理数据时由于各种原因出现技术性错误。

对于信用信息出现错误、遗漏的，个人有权向征信机构或者信息提供者提出异议，要求更正。

征信机构或者信息提供者收到异议，应当按照规定对相关信息做出存在异议的标注，自收到异议之日起 20 日内进行核查和处理，并将结果书面答复异议人。

经核查，确认相关信息确有错误、遗漏的，信息提供者、征信机构应当予以更正；确认不存在错误、遗漏的，应当取消异议标注；经核查仍不能确认的，对核查情况和异议内容应当予以记载。

个人认为征信机构或者信息提供者、信息使用者侵害其合法权益的，可以直接向人民法院起诉。

2. 个人消费信用信息的修复条件

信用修复的方式有自动修复、申请修复、更正修复、公益修复等形式。

信用修复不是无条件的，一般设置一定的条件限制。信用修复的条件设置分为三种：时间限制、数量限制和过程限制。

(1) 时间限制是指自失信行为认定之日起，一定时间期限后允许修复。

(2) 数量限制是指在一定时间内允许修正的失信记录有数量限制，超过数量的失信记录不能修复。

(3) 过程限制是指失信行为纠正整改后，规定需要做到哪些规定动作才能进行信用修复，如做出信用承诺，参加信用修复培训、志愿者活动、义工等。

六、提高个人信用等级的途径

银行将个人信用记录作为发放贷款或信用卡的主要依据之一，一个人的信用等级越高，就越容易获得银行贷款或通过信用卡审批。

要提高自己的信用等级，除了恪守信用，如经常与银行发生借贷关系并按时还贷、信用卡透支及时还款外，还可以通过以下途径提高自己的信用等级。

(1) 提高学历。一个人接受教育的程度与经济能力密切相关。对银行来说，学历越高的人信用越高。

(2) 拥有技术职称。一个人的专业技术是其工作能力的见证，相对来说，拥有工程师、经济师、会计师等职称的借款人，更能受到银行的垂青。

(3) 要寻找一份稳定的工作。稳定工作意味着稳定的收入，这是银行提供贷款的基本条件，公务员、教师、医生以及一些效益好的企业员工，银行都会给予适当的加分。

(4) 在贷款银行开有账户，适度借贷。没有借贷记录并非就是好事，因为银行失去了一个判断个人信用状况的重要途径。如果借款人在银行开有账户，有良好的信用记录，且经常有资金进出，其账户就会反映出过去存款的积数，银行便会酌情考虑给予加分。

要经常使用信用卡消费，并按时还款，可以提高信用积分。对于有多张信用卡并喜欢刷卡消费的人，非常容易记错或忘记还款期限，不能及时还款，不仅要缴高额利息，还会在个人信用方面染上污点。要控制好自己的信用卡数量，保证还款账户余额充足。

要结合资产负债状况，适度借贷，但要注意及时归还各种贷款。提前还贷虽然是一个积累信用的好办法，但银行更看重那些能每个月按时足额缴纳贷款的人。

(5) 要拥有个人住房。这表明个人有一定的经济基础。

(6) 要有完满的婚姻。相对来说，已婚且夫妻关系好的客户，一定会比单身者更具有稳定性，更能得到银行的青睐。

(7) 要注意生活中的小细节。包括按时缴纳公共事业费、手机不欠费等。

思考练习题

1. 简述消费信用的分类与形式。

2. 分析消费信用风险来源及防范风险的措施。

3. 个人信用评估包括哪些内容?

4. 个人信用报告包括哪些内容?

5. 案例:张辉在德国上学,拿到博士学位后四处求职,但几乎是大、小公司都拒绝了他,原因是信用库中有他乘坐公交车时的 3 次逃票记录。

案例分析:个人信用对张辉意味着什么? 为张辉提出提高个人信用的建议。

6. 结合大学生的学习和生活实际,设计大学生申请信用卡的评级指标,并提出提升信用的建议。

第六章 银行信用管理

学习目标

● 了解银行信用风险的概念、分类和评估方法;
● 了解银行信用管理制度和授信管理操作流程;
● 掌握银行信用产品的业务流程。

第一节 银行信用及信用管理概论

一、银行信用的内涵

银行信用是以银行或其他金融机构为媒介,以货币为对象向其他单位或个人提供的信用。

广义的银行信用包括银行作为债务人的负债类业务(如存款)以及作为债权人的资产类业务(如贷款)。狭义的银行信用仅指银行的资产类业务。

(一) 银行信用的功能

1. 信用媒介

信用媒介论创始于 18 世纪,盛行于 19 世纪,其主要代表人物是亚当·斯密、李嘉图和约翰·穆勒。该理论认为,银行(指商业银行)的功能在于提供媒介信用,银行要在接受存款的基础上才能放款。银行的负债业务先于资产业务,且负债业务决定着资产业务,银行通过信用方式起着媒介工具作用。银行充当信用媒介,这种信用不创造资本,仅仅是转移和再分配社会现实资本,以提高资本效益的作用。

2. 信用创造

信用创造论发展于 19 世纪,盛行于 20 世纪,其主要代表人物是约翰·劳、马克鲁德、哈恩等。该理论认为银行的功能在于为社会创造信用,银行能够通过存款进行贷款,且能用贷款的方式创造存款,银行通过信用创造能够为社会创造新的资本,信用就是资本,信用能够形成资本。银行的本质在于创造信用。

3. 信用调节

信用调节论是在资本主义经济进入垄断阶段以后产生的。该理论开始于 20 世纪二三十年代，盛行于现代，主要代表人物有霍曲莱、汉森、凯恩斯、萨谬尔森等。该理论认为，资本主义的经济危机可以通过货币信用政策去治理，主张通过扩张或收缩货币信用，控制社会的货币与信用的供给，干预经济生活，调节经济增长。

（二）银行信用的特征

1. 广泛性

参与银行信用的主体广泛，个人、企业以及政府均广泛而深刻地参与银行信用活动中，信用方式具有多样性。

2. 间接性

作为信用活动的中间媒介，银行信用是最基本的资金融通形式，在社会资金融通中居于中心地位，发挥着连接资金供求双方的职能。间接融资的有效运作可以发挥提高融资效率、降低融资成本和风险的功效。

3. 综合性

银行作为市场经济的中枢，通过银行信用的调控，可以发挥调控国民经济运行，改善经济运行质量的功效。

（三）银行信用结构的转型

随着市场经济环境的变化和金融竞争的发展，银行不断拓展服务领域，直接导致银行信用结构的变化。早期的商业银行以发放企业贷款为主。20 世纪 50 年代以后，随着融资结构的变化，大量企业到资本市场通过发行股票、债券筹集资金，银行由此失去不少市场份额。为应对竞争压力，银行加快信用创新力度，贷款结构由企业贷款为主转向加大个人贷款比重，积极拓展零售贷款业务，大力发展消费信贷，由此重新赢得竞争优势。

二、银行信用风险

（一）银行信用风险的概念

银行作为经营货币业务的中介机构，本身属于高风险行业。银行在经营中面临各种类型的风险，包括市场风险、信用风险、操作风险、国家风险、利率风险、流动性风险、法律风险等。

在上述风险中，信用风险占有特殊的地位，一直是金融市场上最为基本、最为古老也是危害最大的一类风险。世界银行对全球银行业危机的研究表明，导致银行破产的最常见原因就是信用风险。

狭义的信用风险又称违约风险，是指交易对手未能履行约定契约中的义务而造成经济损失的风险，即受信人不能履行还本付息的责任而使授信人的预期收益与实际收益发生偏离的可能性。

随着现代风险环境的变化和风险管理的发展，尤其是信用衍生品市场这一以纯粹信用为标的的交易市场的出现，使信用风险的概念不仅包括因为交易对手(包括借款人、债券发行者和其他金融交易合约的交易对手) 的直接违约而遭受损失的可能性，还包括由信用事件(破产、信用等级下降、投资失败、盈利下降、融资渠道枯竭等)引起损失的可能性。从这个意义来讲，信用风险的大小主要取决于交易对手的财务状况和风险状况。由此，信用风险的定义扩展到广义的范畴。

广义的信用风险是指由于各不确定因素对银行信用的影响，使银行金融机构经营的实际收益结果与预期目标发生背离，从而导致银行金融机构在经营活动中遭受损失或获取额外收益的一种可能性。

（二）银行信用风险的特征

1. 信用风险的内生性

导致债务人还款违约的主要因素是债务人自身的还款能力和还款意愿。由于违约风险取决于债务人的个体特征，银行必须及时、深入地了解受信企业的信用状况。

银行对受信者信用状况及其变化的了解主要有三个渠道：一是分析企业提供的各种信息(包括财务报表、拟建项目的可行性研究报告以及近期重大经营活动等)；二是外部信用评级机构公布的评级信息；三是商业银行从债券和股票市场获得的企业信息。这三个渠道都有很大的局限性，对于第一个渠道，信息的及时性和真实性在很大程度上依赖于借款人的诚信度；第二个渠道，受到了信用评级覆盖范围的限制；第三个渠道由于债券和股票的价格受到非信用因素的影响，特别是在金融市场不发达的发展中国家，市场能够提供的有效信息很有限。

2. 风险和收益的非对称性

信用风险的存在是因为受信方有违背某种承诺(偿还债务的承诺，或衍生工具中按协议交割资产)的可能性。这种承诺一般是事先安排好的确定的价格，因此对授信人(投资人)来说，收益就是一个事先确定的数额，而授信人的损失取决于受信方的违约状况，在违约敞口内没有限制。因此，有很大的可能只获取相对较小的利息收入，同时遭受较大的损失。

通常假定市场风险的概率分布为正态分布，市场价格的波动是以期望值为中心，主要集中于相近两侧，而远离期望值的情况发生的可能性较小，大致呈钟形对称；信用风险由于存在收益和损失不对称的风险特征，使风险的概率分布向左倾斜，即信用风险分布存在厚尾现象，这一特征导致难以对信用风险进行正态分布的假设，给信用风险的分析与控制带来了较大困难。

3. 道德风险是形成信用风险的重要因素

由于在信贷过程中存在明显的信息不对称现象，在信贷市场上通常表现为银行发放贷款后，很难对借款人在借款后的行为进行监管。因而借款人可能从事较高风险的投资行为，将银行置于承受高信用风险的境地，这就是所谓的道德风险问题，它对信用风险的形成起着重要作用。

4. 信用风险具有明显的非系统风险特征

信用风险多数情况下受到与借款人明确联系的非系统性因素的影响，如贷款投资方向、借款人经营管理能力、借款人风险偏好等，尽管借款人的还款能力也会受到如经济危机等系统性因素的影响，但信用风险的这种非系统性风险特征决定了多样化投资分散风险的风险管理原则也适用于信用风险管理。

5. 信用风险量化困难

信用风险量化困难主要体现为历史交易数据缺乏，信用产品的交易记录少，而且贷款的持有期限一般较长，即便到期出现违约，频率也远比市场风险的观察数据少。

(三) 银行信用风险的影响

1. 对债券发行者的影响

债券发行者的借款成本与信用风险直接联系，债券发行者受信用风险影响极大。计划发行债券的公司会因为种种不可预料的风险因素增加融资成本。例如，平均违约率升高的消息会使银行加大对违约的担心，从而提高了对贷款的要求，使公司融资成本增加。即使没有什么对公司有影响的特殊事件，经济萎缩也可能增加债券的发行成本。

2. 对债券投资者的影响

对于某种证券来说，投资者是风险承受者，随着债券信用等级的降低，则应增加相应的风险贴水，即意味着债券价值的降低。同样，共同基金持有的债券组合会受到风险贴水波动的影响。风险贴水的增加将减少基金的价值并影响平均收益率。

3. 对银行的影响

当借款人对银行贷款违约时，银行是信用风险的承受者。

(1) 银行的放款通常在地域上和行业上较为集中，限制了通过分散贷款降低信用风险方法的使用。

(2) 信用风险是贷款中的主要风险。随着无风险利率的变化，大多数商业贷款都设计成了浮动利率。这样，无违约利率变动对银行基本上没有什么风险。而当贷款合约签订后，信用风险贴水则是固定的。如果信用风险贴水升高，银行就会因为贷款收益不能弥补较高的风险而受到损失。

4. 对宏观经济的影响

(1) 银行信用风险会导致金融市场秩序的混乱，破坏社会正常的生产和生活秩序，甚至使社会陷入恐慌，极大地破坏生产力。

(2) 银行信用风险会导致实际投资风险增加，收益水平降低，整个社会的投资水平下降。

(3) 银行信用风险影响宏观经济政策的制定和实施。

(四) 银行信用风险分类

银行信用风险按照成因分类如下。

1. 违约风险

即债务人因违约而未能如期偿还债务给银行带来的风险。

2. 不确定性风险

即由于大量不确定事件的存在而引发债务人无法按期偿还银行贷款所引发的风险。

3. 追偿风险

即借款人信用质量状况的变化引起商业银行资产价值变动而导致的损失，即信用价差风险。

(五) 银行信用风险的成因

1. 内部因素

内部因素主要体现在贷款政策、信用分析和授信、贷款监督诸环节的缺陷上。

2. 外部因素

外部因素主要体现在影响借款人履约能力和履约意愿的诸多因素上，包括社会政治、经济变动、自然灾害等在内的银行无法回避的因素。

三、银行信用管理概述

(一) 银行信用管理定义

银行信用管理是银行风险管理的重要组成部分，是指银行对所涉及的信用关系和信用业务实施综合管理，重点是对履行信用契约的意愿和行为进行管理的过程。银行通过对信用风险的识别、衡量和控制，以最小的成本将信用风险导致的各种不利后果减少到最低程度，保证银行自身的信用不受损失。

(二) 银行信用管理分类

1. 按照银行信用活动的对象分类

按照银行信用活动的对象，分为受信管理和授信管理。

受信管理是商业银行接受受托人资金或服务的委托，对信用契约进行管理的过程；授信管理是商业银行对提供给别人信用，设置一些规定的程序和条件，对双方信用契约进行管理的过程。

2. 按照商业银行信用业务的功能分类

按照商业银行信用业务的功能，银行信用管理分为资产信用管理、负债信用管理、资本信用管理和表外信用管理四个子系统。

(1) 资产信用管理是指商业银行在贷款和投资等资产业务经营中，进行有效的风险控制和管理，建立识别和规避资产信用风险方法、模型技术，实现商业银行的资产盈利性和安全性。

(2) 负债信用管理是指商业银行依托银行的信誉，通过发行负债，如存款、借入资金(同业拆借、向央行借款)筹集资金，进行负债信用经营，以满足商业银行发展和流动性需求，预防和控制流动性风险。

(3) 资本信用管理是指商业银行通过发行股票等方式筹集资本金，并对资本金进行科学管理，建立有效的银行资本金补充机制，预防和规避商业银行的信用风险和流动性风险等，保持公众信心和银行体系安全。

(4) 表外信用管理是指商业银行在表外信用业务经营中，建立有效的表外风险控制机制，从而增加银行收益。

(三) 银行信用管理目标

(1) 通过对资产信用业务的经营，控制由于非对称信息存在对信用决策的影响，从而建立一套科学的资产信用经营机制，规避信用风险。

(2) 通过对负债信用业务的经营，建立有效的资金来源渠道，保证资产信用业务扩张所需充足、稳定的资金供给和满足客户存款支付的流动性需求，树立商业银行良好的同业品质效应和公众形象。

(3) 通过对资本信用业务的经营，建立一套有效的资本金补充机制，既控制资产信用业务扩张带来的风险，预防银行信用经营的非预期损失，又保证合理的资本盈利水平，确保银行债权人和社会公众对银行体系的信心。

(4) 通过对表外信用业务的经营，一方面进行业务创新将表内风险转移到表外(如互换业务)，规避风险，另一方面扩大收入来源，提高盈利能力。

这四种信用的管理是相互联系的。负债信用为资产信用的扩张提供了稳定的资金供给，资产信用通过银行的创造功能，又扩大了负债信用的增长规模；资产信用的扩张和风险，要求资本金的及时补充，资产信用和表外信用的盈利能力直接关系资本的收益率，资本信用业务的经营能力又为负债信用和资产信用的增长树立信心；资产信用与表外信用之间的转移，对银行风险的转嫁和资产的处置提供了创新思路。

商业银行通过这四种信用的系统管理，实现了信用管理目标与银行管理目标的统一。

(四) 银行信用管理内容

银行提供放贷的过程，就是承担信用风险获取盈利的过程。信用风险为银行面临的诸多风险中最为重要的风险，银行信用管理追求的是收益与风险的均衡，是如何精确度量信用风险损失概率分布，相应地将有限的风险资本分配到各种业务中，以达到风险/收益配置最优化。

银行信用管理分为以下两个方面。

(1) 如何达到单项债务收益与风险的均衡，即如何使得单项贷款的定价和单项贷款的信用风险相匹配。

(2) 如何达到银行总体收益与总体贷款风险的均衡，即如何使得银行在满足金融监管要求的同时达到风险资本的最优配置。

商业银行信用管理具体内容如图 6-1 所示。

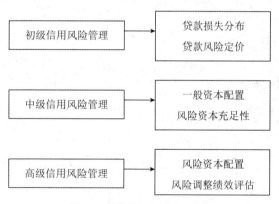

图 6-1　商业银行信用管理内容

单个债务人的违约风险是商业银行为获取盈利必须承担和积极管理的风险，通过历史数据拟合出信用损失分布曲线，尤其是确定未预期损失分布特征是管理信用风险的前提。信用风险不同于市场风险，不服从正态分布，具有明显的"厚尾性"。"厚尾性"说明虽然其发生概率较小，但存在发生较大损失的可能性。也就是说，在信用风险领域并非方差较大的资产就比方差较小的资产风险大。所以，信用管理都要采取措施尽可能地缩短损失分布的"厚尾性"，减少发生预期损失的概率。

银行信用管理可分为两个层次：

(1) 银行信用管理的第一层次是确定单项贷款的损失分布，给单项贷款合理的定价和配置风险资本权重。

(2) 银行信用管理的第二层次是确定资产组合的信用风险损失分布，确定最优风险资本配置。

信用风险度量与管理的层次关系如图 6-2 所示。

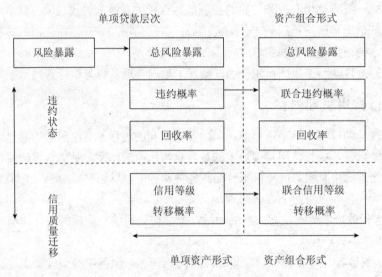

图 6-2　信用风险度量与管理层次

纵观信用管理的整个过程，其内容和核心就是信用风险的度量。

四、银行信用管理体系

(一) 银行信用管理架构

银行信用管理架构如图 6-3 所示。

1. 客户经理部

客户经理部负责对贷款客户资质的前期调查，通过调查发现银行的优质客户，做好客户信用分析报告及备齐相关的贷款申请资料，送信用风险管理部门审批。

2. 信用风险管理部

信用风险管理部对各支行提出的贷款申请进行审查，并提出反馈意见，将审查通过的贷款合并自己的审查意见提交贷审会。

3. 贷审会

贷审会投票决定贷款的发放以及贷款的发放条件。它是对银行审批贷款的最高权力机构。

4. 稽核部

稽核部负责银行各项工作的监督检查机构，主要是从会计角度审查文件和凭证的齐备性。

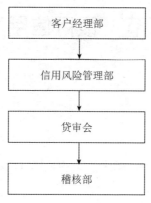

图 6-3 银行信用风险管理架构

(二) 银行信用管理内部机构

1. 风险管理委员会

银行均非常重视风险管理组织的构建。一般在银行董事会下设风险管理委员会,由一名副总裁直接领导风险管理委员会,作为银行内部最高层次的风险决策部门,负责建立银行的业绩目标和信贷组合标准,并与信贷政策委员会共同决定各地区(国家)和各行业的最高额度指标。

风险管理委员会的成员一般都由风险管理的高级管理人员组成。其主要的职能是对全行的风险管理信息进行交流,讨论风险管理政策并做出相应的决策或建议,有的委员会还有审批职能。如巴黎国民银行设立的风险管理执行委员会共有 8 名成员,分别负责信用风险、市场风险、操作风险和资产组合分析,以及北美、亚洲及本土的风险管理。

2. 风险管理部

风险管理部负责日常的风险管理、分析、监控、报告工作,在长期的管理实践中,各行都设立了庞大的风险管理机构。

风险管理体系相对独立性是各大银行风险管理体系的主要特点,体现在以下方面。

首先,风险管理的机构和职能完全独立于业务部门和检查部门。以巴黎国民银行为例,其集团风险管理部门、各业务部门、检查部门是直接向执行委员会主席报告的主要机构。

风险管理有别于稽核和检查的重要特征是:风险管理是"second pair of eyes"(第二双眼睛),风险管理的职能是代表管理层的独立视角(independent eyes on behalf of general management),进行的是持续的事前控制(continuous control before decision),而检查或稽核工作是事后进行的。

其次,风险管理的相对独立性表现在报告路线的独立性上。西欧各商业银行的风险管理工作一般都在风险管理系统内进行,而不受分行或业务部门负责人的干预,主要包括信息的传递、风险管理方针政策的实行、授信项目的审批等。派至各地区总部或分行的风险管理人员不受当地领导的制约。

最后,风险管理人员的相对独立性保证了风险管理的独立性。风险管理人员的任命、考核、调动等一般也在风险管理系统中决定,这就从人事制度上保证了风险管理的独立性。

第二节　银行信用产品

一、银行传统信用产品

(一) 商业贷款

从期限上看，商业贷款可以分为短期贷款、中长期贷款和循环使用限额贷款。

1. 短期贷款

短期贷款即期限在一年以内的贷款，主要有两种形式——贷款承诺和信贷限额。

短期贷款一般是具有自偿性质的季节性贷款。如零售商在销售旺季来临前进货所申请的贷款，一旦货物售出资金回收后就会偿还贷款。生产企业为购买原材料而申请的短期贷款也具有类似性质。对于季节性贷款，如果债务人具有良好的信用记录，银行往往不需要抵押品，贷款的额度视借款者的信誉而定。必要时，原材料、半成品和成品等库存都可以作为短期贷款的抵押品。

2. 中长期贷款

中长期贷款即期限在一年以上的贷款。一般根据预测的借款者的经营状况和现金收益，按分期付款的方式偿还。中长期贷款的利率较高。与短期贷款不同，中长期贷款的偿还依赖于借款者的长期经营收益和现金收入。因此，银行面临的信用风险越高，对借款人的信用分析就越谨慎。中长期贷款一般需要抵押品，期限一般为 1~7 年，也有 10 年以上的贷款。中长期贷款的期限和数额一般视贷款的用途和借款人的还款能力而定。

3. 循环使用限额贷款

循环使用限额贷款规定贷款的最高限额，在一定期限内只要不超过限额，借款者可以随时获得贷款和偿还贷款。循环使用限额贷款在协议期内实际上是一种贷款承诺。协议终了时这种贷款可以被转为中长期贷款，这时的贷款使用和偿还方式同中长期贷款。由于协议期内贷款的利率是固定的，借款者没有成本波动风险和是否能够再获得贷款的顾虑，因而银行要承担全部的金融风险(如利率风险、流动性风险和信用风险等)。

(二) 消费贷款

消费贷款是指银行向个人而不是工商企业发放的消费性贷款，包括分期偿还贷款、一次性偿还贷款及循环使用贷款等。

1. 分期偿还贷款

分期偿还贷款要求借款人按一定的期间(通常是按月)偿还部分本金和利息，直至还清所有的本金和利息，除循环使用贷款外，其余消费贷款都需要担保。分期偿还贷款可以是直接贷款，也可以是间接贷款。直接贷款是放款给贷款的最终使用者；间接贷款是指银行贷款给零售商，零售商再以分期收款的方式出售商品。贷款的最终使用者并不直接从银行贷款。常见的分期偿还贷款有汽车贷款、住房装修贷款、教育贷款和医疗贷款等。

2. 一次性偿还贷款

一次性偿还贷款主要是短期贷款,前提是借款者未来的现金收入有确实可靠的保证。这种贷款的利息和本金一次性同时偿还,主要用来满足借款者的临时性资金需求,因而也称为过渡性贷款。如人们由于搬迁或者希望改善居住条件而需要购买另一套房屋时,常向银行申请这种贷款来支付购房订金,一旦房屋出售就可以一次性地偿还这笔贷款。

3. 循环使用贷款

循环使用贷款实际上是一种特殊的分期偿还贷款,通常通过信用卡的透支来融资。

(三) 不动产贷款

不动产贷款可分为商业不动产贷款和住宅抵押贷款两大类。

1. 商业不动产贷款

商业不动产贷款是指为房地产开发商和土地开发商提供的贷款,主要有建设贷款和土地贷款。建设贷款是向建筑商提供的贷款,用于建筑材料、劳工费用等项目的支付,通常是短期或中期的临时性贷款。土地贷款用于待开发土地的基础设施建设,通常为中期贷款。

2. 住宅抵押贷款

住房抵押贷款是个人借款者用来购买家庭住房的长期贷款,最长可达 30 年,住房抵押贷款以分期付款的方式偿还,违约时,银行有权拍卖抵押的房屋。

(四) 农业贷款

农业贷款是地处农业地区的中小银行经营的主要业务。农业贷款受自然环境变化影响较大,风险较大。农业贷款在整个商业银行贷款中所占的比重较小,而且商业银行也不是农业贷款的主要发放者。

(五) 国际贷款

国际贷款是指商业银行在国际金融市场上向外国借款者发放的贷款,借贷双方是不同国家的法人。主要的借款者为跨国公司、进出口公司、大规模工程项目、各国银行以及各国政府等。由于国际贷款的数额往往较大,一家银行不能或者不愿独立满足借款者的需要,因而经常采取国际银团方式,即由数家银行共同参与联合贷款。银行的国际贷款主要以美元计算。借款用途从短期的商业融资到与一个国家长期经济发展有关系的建设性贷款。在国际信贷业务中,银行间的相互拆借占很大的比重。

(六) 其他贷款

商业银行还提供许多其他形式的贷款,包括金融租赁、应收款贷款、存货贷款和贴现等。

1. 金融租赁

金融租赁是银行向企业提供的一种特殊形式的贷款,租赁企业在租赁期间拥有设备的使用权,并可以在租赁结束时决定是否购买这些设备。租赁有两种形式,一是直接租赁,银行提供全部设备购买资金,由客户决定设备类型和生产厂家,然后由银行或设备租赁公司购买设备,再租赁给客户。另一种形式是杠杆租赁，由银行出面成立一个所有权信托基金，该基金负责购买设备并租赁给所需的企业。银行只出部分款项，基金向其他机构筹款来进行租赁。

2. 应收款贷款

应收款贷款是指银行以应收账款为抵押品发放的贷款。

3. 存货贷款

存货贷款是指银行以企业存货为抵押品发放的贷款。应收款贷款和存货贷款的差异仅是抵押品不同。

4. 贴现

贴现是指远期汇票经承兑后，汇票持有人在汇票尚未到期前在贴现市场上转让，受让人扣除贴现息后将票款付给出让人的行为。

（七）信用证

在国际贸易中，为减少风险，进口商往往希望收到货物后付款，而出口商则希望先收款再出货，这中间的收付款时间差是国际贸易的一大障碍。信用证的结算方式正好为买卖双方提供了一种承诺，有条件地保障了进出口双方的利益。

在信用证的计算过程中，开证行承担第一付款人的责任，以更为可靠的银行信用代替了进出口商业信用，信用证作为独立文件不受交易合同的限制与约束，是当前国际贸易中广泛使用的支付方式。

信用证根据其是否附有单据，分为跟单信用证和光票信用证。

（八）备用信用证

备用信用证的实质是一种银行担保，保证了备用信用证持有人对第三方依据合同所做的承诺。银行以自己的信用为其客户提供担保，获取手续费收入。备用信用证只有在银行的客户不能履约时，银行才需要承担付款义务。备用信用证既用在商业交易中也用在金融交易中，常用来作为企业发行商业票据和债券的担保。

（九）贷款承诺

贷款承诺是银行根据合约在一定期间内向借款者提供一定金额限度的固定或浮动利率贷款，借款者在合约期内和金额限度内自行决定借款时间和数量。银行一般根据所承诺的贷款额按一定比例收取承诺费，通常该比例不超过 1%，利息则按照实际借款额计算。

贷款承诺的用途如下：发行短期商业票据的企业通常通过发行新的票据来偿还到期债务，当经济环境不允许企业继续发行票据时，企业就可以利用贷款承诺来融资偿还到期债务；贷款承诺还可以满足企业临时增加的库存和季节性需求。

贷款承诺为企业提供了一种保险，减少了企业的流动性风险。

（十）信用保险

信用保险业务(credit insurance)是指权利人向保险人投保债务人的信用风险的一种保险，是一项企业用于风险管理的保险产品，其主要功能是保障企业应收账款的安全。其原理是把债务人的保证责任转移给保险人，当债务人不能履行其义务时，由保险人承担赔偿责任。

信用保险会在投保企业的欠款遭到延付的情况下，按照事先与企业约定好的赔付比例赔款给企业。引发这种拖延欠款的行为可能是政治风险(包括债务人所在国发生汇兑限制、征收、战争及暴乱等)或者商业风险(包括拖欠、拒收货物、无力偿付债务、破产等)。

信用保险分为以下三种。

1. 商业信用保险

商业信用保险主要是针对企业在商品交易过程中所产生的风险，具体业务包括贷款信用保险、赊销信用保险、预付信用保险。

2. 出口信用保险

出口信用保险(export credit insurance)，也叫出口信贷保险，是各国政府为提高本国产品的国际竞争力，推动本国的出口贸易，保障出口商的收汇安全和银行的信贷安全，促进经济发展，以国家财政为后盾，为企业在出口贸易、对外投资和对外工程承包等经济活动中提供风险保障的一项政策性支持措施，属于非营利性的保险业务，是政府对市场经济的一种间接调控手段和补充，是世界贸易组织(WTO)补贴和反补贴协议原则上允许的支持出口的政策手段。目前，全球贸易额的 12%～15%是在出口信用保险的支持下实现的，有的国家的出口信用保险机构提供的各种出口信用保险保额甚至超过其本国当年出口总额的三分之一。

3. 投资保险

投资保险又称政治风险保险，主要承保投资者的投资和已赚取的收益因承保的政治风险而遭受的损失。开展投资保险的主要目的是为了鼓励资本输出。作为一种新型的保险业务，投资保险于 20 世纪 60 年代在欧美国家出现，现已成为海外投资者进行投资活动的前提条件。

(十一) 保理业务

保理(factoring)业务又称托收保付，是一项集贸易融资、商业信用调查、应收账款管理及信用风险担保于一体的新兴综合性金融服务。

保理是指卖方/供应商/出口商与保理商间存在一种契约关系。根据该契约，卖方/供应商/出口商将其现在或将来的基于其与买方(债务人)订立的货物销售/服务合同所产生的应收账款转让给保理商，由保理商为其提供下列服务中的至少两项：贸易融资、买方信用评估、销售账户管理、担保、账款催收。

在卖方续做保理业务后，保理商会根据卖方的要求，定期/不定期向其提供关于应收账款的回收情况、逾期账款情况、信用额度变化情况、对账单等各种财务和统计报表，协助卖方进行销售管理。

(十二) 福费廷

福费廷(forfeiting)业务是改善出口商现金流和财务报表的无追索权融资方式。包买商从出口商那里无追索地购买已经承兑的，并通常由进口商所在地银行担保的远期汇票或本票的业务就叫作包买票据，音译为福费廷。其特点是远期票据应产生于销售货物或提供技术服务的正当贸易；续做包买票据业务后，出口商放弃对所出售债权凭证的一切权益，将收取债款的权利、风险和责任转嫁给包买商，而银行作为包买商也必须放弃对出口商的追索权；出口商在背书转让债权凭证的票据时均加注"无追索权"字样(without recourse)从而将收取债款的权利、风险和责任转嫁给包买商。

福费廷业务主要提供中长期贸易融资，利用这一融资方式的出口商应同意向进口商提供期限为 6 个月至 5 年甚至更长期限的贸易融资；同意进口商以分期付款的方式支付货款，以便汇票、本票或其他债权凭证按固定时间间隔依次出具，以满足福费廷业务需要。除非包买商同意，否则债权凭证必须由包买商接受的银行或其他机构无条件地、不可撤销地进行保付或提供独立的担保。福费廷业务是一项高风险、高收益的业务，对银行来说，可带来可观的收益，但风险也较大；对企业和生产厂家来说，货物一出手，可立即拿到货款，占用资金时间很短，无风险可言。因此进行这种业务的关键是必须选择信用十分好的进口地银行。

（十三）信用担保

信用担保是指担保机构以保证的方式向担保对象提供的承诺，在担保对象不能依约履行债务时，由担保机构承担合同约定的担保责任。

信用担保产品包括融资担保、交易担保、税收担保、司法担保、特别担保等类型。

信用担保适用于市场前景较好、经营较稳定、具有履约意愿、缺乏信用记录和抵押物的企业，特别是中小企业，能帮助这些企业获得银行融资支持。

信用担保机构在承接信用担保业务时，要加强对担保项目的审查、评估与后期监督，同时采取反担保、再担保措施，降低担保风险。

二、银行信用衍生产品

（一）信用衍生产品概述

1. 信用衍生产品定义

信用衍生产品是国际互换与衍生产品协会在 1992 年创造的一个名词，用于描述一种新型的场外交易合约。根据国际互换与衍生品协会的定义，信用衍生产品是用来分离和转移信用风险的各种工具和技术的统称，是一种双边金融合约安排，交易双方互换事先商定的或是根据公式确定的现金流。现金流的确定依赖于预先设定的未来一段时间内参照资产信用事件的发生，从而使得参照资产信用风险从众多风险中独立出来并转移给交易对手，参照资产可以是信贷资产、债券等一系列金融资产。

信用衍生产品实质上是交易双方签订的一项金融合约，该项合约将信用风险从基础资产中剥离出来，进行定价，使它能够转移给最适于承担或最愿意管理该风险的投资者。

信用衍生产品实质上是对传统金融衍生工具(远期、期权及互换)进行再造，赋予其管理信用风险的新功能，是现代金融机构信用风险管理的一场革命。在信用衍生产品产生之前，信用风险和市场风险往往结合在一起，而任何一种避险工具都不能同时防范信用风险和市场风险。信用衍生品的出现使金融机构可以将原来只能依靠内部管理或多样化分散的信用风险通过市场对冲来解决，其最大的特点是将基础资产保留在表内，将信用风险从市场风险中分离出来并提供风险转移机制。

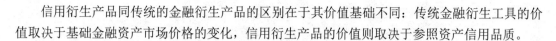

信用衍生产品同传统的金融衍生产品的区别在于其价值基础不同：传统金融衍生工具的价值取决于基础金融资产市场价格的变化，信用衍生产品的价值则取决于参照资产信用品质。

2. 信用衍生产品构成要素

信用事件，是指信用衍生产品合约规定的，触发信用事件支付的事件，如信用参照方发生破产、无力支付或拒付，或是债务再安排、债务重组和信用降级等。

信用事件支付，是指信用衍生产品合约规定的、发生信用事件时支付的数额。

信用保险买方，也称为信用风险出售方，是指通过信用衍生产品合约转出基础资产信用风险(但不转移基础资产的权利)的参与者。

信用保险卖方，也称为信用风险购买方，是指通过信用衍生产品合约转入基础资产信用风险(但不转移基础资产的权利)的参与者。

信用参照方，是指个体、法人或国家，其信用状况是信用衍生产品合约的基础。

信用参照债务，是指信用参照方的一项债务，是信用衍生品合约中的独特条款，其主要作用是提供现金结算的基础，或在实物结算时界定可支付债务的资历。

基础资产，是指信用保险买方所要对冲信用风险的资产，如债券、贷款或表外风险暴露头寸等。

3. 信用衍生产品类型

信用衍生产品经过 10 多年的发展已经出现了多种具体的衍生工具，而且新的产品也在不断地涌现。目前信用衍生工具主要有信用互换(credit swaps)、信用期权(credit options)和信用关联票据(credit-linked notes)三种主要形式。它们是在互换市场、期权交易和证券市场发展比较成熟的基础上开发出来的复合金融衍生工具。

4. 信用衍生产品特征

信用衍生产品除了与传统金融衍生品的性质(如备用信用证、联合贷款、债券保险及贷款担保)有极其相似之处外，还呈现出不同的特点：极大的灵活性，在交易对象、期限、金额等方面，可以制定满足客户需求的特殊产品；良好的保密性，银行无须直接面对衍生交易的另一方，保证了对客户记录的机密性，使得银行可在无须破坏银行与借款者良好关系的前提下管理贷款信用风险；债务的不变性，信用衍生品以企业的债务为交易对象，信用衍生品处理的只是债务的结构成分，对原债务的法律债权债务关系没有任何影响；较强的可交易性，信用衍生品克服了传统信用保险、担保工具的薄弱环节；实现了信用风险交易市场化。

尽管信用衍生工具出现的时间比较晚，但作用正获得越来越多的认可，除银行以外，其他金融机构如保险公司、养老基金、公司、共同基金等也纷纷涉足信用衍生品市场。

(二) 信用衍生工具

1. 信用互换

信用互换是双方签订的一种协议，目的是交换一定的有信用风险的现金流量，从而以此方式达到降低金融风险的目的。目前，信用互换是一种非零售的交易，每个互换合同资产约为 2500 万～5000 万美元，合同资产可以从数百万元到数亿元，期限从 1 到 10 年均可。

信用互换是通过投资分散化来减少信用风险的。对于贷款集中在某一特定行业和特定地区的银行来说，利用信用互换管理信用风险是十分必要的。

信用互换主要包括贷款组合互换和总收益互换。

(1) 贷款组合互换。信用互换中最为简单的是贷款组合的互换。

若有两家银行，甲家主要贷款给当地农民，而乙银行主要贷款给当地的工业制造企业。通过中介机构 M，两银行可以进行互换交易(见图 6-4)。

图 6-4　贷款组合互换

若两家银行均有 5000 万元人民币的贷款，则可进行互换的过程如下：甲、乙银行均将各自的贷款组合所产生的收益交给金融中介机构 M，金融中介机构 M 协助他们完成收益的互换。因为工业与农业之间的贷款违约率很少会一致变化，则两家银行均可以对信用风险进行避险。

贷款组合互换实质上是通过金融中介机构对银行贷款组合分散化而降低信用风险，金融中介机构可从中收取一定的费用。

(2) 总收益互换。信用互换中最为常用的是总收益互换。总收益互换(total return swap，TRS)也称贷款互换(loan swaps)，是指针对非流动性的基础资产(如商业贷款等)，按照特定的固定或浮动利率互换支付利息的合约。

互换的出售者在金融中介机构的安排下，将基础资产的全部收益(包括基础资产的利息、手续费加减基础资产价值的变化)支付给风险的购买者，而风险的购买者即互换的购买者则支付给出售方以 LIBOR 利率(伦敦同业拆借利率)为基础的收益率(通常为 LIBOR 加减一定的息差)(见图 6-5)。

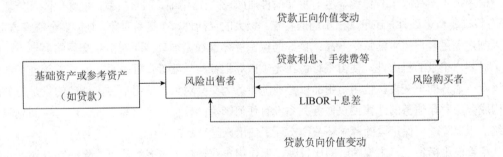

图 6-5　总收益互换

在此类型的互换交易中，假设甲银行将其贷款的全部收益交给金融中介机构 M，M 再将这笔收益转交给共同基金 I。作为回报，共同基金 I 付给金融中介机构 M 浮动利率的一个相应的收益。基于甲银行的投资，共同基金将付给甲银行高于同期国债 $a\%$ 的利率。此互换对于甲银行来说是将其贷款组合的收益转化成了有保障的且高于短期无风险利率的收益。因为其收益是有保障的，则甲银行可以达到降低信用风险的目的。

相对于贷款出售，总收益互换有两个优点。

首先，总收益互换可以使银行降低信用风险，同时对客户的财务记录进行保密。在总收益互换交易中，借款公司的财务记录仍然在原贷款银行留存。而在贷款出售交易中，借款公司的财务状况记录将转交给新的银行。

其次，总收益互换交易的管理费用比贷款出售交易的费用少。例如，一般的金融机构(如保险公司)在买入贷款后，可能对监督贷款使用和确保浮动利率与无风险利率一致变化投入的成本过高。因而，减少管理费用可以使分散化管理风险的成本更加低廉。

总收益互换与一般的信用互换的目的有所不同。一般的信用互换是为了消除以某个信用事件为前提条件而引起的收益率的波动，而总收益互换则是反映了在经济活动中某一特定的金融资产价值的变化。

2. 信用期权

信用期权又称信用价差期权，是为回避信用评级变化风险而设计的信用衍生工具。

信用价差是指某种证券或者贷款的收益率与相应的无风险利率的差额。信用价差衍生工具的一般形式就是以这种差额为标的资产的远期合约或期权，它实现了对信用资产这种特殊性质的分割交易，从而达到降低风险、增加收益的目的。应用最广泛的信用价差衍生工具是信用价差看涨期权(见图6-6)。

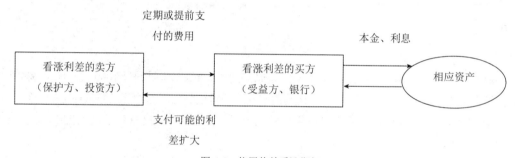

图6-6　信用价差看涨期权

(1) 信用期权的使用，具体如下。

信用期权在回避平均信用风险贴水变动的风险中的使用：类似于与利率相联系的期权，债券的发行者可以用信用期权对平均信用风险贴水进行套期保值。

假设 T 公司信用评级为 Baa，计划在两个月内发行总价值为 1000 万元的 1 年期债券，预定风险贴水 1.5%。若考虑在债券发行前付给投资者的风险贴水上浮，则公司为发行债券势必要以更高的利率发行，融资成本必将升高。为防止此类情况的发生，T 公司可以购入一个买入期权，约定在风险贴水上浮到一定限度后，可以由期权的出售方弥补相应多出的费用。

若 T 公司买入一个关于在两个月内发行的 1000 万元债券的风险贴水的买入期权，期权价格为 50 万元，目前的风险贴水为 1.5%，买入期权将补偿超过 1.5%时的风险贴水。如果风险贴水因为经济情况恶化而升至 2.5%，则风险贴水上涨一个百分点，就会导致 T 公司多付出 100 万元，这些多付出的款项就可由买入期权来抵消。同样，假设信用风险贴水降至 0.5%，则买入期权无任何收益，但 T 公司因可以较低利率借款而较预定的借款费用节省 100 万元。因而，买入期权，在信用贴水上升时可以固定利率借款而避免损失，利率下降时则可以享有相应的好处。当然，享有这样权利的代价是要付出 50 万元的。

信用期权在回避债券等级下降风险中的使用：债券投资者可以使用信用期权对债券价格进

行保值，主要是用来针对债券等级下降时回避此类信用风险。

若投资者有某公司 1000 万元的债券，为保证在债券等级下降时不会因债券价值下跌引起损失，投资者购买一个价值 4 万元，约定价格为 900 万的卖出期权合约。此期权给予投资者在下一年中的任何时候以 900 万元的价格卖出其债券的权利。若下一年中，债券价格跌至 700 万元，则行使期权权利可避免损失 200 万元。若债券价格升至 1200 万元，则不行使期权权利。由此可知，卖出期权的投资者在价格下跌时可获得相应的补偿，而在价格上升时仍然有获利的权利。

(2) 信用违约互换。信用违约互换(credit default swap，CDS)是一类特殊的信用期权，其实质是一种债券或贷款组合的买入期权。

风险的出售方向购买方支付一定的费用，在互换期限内若约定的信用事件发生，则风险的购买方将向出售方支付全部或部分的违约损失；若约定的信用事件未发生，则互换自动失效(见图 6-7)。

图 6-7　信用违约互换

假设某投资者证券组合中有 20 种 Baa 级债券，每种债券每年应付利息 1000 元，投资者购买信用违约互换 20 元，则可在 3～20 种债券违约的情况下获得依照信用违约互换条款约定的补偿。

信用违约互换的关键在于限制了信用风险的范围。在上例中，投资者通过承担 1～2 个债券违约的风险而避免了更大程度上的损失。

(3) 信用期权合约的对象。投资者、银行等为了避免信用风险而构成了信用期权的需求方。行业数据表明，在目前信用衍生工具尚不规范的情况下，保险公司是其中的供应方。保险公司可以做人寿保险和财产保险，而对金融信用风险承保是其业务逻辑上的扩展。保险公司往往在收取一定费用后对不同领域的投资做风险的再分散化管理。

3. 信用关联票据

信用关联票据(credit-linked notes，CLN)是普通的固定收益证券与信用违约期权相结合的信用衍生产品，是以信用基础资产为依托发行的证券，发行时往往注明其本金的偿还和利息的支付将取决于约定的基础资产(或参考资产)的信用状况。当参考资产出现违约时，该票据就得不到全额的本金偿还(见图 6-8)。

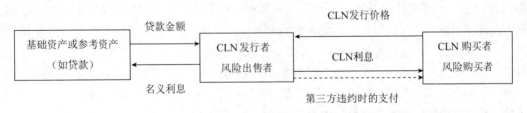

图 6-8　信用关联票据

假设某信用卡公司为了筹集资金而发行债券。为降低信用风险，公司可以采取一年期信用关联票据形式。此票据承诺，当全国的信用卡平均欺诈率指标低于5%时，偿还投资者本金并给付本金8%的利息(高于一般同类债券利率)。该指标超过5%时，则给付本金以及本金4%的利息。信用卡公司则是利用信用关联票据减少了信用风险。若信用卡平均欺诈率低于5%，则公司业务收益很可能提高，公司可付8%的利息。而当信用卡平均欺诈率高于5%时，则公司业务收益很可能降低，公司则可付4%的利息。某种程度上等于是从债券投资者那里购买了信用卡的保险。债券投资者则因为可以获得高于一般同类债券的利率而购买。

第三节　银行信用风险管理

一、银行信用风险管理程序

1. 贷款发放前的信用分析和信用评估

信用风险分析的目的在于有效甄别借款人，确保风险敞口、监控政策和程序的适度，确保贷款定价、贷款期限和其他防范不良贷款或呆账的措施与银行所能承担的风险水平相匹配。

2. 贷款审批

贷款审批制度的目的在于建立贷款的分级审批制度，确保信贷标准的有效实施及贷款的审慎发放。

3. 贷后管理

贷后管理的目的在于及时掌握借款人的经营及财务状况，防止各种不确定因素对贷款造成损害。

大多数银行根据贷款额的大小来确定定期审查的对象和频率，对大额贷款必须要做定期审查，而对小额贷款，仅做一些抽样调查。

贷后审查与贷款的风险级别有关，最安全的贷款可能只是一年考察评价一次，而风险较大的贷款则每月都需要重新评估贷款人的信用和还款能力。

贷后管理关注借款人的任何反常举动，如推迟偿还利息、延期递交财务报告等，这些征兆很可能是借款人经营和财务状况恶化的前兆。

贷款的审查要与外部经济环境的变化保持协调，如经济衰退时，企业的经营环境恶化，不良贷款可能增加，此时贷款审查的频率应增加。一旦发现问题，及时采取补救措施，减少可能的贷款损失。

二、银行信用风险管理要素

(一) 客户授信整体风险

客户授信整体风险是将银行的客户汇总作为整体分析对银行的业务所带来的影响与风险，标志着银行的信用风险管理从单笔授信管理发展到客户整体信用风险的控制，从以单一客户为对象的控制发展到以客户所有关系网络为对象的监控。

1. 客户的整体评价

客户的整体评价从客户层面需要确定客户的信用等级和客户的债务承受能力。

确定客户信用等级的关键是制定客户信用等级评价标准。国际大银行均建立有自己的信用评级系统。

客户债务承受能力是由信用等级、经济实力、所处行业、经济环境等因素决定的。

客户的整体评价从银行层面需要确定对不同地区、不同行业、不同类型的客户评价方法。这要求银行要有自己的内部评级体系，分别按不同要求进行评级。

2. 客户的风险域

客户风险域是考察以客户为核心，由于投资关系、经营关系、担保关系、人事关系、借贷关系等形成的网络关系，以判定由于风险域内成员状况的变化对核心成员的影响。

3. 信贷资产组合管理

银行信贷资产组合管理是指银行根据授信业务的性质、种类、风险程度等因素对授信业务和信贷资产按照不同地区、行业实行多组合、多层面、多角度的纵向和横向的动态分析监控。

（二）信用风险平衡

信用风险平衡是指银行在风险管理中为达到控制和锁定风险的目的，应以损失和收益对称为追求目标。

1. 在银行层面对损失的控制

银行消化授信业务损失的方法首先是动用呆账准备金，在呆账准备金不足的情况下，银行要动用资本来弥补损失。如果银行的资本不足以弥补损失，银行就会出现违约，面临倒闭风险。银行资本是防范和抵御损失的最后防线，为了防止银行违约情况的出现，银行就需要根据资本所能抵御和消化的能力制定所能承受的损失限额。

银行层面的损失主要通过限额管理来实现。限额即银行经济资本能够消化的内部业务经营部门或分支机构损失的限额，可根据银行所能消化的信用风险损失数额来确定，反映了银行管理层对损失的容忍程度，也反映了银行在信用风险管理上的政策要求和银行风险资本抵御及消化损失的能力。银行根据业务部门和分支机构的业务发展状况和授信政策将经济资本限额分配至不同地区、行业的业务中和该部门或分支机构所经营的金融产品中，要求银行各个业务部门和分支机构严格在分配的授信限额内开展业务，从而达到控制风险的目的。

2. 在客户层面上对损失的控制

在客户层面上对损失的控制就是确定客户授信限额。客户授信限额是银行在客户的债务承受能力和银行自身的损失承受能力范围内，所愿意并允许向客户提供的最大授信额。

（三）统一授信管理

1. 统一授信内涵

统一授信要实现授信主体的统一、授信客体的统一、授信风险标准的统一、授信业务管理的统一。

授信主体的统一要求银行作为整体来授信,内部部门和分支机构不能独立授信。

授信客体的统一要求银行将客户作为一个整体授信来授信,防止客户通过不同的关联公司获取超过自身能力的授信。

授信风险标准的统一要求银行必须用一个标准对客户的授信风险进行识别和评价。

授信业务管理的统一要求银行对内部不同的职能管理部门、不同金融产品的经营部门、不同地区的分支机构按照信用风险管理要求实施统一管理。

2. 统一授信运行机制

统一授信管理贯穿于授信业务流程的全过程。在全流程中,从银行对客户进行信用评估开始,经过判断最高债务承受额、核定授信限额、审查授信业务申请、批准授信额度、核实担保抵押授信、签署授信文件、提供授信产品、信贷资产组合管理、收回贷款本息、催收不良贷款、追偿担保或处理抵押品、实施法律诉讼、核销呆账、修正授信政策,直至调整评级标准的全部授信业务流程都要贯彻统一授信管理要求,对授信风险进行识别、评价、管理和监控。

3. 统一授信组织

统一授信要求对银行内部的不同职能部门要按照信用风险管理的要求,区别不同的管理层次,对整体授信风险和单一授信风险实施统一管理。

风险管理部门负责整体授信的管理与防范,包括按照董事会的要求和风险偏好制定信用风险管理政策、授权准则和各类评级标准,并在所管辖范围内组织对客户的统一授信;根据董事会所制订的容忍度及风险资本、业务发展计划、盈利和提足拨备计划,制定授信业务和信贷资产组合的配置方案,将经济资本分配至相关业务部门和分支机构,直至不同行业和地区的金融产品,并分别配置损失限额;根据风险调整后的收益率,针对不同金融产品的风险提出的定价指引和各个业务部门风险调整收益的建议;根据上述要求对不同的信贷管理部门的政策执行情况、业务发展情况、资产组成情况、收益情况和各种损失进行监控。

信贷管理部门负责整体风险和单一授信风险的衔接,根据银行的业务发展实施方案和风险管理部门制定的各类损失限额制订信贷资产组合配置调整计划;根据整体风险管理要求和风险管理部门制定的评级标准建立客户信用评估中心,负责收集客户信息,对客户进行信用评级,判断其最高债务承受额;根据管理层和风险管理部门制定的风险资本分配方案和各种损失限额要求,制定各类客户的授信限额和银行损失承受额;根据管理层的业务发展计划制定单一授信业务审查标准;对业务拓展部门的信贷管理进行指导、检查、监督;根据制定的客户授信限额对授信业务部门的执行情况进行监控。

授信业务拓展部门负责单一授信风险管理,根据授信业务发展计划和风险管理政策调整客户结构、拓展优质客户、收集客户信息并传递给客户信用评估中心;根据信贷管理部门核定的客户授信限额、银行损失承受额和单一授信业务审查标准决定客户授信限额。

三、银行信用风险内部控制

内部控制是银行为实现经营目标,通过制定和实施一系列规定、程序和方法,对风险进行事前防范、事中控制、事后监督及纠正的动态过程及机制。

有效的内部控制可以保证信贷及风险信息在银行内部顺畅的分享和交流,防止出现隐瞒、欺诈等犯罪现象，增强对风险评估、调整和控制的及时有效性。

（一）导致内部控制失效的因素

1. 风险控制与收益追求的矛盾

由于追求利益动因的存在，银行信贷管理人员对风险抱有侥幸心理，会有意无意地忽视风险因素，由此导致内部控制的弱化或失效。

2. 对风险认识不足

在经济形势平稳的时期，由于风险事件较少，风险损失比较小，导致银行管理人员放松对风险的警惕。风险计量模型的盛行导致银行过分依赖模型的计算和分析进行信贷决策，忽视对经济和金融风险的观察与判断，为信贷活动留下隐患。

3. 对资深业务和管理人员的过度信任及放任

资深人员由于前期工作的优秀表现逐渐在银行内部获得很高的权威和地位，使得内部控制在这些人身上失效。

（二）内部控制制度

1. 稽核制度

银行稽核部门的稽核人员通过定期或不定期的稽核能防止业务或管理出现严重偏差，防止可能出现的重大风险。

2. 报告制度

报告制度要求在银行内部建立明确的约束和制衡机制，所有银行职员对业务和管理中出现的异常现象应及时向上级报告，并要求得到反馈。

3. 信用文化

有效的内部控制建立在强有力的信用文化基础上。如果银行缺乏良好的信用文化，一切内部控制制度都将徒有形式，无法发挥效果。

信用文化的内涵包括以下几方面：

(1) 银行的风险边界线。银行必须用清晰和明确的语言界定可承受的风险，包括业务类型和特征、风险的界定方法、参数和考核机制，并确定所有的员工对此有正确的认识，能自觉执行。

(2) 对学习与交流的态度和做法。在银行内部建立咨询、请教、学习、交流的氛围和传统，并通过某种制度形式加以强化，将有助于加深对风险的认识和了解，发挥传统和先例对未来的指导作用，使良好的信用文化得以传承，尽可能避免出现大的偏差。

(3) 构建有利于防范和控制风险的薪酬系统和职务升迁系统。良好的薪酬系统应该对表现良好者给予奖赏，对违反规则、仅凭意外取得成功者给予惩罚。

(4) 有助于员工清晰了解管理层的意愿。管理层在管理中应清楚表明对业务的风险态度，对各种业务风险识别方法的偏好，当意外出现时向管理层隐瞒可能导致的严重后果，则员工行动的自觉性将大为加强，出现失误的概率将大为减少。

(5) 强调共同参与。成员间密切交流与合作，在共同参与的背景下做出决策，将大大提高对风险的识别与防范能力。

(6) 创造让员工勇于承担错误的激励机制。风险存在于每一项业务活动中，错误的决策难以避免。及时发现错误，避免掩饰失误，对于挽回损失至关重要。强有力的信用文化应创造出让员工勇于承认错误的激励机制，对能在早期觉察风险并及时报告的员工给予奖励。

(三) 内部控制具体要求

(1) 商业银行授信岗位设置应当做到分工合理、职责明确，岗位之间应当互相配合、制约，做到审贷分离、业务经办与会计账务处理分离；应当设立独立的授信风险管理部门，对不同币种、不同客户对象、不同种类的授信进行统一管理，设置授信风险限额，避免信用失控。

(2) 商业银行应当建立有效的授信决策机制，包括设立授信审查委员会，负责审批权限内的授信。行长不得担任授信审查委员会的成员。授信审查委员会审议表决应当遵循集体审议、明确发表意见、多数同意通过的原则，全部意见应当记录存档。

(3) 商业银行应当建立严格的授信风险垂直管理体制，对授信实行统一管理；应当对授信实行统一的法人授权制度，上级机构应当根据下级机构的风险管理水平、资产质量、所处地区经济环境等因素，合理确定授信审批权限。商业银行应当根据风险大小，对不同种类、期限、担保条件的授信确定不同的审批权限，审批权限应当采用量化风险指标。

(4) 商业银行各级机构应当明确规定授信审查人、审批人之间的权限和工作程序，严格按照权限和程序审查、审批业务，不得故意绕开审查人、审批人。

(5) 商业银行应当对单一客户的贷款、贸易融资、票据承兑和贴现、透支、保理、担保、贷款承诺、开立信用证等各类表内外授信实行"一揽子"管理，确定总体授信额度。

(6) 商业银行应当以风险量化评估的方法和模型为基础，开发和运用统一的客户信用评级体系，作为授信客户选择和项目审批的依据，并为客户信用风险识别、检测以及制定差别化的授信政策提供基础。客户信用评级结果应当根据客户信用变化情况及时进行调整。

(7) 商业银行对集团客户授信应当遵循统一、适度和预警的原则。对集团客户应当实行统一授信管理，合理确定对集团客户的总体授信额度，防止多头授信、过度授信和不适当分配授信额度。商业银行应当建立风险预警机制，对集团客户授信集中风险实行有效监控，防止集团客户通过多头开户、多头借款、多头互保等形式套取银行资金。

(8) 商业银行应当建立统一的授信操作规范，明确贷前调查、贷时审查、贷后检查各个环节的工作标准和尽职要求：贷前调查应当做到实地查看，如实报告授信调查掌握的情况，不回避风险点，不因任何人的主观意志而改变调查结论；贷时审查应当做到独立审贷，客观公正，充分、准确地揭示业务风险，提出降低风险的对策；贷后检查应当做到实地查看，如实记录，及时将检查中发现的问题报告给有关人员，不得隐瞒或掩饰问题。

(9) 商业银行应当制定统一的各类授信品种的管理办法，明确规定各项业务的办理条件，包括选项标准、期限、利率、收费、担保、审批权限、申报资料、贷后管理、内部处理程序等具体内容。

(10) 商业银行实施有条件授信时应当遵循"先落实条件、后实施授信"的原则，授信条件未落实或条件发生变更未重新决策的，不得实施授信。

(11) 商业银行应当对授信工作实施独立的尽职调查。授信决策应依据规定的程序进行，不得违反程序或减少程序进行授信。在授信决策过程中，应严格要求授信工作人员遵循客观、公正的原则，独立发表决策意见，不受任何外部因素的干扰。

(12) 商业银行对关联方的授信，应当按照商业原则，以不优于对非关联方同类交易的条件进行。在对关联方的授信调查和审批过程中，商业银行内部相关人员应当回避。

(13) 商业银行应当严格审查和监控贷款的用途，防止借款人通过贷款、贴现、办理银行承兑汇票等方式套取信贷资金，改变借款用途。

(14) 商业银行应当严格审查借款人资格的合法性，融资背景以及申请材料的真实性和借款合同的完备性，防止借款人骗取贷款或以其他方式从事金融诈骗活动。

(15) 商业银行应当建立资产质量监测、预警机制，严密监测资产质量的变化，及时发现资产质量的潜在风险并发出预警提示，分析不良资产形成的原因，及时制定防范和化解风险的对策。

(16) 商业银行应当建立贷款风险分类制度，规范贷款质量的认定标准和程序，严禁掩盖不良贷款的真实状况，确保贷款质量的真实性。

(17) 商业银行应当建立授信风险责任制，明确规定各个部门、岗位的风险责任。

(18) 商业银行应当对违法、违规造成的授信风险和损失逐笔进行责任认定，并按规定对有关责任人进行处理。

(19) 商业银行应当建立完善的授信管理信息系统，对授信全过程进行持续监控，并确保提供真实的授信经营状况和资产质量状况信息，对授信风险与收益情况进行综合评价。

(20) 商业银行应当建立完善的客户管理信息系统，全面和集中掌握客户的信用水平、经营财务状况、偿债能力和非财务因素等信息，对客户进行分类管理，对信用不良的借款人实施授信禁入。

四、银行客户信用评级

（一）客户信用评级对象

银行一般对每个授信客户和每笔授信业务分别进行评级。评级资产包括商业及工业贷款、其他贷款、商业融资租赁、商业不动产贷款、商业机构贷款、金融机构贷款以及私人银行业务部门的贷款。

存量客户信用评级工作原则上每年进行一次，新客户的信用评级工作按"随报随评"的方式进行。当客户信用状况出现重大变化时，应及时进行评级更新。

（二）客户信用评级主体

客户信用评级主体是银行。信用评级通常由银行客户经理或信贷人员进行。

在美国50家银行中，确定评级的主要责任者各不相同。大约40%的银行中客户经理负主要责任，有15%的银行由信贷人员确定初步评级；有15%左右银行由信贷员和客户经理共同确定。大约30%的银行将责任分开，信贷人员对大笔贷款进行评级，客户经理单独或与信贷人员合作对中等业务评级。

银行的业务组合是决定由谁主要负责评级的关键因素。在以大公司业务为主的银行中，主要由信贷人员进行评级，信贷人员能专一地关注风险评级，有利于确保根据风险来评级，而不受顾客或借款业务利润的影响，同时也更容易保持评级的一致性。在以中级业务为主的银行中，主要由客户经理负责评级。这些银行强调信息的效率、成本和责任，将这些作为选择组织结构的主要理由。特别是对于中小企业贷款，客户经理更能随时了解借款人的状况，因而可以及时调整评级。

(三) 客户信用评级原则

(1) 统一标准。总行统一制定评级管理办法，由各级机构获得评级专业资格的人员进行实施。同一客户在本行内部只能有一个评级。

(2) 集中认定。除中小企业业务部门管理的中小企业业务新模式下的中小企业客户，其他客户等级认定集中在总行和一级分行。

(3) 定期评估。每年根据客户最新年度财务报表及其他经营管理状况进行评级更新。

(4) 动态调整。在客户状况发生重大变化时，及时进行评级更新。

(四) 客户信用等级

国内银行一般将客户按信用等级划分为 A、B、C、D 四大类，分为 AAA、AA、A、BBB+、BBB、BBB-、BB+、BB、BB-、B+、B-、CCC、CC、C、D 共 15 个信用等级。D 级为违约级别，其余为非违约级别。各信用等级含义如表 6-1 所示。

表 6-1 信用等级符号及含义

信用等级符号		信用等级含义
A	AAA	信用极佳，具有很强的偿债能力，未来一年内几乎无违约可能性
	AA	信用优良，偿债能力强，未来一年内基本无违约可能性
	A	信用良好，偿债能力较强，未来一年内违约可能性小
B	BBB+	信用较好，具有一定的偿债能力，未来一年内违约可能性较小，违约可能性略低于 BBB 级
	BBB	信用较好，具有一定的偿债能力，未来一年内违约可能性较小
	BBB-	信用较好，具有一定的偿债能力，未来一年内违约可能性较小，违约可能性略高于 BBB 级
	BB+	信用一般，偿债能力不稳定，未来一年内存在一定的违约可能性，违约可能性略低于 BB 级
	BB	信用一般，偿债能力不稳定，未来一年内存在一定的违约可能性
	BB-	信用一般，偿债能力不稳定，未来一年内存在一定的违约可能性，违约可能性略高于 BB 级
	B+	信用欠佳，偿债能力不足，未来一年内违约可能性较高，但违约可能性略低于 B-级
	B-	信用欠佳，偿债能力不足，未来一年内违约可能性较高
C	CCC	信用较差，偿债能力弱，未来一年内违约可能性高
	CC	信用很差，偿债能力很弱，未来一年内违约可能性很高
	C	信用极差，几乎无偿债能力，未来一年内违约可能性极高
D	D	截至评级时点客户已发生违约

(五) 客户信用评级模型

银行对客户偿债能力和偿债意愿的计量和评价，可以反映客户违约风险的大小。客户信用评级的是客户违约风险，评级结果是信用等级和违约概率。

对借款人进行信用评级通常是以外部评级资料为基础，并根据各个商业银行的评级政策和方法，对借款人的信用等级进行更细致的划分。对于每笔授信业务，商业银行不仅在贷后定期进行评级，而且在贷前也会根据借款人的信用状况、授信数额、授信种类、条件等因素对可能发放的授信进行事先评级，以便决定是否发放贷款以及贷款的利率、费用、担保方式等。

评级人员根据每个等级的确定原则做出评级决定，这些原则框定了各种特定风险因素的评判标准。不同银行选择风险因素的标准和为这些因素赋予的权重各不相同。

1. 客户信用评级参数选择

(1) 财务报表分析。财务报表分析是评估企业未来现金流量是否充足和借款人偿债能力的中心环节。分析的重点是借款人的偿债能力、所占用的现金流量、资产的流动性以及除本银行之外获得其他资金的能力。

(2) 借款人的行业特征。借款人所在行业的特征，如行业周期性、行业竞争状况、行业现金流量和利润的特点等，经常会作为财务报表分析的背景资料来考虑，进行评级的财务分析常常要把借款人的财务比例与现行行业标准比例进行比较。一般来说，借款人处于衰退行业和充分竞争行业中，其风险相对较高，而经营多样化的公司风险较低。借款人在行业中的位置也是确定评级的重要因素之一，那些有市场影响力或公认为行业龙头的公司是低风险的。

(3) 借款人财务信息的质量。如果借款人的财务报表经过会计公司的审计，就比较可信。

(4) 借款人资产的变现性。银行在评级时既要重视公司规模(销售收入和总资产)，又重视公司权益的账面或市场价值。多数小公司甚至中等规模的公司通常都很难得到外界资金，紧急情况下很难在不影响经营的情况下变现资产。相反，大公司有很多融资渠道、更多的可变现资产，以及更好的市场表现。由于这些原因，许多银行对财务状况较好的小公司也给予相对风险较大的评级。

(5) 借款人的管理水平。这种评估是主观的，通过对借款人管理水平的评估能揭示公司在竞争力、经验、诚实和发展战略等方面存在的不足。评估的重点包括高层管理人员的专业经验、管理能力、管理风格、管理层希望改善公司财务状况的愿望以及保护贷款人利益的态度等，有时由于公司关键人物的退休或离开给公司管理造成的影响也应该考虑。

(6) 借款人所在国的主权信用。特别是当汇兑风险或政治风险较大时，主权信用风险更为突出。

(7) 特殊事件的影响。如诉讼、环境保护义务，或法律和国家政策的变化均对客户的信用水平产生一定影响。

(8) 被评级交易的结构。充足的担保一般会改善评级等级，特别是在担保现金或容易变现的资产的情况下，如美国国债，但不会超过对担保人作为借款人时的评级。

2. 客户信用评级模型选择

银行客户信用评级方法经历了专家判断法、信用评分法、违约概率模型分析三个主要发展阶段。具体方法见本书第二章的相关介绍。

银行客户评级系统分为两类：一类是对借款人和贷款项目均做出评级的内部评级系统，如日本银行均采用此类框架；另一类是只针对借款人本身进行评级的内部评级系统。大约60%的银行采用单一标准的评级体系，只对单笔贷款进行评级，其等级相当于预期损失的风险程度；其余40%的银行采用双标准

专栏 6-1   专栏 6-2

体系，即借款人的一般信用评级用一个标准评价，单笔贷款的风险程度用另外一个标准评价，这两个标准具有同等数目的评级种类。在双标准体系中，一般的做法是首先确定借款者的等级，然后再确定贷款的等级，如果贷款在违约情况下的可能损失同往常一样，没有大的变化，那么，贷款的等级和借款者的等级是一样的。双标准体系通过分别评定借款者的违约概率和预期损失

可使评级更具准确性和连续性。

(六) 客户信用评级审核与调整

1. 客户信用评级审核

银行通常要对信用评级进行年度或季度的检查。常规检查由客户经理定期确认，或者由产品和信贷人员组成的委员会来做。以大公司业务为主的银行倾向于由行业信贷专员或一个委员会来同时检查某一特定行业的贷款，这种行业性的检查对发现不一致的贷款评级非常有用。

评级审核也可以由具有最终定级权的信贷部门来负责，信贷审核人员一般采用抽样检查，检查的重点是高风险贷款，特别是不良资产类别。

贷款审核部门相对独立，向总审计师或信贷主管甚至董事会报告审查结果。

2. 客户信用评级调整

在客户信用等级的有效期内，如发生下列情况之一，信用评级的初评、审核部门均有责任及时提示并按程序调整授信客户的信用等级。

(1) 客户主要评级指标明显恶化，将导致评级分数及信用评级结果降低。

(2) 客户主要管理人员涉嫌重大贪污、受贿、舞弊或违法经营案件。

(3) 客户出现重大经营困难或财务困难。

(4) 客户在与银行往来业务中有严重违约行为。

(5) 客户发生或涉及重大诉讼或仲裁案件。

(6) 客户与其他债权人的合同项下发生重大违约事件。

(七) 客户信用评级流程

信用评级流程由信用审核、信用审批和信用监控等环节组成，具体流程见图 6-9 和图 6-10。

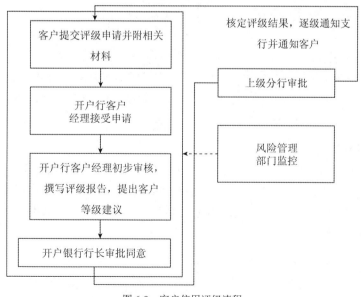

图 6-9　客户信用评级流程

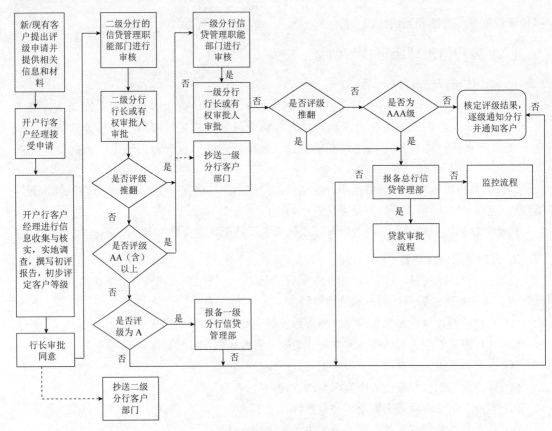

图 6-10　客户信用评级完整流程

信用监控流程不仅用于监控单笔授信风险，还能实现对银行信用风险组合进行持续监控和有效衡量表内、表外的信用风险活动等功能。

五、信贷风险识别与评估

1. 信贷风险识别

了解客户的需求，根据客户需求提供相应的信贷产品，并在明确贷款用途的基础上，将客户的偿债能力分析与相应信贷产品的性质、结构结合起来，从而确定影响客户还款能力和还款意愿的关键因素。

2. 信贷风险评估

风险评估要回答的主要问题有：贷款的目的是什么？如何还款、何时还款？贷款结构是否恰当？贷款所支持的业务是否合情合理、有意义？就承担的风险而言，银行是否得到了相应的回报？银行资金用于该笔贷款是否适当、有无其他更好/更适当的资金运用机会？对该客户是否有信贷限额？限额是否值得突破？

3. 信贷产品风险敞口定义与归集

对于贷款而言，"实际信用风险敞口"是指不包含已计提准备金的贷款的净额，它从定量的角度反映出了银行对借款人的授信情况。实际信用风险敞口不包含如抵押物等信用风险缓释因素。

在全行范围内及时准确归集实际信用风险敞口，是银行信贷风险量化管理的基础。应通过信贷风险管理系统统计以下数据：每笔贷款的实际信用风险敞口；每笔贷款的准备金计提情况以及抵押担保情况；贷款组合的实际信用风险敞口、准备金计提情况等。

违约风险敞口是信贷风险计量的重要输入，巴塞尔新资本协议将表内项目或表外项目的违约风险敞口定义为一旦债务人违约，预计的表内项和表外项总敞口。

对表内项，风险敞口就等于名义贷款额；对于表外项目，需要对两大类业务分别处理，标准法下，由监管部门给出转换系数，高级法下需要银行自行估算，如用款支出不确定的交易(如贷款授信额度)；外汇、利率和股权的场外衍生产品合约，其违约敞口的计算复杂，由于订约时所交付额占契约的名义金额比例很低及违约不对称性等，只有在该合约为正值时，才会有信用损失。

4. 制定贷款限额

制定贷款限额的目的是避免贷款过分集中，并使这些贷款互有差异，分布在不同行业与区域。

六、银行贷款的定价

银行贷款定价考虑的因素包括资金成本、资金机会成本、贷款费用、贷款风险、盈利要求等。

不同的贷款定价模型所考虑的侧重点不同：一类侧重于从信用风险角度确定贷款价格，另一类侧重于从成本角度确定贷款定价。主要的定价方法有成本定价法、基准利率定价法和风险定价法。

1. 成本定价法

成本定价法在确定贷款利率时主要考虑四种因素：银行筹措可贷资金的成本、银行的非资金性经营成本、对贷款可能违约的风险做出的必要补偿、银行预期盈利水平，其公式为

$$贷款利率 = 筹集放贷资金的边际成本+非资金性银行经营成本+预期补偿$$
$$违约风险的边际成本+银行预期利润率$$

2. 基准利率定价法

$$贷款利率 = 基准利率(包括银行在所有经营和管理成本之上加收的预期利润)+由非基准利率借款者支付的违约风险差价+长期贷款客户支付的期限风险差价$$

国际银行的同业拆借利率，如伦敦同业拆借利率 LIBOR，可作为银行的贷款基准利率。

基准利率定价法的突出优势在于充分考虑了市场竞争因素，但如何确定风险价差成为后续研究的关键。

3. 风险定价法

最基本的风险定价模型为风险中性定价模型，也称为无套利模型，基本原理为风险贷款的未来价值应等于无风险资产的未来价值，以单期贷款为例，表示为

$$1+r_1^F = (1+r_1^i)(1-p_1^i) + p_1^i R \tag{6-1}$$

式中，r_1^F 为一年期无风险利率；r_1^i 为贷款的利率；p_1^i 为该贷款违约概率；R 为贷款违约后的回收率。

从式(6-1)可以导出一年期风险贷款利率为

$$r_1^i = \frac{r_1^F + p_1^i(1-R)}{1 - p_1^i} \tag{6-2}$$

同理，可导出 n 年期风险贷款利率为

$$r_n^i = \left[\frac{(1+r_n^F)^n - Rp_n^i}{1 - p_n^i}\right]^{\frac{1}{n}} - 1 \tag{6-3}$$

风险贷款的风险价差为

$$S_i = r_n^i - r_n^F = \left[\frac{(1+r_n^F)^n - Rp_n^i}{1 - p_n^i}\right]^{\frac{1}{n}} - 1 - r_n^F \tag{6-4}$$

七、银行信用风险的管理方法

银行管理信用风险的有效方法有分散化(贷款组合管理)、资产证券化和贷款出售、风险对冲(进行衍生产品交易)等。

(一) 贷款组合管理

贷款组合管理是现代资产组合理论在非交易资产投资过程中的应用。通过构建贷款组合，可以达到分散风险的目的。在构建贷款组合的过程中，应最小化资产间的违约相关性。

贷款组合管理主要采用贷款审查标准化和贷款对象分散化两种方法。

1. 贷款审查标准化

贷款审查标准化就是依据一定的程序和指标考察借款人或债券的信用状况，以避免可能发生的信用风险。

如果一家银行决定是否给一家公司贷款，首先应详细了解这家公司的财务状况。然后，应当考虑借款公司的各种因素，如盈利情况、边际利润、负债状况和所要求的贷款金额等。若这些情况都符合贷款条件，则应考虑欲借款公司的行业情况，分析竞争对手、行业发展前景、生产周期等各个方面。最后，银行依据贷款的数量，与公司协商偿还方式等贷款合同条款。尽管共同基金与债券投资并不能确定投资期限，但它们也是通过类似的信用风险分析来管理投资的信用风险。

2. 贷款对象分散化

银行可以通过贷款对象的分散化来降低信用风险的基本原理是信用风险的相互抵消。例如，如果某一个停车场开的两个小卖部均向银行申请贷款，银行了解到其中一家在卖冰激凌，另一家则卖雨具。在晴天卖冰激凌的生意好，卖雨具的生意不好，而在雨天则情况相反。因为两家小卖部收入的负相关性，其总收入波动性就会较小。银行可利用此原理构造自己的贷款组合和投资组合，在不同行业间贷款可以减少一定的信用风险。

贷款审查标准化和贷款对象分散化是管理信用风险初级的也是必须的步骤。利用这两个步骤控制信用风险的能力往往会因为投资分散化机会较少而受到限制。因为商业银行规模较小，发放贷款的地区和行业往往是有限的。贷款发放地区的集中使银行贷款收益与当地经济状况密切相关。同样，贷款发放行业的集中也使银行贷款收益与行业情况紧密相关。而且，在贷款发

放地区和行业集中的情况下，往往对贷款审查标准化所依赖的标准有所影响，不能从更为广泛的角度考虑贷款收益的前景。因此，利用上述传统方法控制信用风险的效果是有限的。

运用标准的组合方法也会有一些局限性，如对资产组合内各项资产之间的相关性估计难以把握，一些学者根据信用资产的特点，设计并建立起区别于标准组合方法的修正模型来解决这些问题。这些模型分为两类：一类是寻求信用资产组合的全部风险—收益均衡的模型，如KMV资产组合管理模型；另一类是计算风险维度和贷款组合在险价值量的模型，如信用度量组合模型。

(1) KMV公司的资产组合管理模型。KMV公司在运用组合理论进行信用风险管理中所涉及的资产组合管理模型十分成熟，他们还为风险管理者提供了 Global Correlation Model 和 Portfolio Manager 等模型进行风险资产的组合管理。在资产组合管理模型中，收益、风险以及组合内资产之间的相关性三个变量均可以计算出来。

KMV模型在分析框架中采用了DM违约模型，即在此违约模式下仅有两种结果——违约与不违约。在此模式下，银行信贷服从典型的二项分布，即0-1分布。在上述分析和假定条件下，银行的一项贷款有两个可能的结果，即借款人违约或按时偿还贷款。

贷款概率分布如表6-2所示，表中EDF为违约概率，R为无风险利率，Y为贷款收益率，LGD为给定违约下的损失，按贷款面值的百分比计算。

表6-2 贷款概率分布

事件	概率	收益
违约	EDF	R–LGD
不违约	1–EDF	Y

在KMV模型中，可以根据信用检测模型从借款人的股票收益中计算出EDF，此时的预期损失为$\text{EDF}_i \times \text{LGD}_i$。

贷款的预期收益E(R)为

$$E(R) = EDF \times (R - LGD) + (1 - EDF) \times Y \tag{6-5}$$

而银行对实际违约风险索取的风险补偿等于$(EDF \times LGD) / (1 - EDF)$，这称为期望损失溢水(expected loss premium，ELP)。因此，如果贷款收益率等于无风险利率加上期望损失溢水，即可得到

$$Y = R + (EDF \times LGD) / (1 - EDF) \tag{6-6}$$

因此有

$$E(R) = EDF \times (R - LGD) + (1 - EDF) \times [R + (EDF \times LGD) / (1 - EDF)] \tag{6-7}$$

整理得到

$$E(R) = R \tag{6-8}$$

也就说明，如果贷款的全部补偿仅为期望损失溢水，那么银行的收益就只有无风险利率的收益，银行不如直接以无风险利率投资。因此银行进行贷款的补偿除期望损失溢水外，一定还存在其他形式的补偿。KMV公司将这种补偿称为风险溢水(risk premium，RP)。因此银行贷款的收益为

$$Y = R + ELP + RP$$

式中，ELP为期望损失溢水；RP为风险溢水。

在解决了贷款收益的衡量问题后，KMV 模型从二项分布的特点入手，又解决了贷款风险(σ_i)的衡量问题。在该模型中，一笔贷款的风险是以未预期损失(unexpected loss，UL)衡量的，故

$$\sigma_i = \text{UL}_i = \sqrt{\text{EDF}_i \times (1 - \text{EDF}_i) \times \text{LGD}_i} \tag{6-9}$$

这样贷款风险变量就可以通过非预期损失率近似估计出来。

对于相关性的衡量，KMV 模型采用因子模型，它将某一企业的收益分解为综合因子收益和企业特定收益，综合因子收益又分为国家因子收益与产业因子收益，前者又分为全球经济因子、地区因子和国家特定因子；后者又分为全球经济因子、地区因子和产业特定因子。在此分析框架下，KMV 公司的 Global Correlation Model 利用其数据库中 45 个国家和 61 个产业的特定因子，得到企业资产价值之间的相关性，解决了运用标准组合管理理论进行贷款管理的相关性估计问题。在输入贷款收益、风险和相关性值后，就可以利用 KMV 模型计算贷款组合风险—收益的有效边界和度量扩大放款给任何既定借款人的边际风险贡献。

上述方法基本解决了现代组合投资理论在信用风险管理中的运用问题。

(2) 信用度量组合模型。该方法被认为是一种最有效的信用资产组合、信用风险量化及管理的模型。与单项信用资产 VAR 的度量相比，信用度量组合模型提供了一种计量方法，不仅反映了不同借款人信用等级变化的联合转换概率，还构建了联合转换矩阵。它考虑了每一种可能联合转换概率下不同贷款的联合价值，然后估算出由于信用资产质量变化而导致的组合价值波动以及价值的分布状况，并最终计算出信用资产组合的在险价值 VAR。我们对 VAR 的计算同样要考虑正态分布和真实分布两种情况。

该模型的计算过程包括了四大部分：对信用资产暴露金额的测定；对单项信用资产的风险测定；对信用资产间相关关系的测定；对整个信用资产组合风险的测定。该模型的基本思路与单项信用资产的在险价值度量相同。

① 在正态分布假设前提下计算信用资产组合的在险价值量(portfolio VAR)。以资产组合包含两项信用资产为例，首先要测算出两贷款联合信用等级的转换概率。假设两笔 1 年期贷款，金额各 1 亿美元，借款人信用等级分别为 BBB 级和 A 级。表 6-3 给出了假定两者相关系数为 0.3 时的联合信用等级转换概率。

表 6-3　联合信用等级转换概率矩阵

借款 1 (信用等级 BBB)		借款人 2(信用等级 A)							
		AAA	AA	A	BBB	BB	B	CCC	违约
		0.09	0.27	91.05	5.52	0.74	0.26	0.01	0.06
AAA	0.02	0.00	0.00	0.02	0.00	0.00	0.00	0.00	0.00
AA	0.33	0.00	0.04	0.29	0.00	0.00	0.00	0.00	0.00
A	5.95	0.02	0.35	5.44	0.08	0.01	0.00	0.00	0.00
BBB	86.93	0.07	1.81	79.69	4.55	0.57	0.19	0.04	0.04
BB	5.3	0.00	0.02	4.47	0.64	0.11	0.04	0.00	0.01
B	1.17	0.00	0.02	0.92	0.18	0.04	0.02	0.00	0.00
CCC	0.12	0.00	0.00	0.09	0.02	0.00	0.00	0.00	0.00
违约	0.18	0.00	0.00	0.13	0.04	0.00	0.01	0.00	0.00

资料来源：J.P.Morgan：CreditMetrics-Technical Document，April 2，1997.

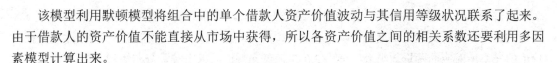

该模型利用默顿模型将组合中的单个借款人资产价值波动与其信用等级状况联系了起来。由于借款人的资产价值不能直接从市场中获得，所以各资产价值之间的相关系数还要利用多因素模型计算出来。

其次，测算资产价值波动与信用等级转换的关系。再次，计算相关系数。假设 A、B 两家上市企业，A 企业的股票收益 R_A 受到其产业收益 R_1 和企业特殊风险报酬 U_A 两大因素制约，B 企业的股票收益 R_B 受到其产业收益 R_2 和相关产业收益指数 R_3 以及企业特殊风险报酬 U_B 三大因素影响。即：

$$R_A = a R_1 + U_A$$
$$R_B = b R_2 + c R_3 + U_B$$

其中，a、b、c 分别代表企业股票收益对该因素的敏感性系数。两企业的相关系数取决于两大系数：

$$\rho_{(A,B)} = ac\rho_{(1,3)} + ab\rho_{(1,2)}$$

最后，测算两贷款组合的联合贷款价值量。计算两种贷款的 64 种不同的贷款价值量，参见表 6-4。

表 6-4　两贷款组合价值量(64 种可能)

借款人 1 (信用等级 BBB)		借款人 2(信用等级 A)							
		AAA	AA	A	BBB	BB	B	CCC	违约
		106.59	106.49	106.3	105.64	103.15	101.39	88.71	51.13
AAA	109.37	215.96	215.86	215.67	215.01	212.52	210.76	198.08	160.5
AA	109.19	215.78	215.68	215.49	214.83	212.34	210.58	197.9	160.32
A	108.66	215.25	215.15	214.96	214.3	211.81	210.05	197.37	159.79
BBB	107.55	214.14	214.04	213.85	213.19	210.7	208.94	196.26	158.68
BB	102.02	208.61	208.51	208.33	207.66	205.17	203.41	190.73	153.15
B	98.1	204.69	204.59	204.4	203.74	201.25	199.49	186.81	149.23
CCC	83.64	190.23	190.13	189.94	189.28	186.79	185.03	172.35	134.77
违约	51.13	157.72	157.62	157.43	156.77	154.28	152.52	139.84	102.26

资料来源：J.P.Morgan：CreditMetrics-Technical Document，April 2，1997，p.12.

由表 6-4 中的数据计算该贷款组合的均值、方差和标准差：

$$均值 = P_1 V_1 + P_2 V_2 + \cdots + P_{64} V_{64} = 213.63(万美元)$$
$$方差 = P_1(V_1 - 均值)^2 + P_2(V_2 - 均值)^2 + \cdots + P_{64}(V_{64} - 均值)^2$$
$$= 1122(万美元)$$
$$标准差 = 335(万美元)$$

所以在正态分布条件下，99%的置信水平时，该组合出现 1%最大可能损失的 VaR＝2.33×335＝781 万美元。

尽管两贷款组合的价值比原来单项贷款增加了 1 倍(2 亿美元)，但以 VaR 为基础计算出的资本需要量仅比原 BBB 级贷款的资本需要量多出 84 万美元(＝781－697)，这说明贷款组合的风险分散作用得到了发挥。

② 在实际分布下计算信用资产组合的在险价值量。实际贷款价值并不总是服从正态分布，实际的最大在险价值量会偏高。可以将表 6-3 和表 6-4 结合起来，找到接近 1% 的发生最大在险价值的概率所对应的两贷款组合价值为 2.044 亿美元，进而求出实际分布情形下的最大 VaR：

$$21\ 363 - 20\ 440 = 923(万美元)$$

这比正态分布条件下的以在险价值为基础的资本需要量高出 142 万美元（=923－781），比原 BBB 级贷款的资本需要量多出 226 万美元（=923－697），也说明贷款组合的风险分散作用得到了发挥。

③ 推导出相应的 n 项组合经济资本量。借用蒙特卡罗模拟法计算在大样本情况下(而非正态分布情况下)贷款组合的价值量及分布，它利用计算机模拟金融变量的随机价格走势，并以此近似揭示该金融变量的市场特性。蒙特卡罗模拟法是计算 VaR 的最有效方法。

n 项资产组合风险测定的标准公式为

$$\sigma_p^{\,2} = \sum_{i=1}^{n} \sigma^2(V_i) + 2\sum_{i=1}^{n-1}\ \sum_{j=i+1}^{n} \text{COV}(V_i, V_j) \tag{6-10}$$

引入协方差：

$$\sigma^2(V_i + V_j) = \sigma^2(V_i) + 2\text{COV}(V_i, V_j) + \sigma^2(V_j)$$

所以，$2\text{COV}(V_i, V_j) = \sigma^2(V_i + V_j) - \sigma^2(V_i) - \sigma^2(V_j)$，代入后最终得到：

$$\sigma_p^{\,2} = \sum_{i=1}^{n-1}\ \sum_{j=i+1}^{n} \sigma^2(V_i + V_j) - (n-1)\sum_{i=1}^{n} \sigma^2(V_i) \tag{6-11}$$

(二) 资产证券化和贷款出售

1. 资产证券化

资产证券化是将有信用风险，但能够产生可预见的、稳定的现金流的债券或贷款的金融资产组成一个资产池并将其出售给其他金融机构或投资者。

资产证券化可以提高资产的流动性，降低和分散投资者风险，自诞生以来，资产证券化发展迅速，已形成一个规模巨大的交易市场。

目前国外比较成熟的是资产担保证券(asset-based securities，ABS)和资产抵押证券(mortgage-based securities，MBS)。

(1) 资产证券化的优势。对商业银行等资产的出售方而言，资产证券化为原始权益人提供了一种新型融资工具，提高了借款能力，有助于降低融资成本，获得较高收益。

对投资者而言，可以获得较高的投资回报，提高资产的流动性，降低投资风险。

(2) 资产证券化的条件。即将被证券化的资产能产生固定的或者循环的现金收入流；原始权益人对资产拥有完整的所有权；该资产的所有权以真实的方式转让给特设信托机构；特设信托机构本身的经营有严格的法律限制和优惠的税收待遇；投资者具备资产证券化的知识、投资能力和投资意愿。

按上述条件，住房抵押贷款是最适宜的资产证券化品种。

(3) 资产证券化的运作程序，具体如下。

① 确定资产证券化目标，组成资产池。

② 组建特设信托机构，实现真实出售。

③ 完善交易结构，进行内部评级。

④ 进行信用增级。

⑤ 进行发行评级，安排证券销售。

⑥ 获取证券发行收入，向原始权益人支付购买价格。

⑦ 实施资产管理，建立投资者应收积累金。

⑧ 按期还本付息，对聘用机构付费。

(4) 资产证券化的类型，具体如下。

① 无追索权证券化。这类证券化方式的资产为真实出售，资产的风险全部从原始权益人转移到后续的投资者，投资者放弃向原始权益人行使追索权。

能采用这类证券化方式的必须是现金流稳定、风险较小、发放过程和借贷合约标准化的资产，住房抵押贷款就是这类资产的典型代表。

为了降低风险，有时需要对这类资产进行信用增级，由著名的大型公司或机构提供担保。

② 有追索权证券化。这类证券化方式的投资者有追索权，当出现违约风险时，投资者可以向原始权益人要求补偿损失。

由于保留追索权，这类资产的投资收益率较低。商业银行倾向于采用有追索权的方式进行证券化。

③ 部分追索权证券化。这类资产证券化的方式，资产的风险由资产原始权益人和投资者分担。典型做法是资产的出售方即放贷银行，将资产证券化的部分收益存放在"利差账户"作为违约准备金。如果实际损失低于账户的准备金，节余就作为放贷银行的收益；如果实际损失高于账户的准备金，则由投资者承担其余的损失。

2. 贷款出售

贷款出售是指银行在发放贷款后通过贷款出售市场将其贷款以有追索权或无追索权的方式转售给其他银行或投资机构。实践中，大多数贷款出售是不带有追索权的。

(1) 可贷款出售的类型。可出售的贷款主要是传统的短期商业贷款，这类贷款由于期限短、安全性高，较能吸引投资者，比较容易达成出售协议。相比较，中长期贷款由于期限长、风险性高，达成出售的难度较大。

(2) 贷款出售合约的类型。贷款出售合约主要有两种基本类型：参与贷款(participations)、转让贷款(assignment)，其中转让贷款占贷款出售的主要份额。

参与贷款合约的买方不成为贷款合约的一方，不改变原贷款合约内容，贷款的买方只能对贷款协议中的部分内容实施控制，只有在贷款合约发生实质性(如贷款利率或担保等)变化时买方才能参与投票。由此可见，参与贷款的买方承担了不对称的高风险。由于参与贷款不变更原有的债权债务关系，利益关系相对简单，比较容易达成转让协议。

贷款转让在达成贷款出售合约后，将出售方所有权利一并转让给买方。在此转让方式下，买方的权益更为清晰，保障也更为确切，是贷款出售的主要方式。

(三) 进行衍生产品产易

1. 信用衍生产品在风险管理方面的用途

对于债券发行者、投资者和银行来说，信用衍生产品是贷款出售及资产证券化之后新的管理信用风险的工具。

信用衍生产品的主要需求来自机构投资者和商业银行。通过使用信用衍生品可以实现如下层面的风险管理：

(1) 将信用风险分割交易，可以在不拥有信用资产本身的同时承担某种特殊类型的信用风险，实现资产组合的升值。

(2) 信用衍生产品可以作为投资者管理资产组合中信用风险的工具。

(3) 信用衍生产品是机构投资者进入贷款市场的桥梁。

(4) 对远期借贷成本进行套期保值。

(5) 加强贷款组合的管理、满足资本充足率的要求。

2. 信用衍生产品进行风险管理的实现方式

(1) 利用期权对冲信用风险。利用期权对冲信用风险的原理是：银行在发放贷款时，收取一种类似于贷款者资产看跌期权的出售者可以得到的报酬。银行发放贷款时，风险等价于出售该贷款企业资产看跌期权的风险。银行会寻求买入该企业资产的看跌期权来对冲这一风险。

违约期权对冲信用风险的方法如下：在贷款违约事件发生时支付确定的金额给期权购买者，从而对银行予以一定补偿的期权。银行可以在发放贷款的时候购买一个违约期权，与该笔贷款的面值相对应。当贷款违约事件发生时，期权出售者向银行支付违约贷款的面值；如果贷款按照贷款协议得以清偿，那么违约期权就自动终止。银行的最大损失就是从期权出售者那里购买违约期权所支付的费用。这类期权还可以出现一些变体，如可以把某种关卡性的特点写入该期权合约中。如果交易对手的信用质量有所改善，如从 B 级上升到 A 级，那么该违约期权就自动中止。作为回报，这种期权的出售价格应该更低。

对这种信用风险对冲方式的最早运用是美国中西部的农业贷款。它与普通期权类似，可以分为看涨期权和看跌期权、欧式期权和美式期权。看涨期权买方支付期权费后将获得一个在到期日前买入利差的选择权，如果利差下降则获利；看跌期权买方有权卖出利差，利差上升则获利。

(2) 利用互换对冲信用风险。信用互换是银行管理信贷风险的一个重要手段。信用互换主要有两类：总收益互换和违约互换。

在总收益互换中，投资者接受原先属于银行的贷款或证券(一般是债券)的全部风险和现金流(包括利息和手续费等)，同时支付给银行一个确定的收益。与一般互换不同的是，银行和投资者除了交换在互换期间的现金流之外，在贷款到期或者出现违约时，还要结算贷款或债券的价差，计算公式事先在签约时确定。如果到期时，贷款或债券的市场价格出现升值，银行将向投资者支付价差；反之，如果出现减值，则由投资者向银行支付价差。

总收益互换可以对冲信用风险暴露，但是这种互换又使银行面对着利率风险。为了剥离出总收益互换中的利率敏感性因素，可以通过违约互换，或者可以叫作"纯粹的"信用互换对冲信用风险。违约互换是最普通也是最受欢迎的信用衍生工具，在这个互换中，保护购买方定期向保护出售方支付固定费用，以交换未来违约事件发生时保护出售方提供的偿付。如果违约事件发生了，保护出售方应根据协议向保护购买方偿付预先商定好的数额以弥补因违约事件而给保护购买方带来的损失。银行在每一互换时期向作为交易对手的某一金融机构支付一笔固定的费用(类似于违约期权价格)。如果银行的贷款并未违约，那么他从互换合约的交易对手那里就什么都得不到；如果该笔贷款发生违约的情况，那么互换合约的交易对手就要向其支付违约损失，支付的数额等于贷款的初始面值减去违约贷款在二级市场上的现值。在这里，一项纯粹的信用互换就如同购入了一份信用保险，或者是一种多期的违约期权。

(3) 利用信用关联票据对冲信用风险。信用关联票据是一种加入了违约互换机制的更为复杂的信用衍生工具。保护购买方首先通过由自己或自己设立的特定目的机构发行与某资产对应的票据，保护出售方则以现金支付取得该票据并将取得来自票据的利息收入。假如发生了信用事件，保护出售方只有在保护购买方用发行票据所得弥补损失后才能赎回票据；如果信用事件没有发生，则保护出售方在票据到期后才能足额赎回。信用关联票据的特点在于保护购买方通过发行票据取得了现金并为其风险资产取得了保护，同时也不承担对方的信用风险；保护出售方在承担了风险资产的信用风险的同时，由于要先支付现金，也承担着票据发行者或保护购买方的信用风险。

3. 运用信用衍生产品进行风险管理产生的风险

利用信用衍生工具减少信用风险的同时，要警惕会给客户带来新的金融风险。信用衍生工具会产生操作风险(operating risk)、交易对方风险(counterparty risk)、流动性风险(liquidity risk)和法律风险(legal risk)。

(1) 操作风险。信用衍生工具的最大风险是操作风险。操作风险是因投资者利用衍生工具进行过度的投机而并非用来进行套期保值，如老牌的英国巴林银行便因此倒闭。操作风险可能造成的后果极为严重但较易控制，只要建立严格的内部控制交易程序就可以使交易者免于建立不恰当的头寸。

(2) 交易对方风险。交易对方风险是交易对方不履约的风险。因为交易对方风险的存在，使得信用衍生工具并不能完全消除信用风险。若一个公司因为交易对方风险而遭受损失，则合约的对方一定违约，交易对方必定因衍生工具本身而欠付费用，所受损失必定比中间机构因交易所得费用大，但是，中间机构无能力承受损失的可能性很小。作为中间机构，或为一流的商业银行，或为信用等级为 AAA 级的投资银行。这两类机构必定是资本充足并且对其交易总是谨慎避险的。

(3) 流动性风险。流动性风险是卖出或冲销先前所建立头寸的不确定性。对于公司为套期保值而持有的信用衍生证券而言，其流动性风险的确不重要，因为公司持有该信用衍生工具的目的是套期保值，而并非投机获利(投机获利必须将证券变现)。若债券发行者利用信用期权对其未来的借款成本进行套期保值，则可以知道债券发行者将持有期权直到期权的到期日。但是，若是对于信用衍生工具的发行者或是希望冲销其先前所建立头寸的信用衍生工具的使用者则存在流动性风险。目前，信用衍生工具的流动性风险很高，主要是因为没有活跃的二级市场导致信用衍生工具的使用者无法及时变现。随着市场的发展，流动性风险将会降低。

(4) 法律风险。信用衍生工具所订立的合同可能是不合法或是不规范的，这便给信用衍生工具的使用者带来了法律风险。

八、银行信用风险评级制度

银行可以采用外部专业评级机构的方法，也可以开发内部评级法来进行信用风险的评级。

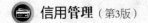

(一) 外部评级法

对外部评级机构的评级结果，只要符合规定标准，监管当局将予以认同。

合格的外部评级机构必须满足以下六条标准。

(1) 客观性。信用评级的方法必须是严格的、系统的，并且可以根据历史数据进行某种形式的检验。

(2) 独立性。外部评级机构应该是独立的，不会迫于政治或经济上的压力而影响评级。

(3) 国际通用性和透明度。凡是有合理要求的国内和国外机构，都可以以同等的条件获得每个评级结果。外部评级机构所采用的基本评级方法应该对外公开。

(4) 披露。外部评级机构应当披露以下信息：评级方法，包括违约的定义、评级的时间跨度及每一级别的含义、每一级别实际的违约概率、评级的变化趋势，如一段时间之后从 AA 级转为 A 级的可能性。

(5) 资源。外部评级机构应当有足够的资源，确保提供高质量的评级结果。这些资源包括外部评级机构与被评级机构的高级管理层和营运层次的人员保持实质性的经常联系，以便提高评级结果的价值。评级方法还应该将定性和定量分析结合起来。

(6) 可信度。在某种程度上，可信度建立在上述标准的基础上。独立主体(如投资者、保险人、贸易伙伴)对于外部评级的依赖程度，也是外部评级可信度的证明。外部评级机构的可信度也在于其建立了防止机密信息被不当使用的内部程序。

在按照债权种类分别确定资产的风险权重时，银行必须披露对每一债权种类所选用的外部评级机构，监管当局所确定的与各个信用等级相对应的风险权重，建立在外部评级基础上的每一风险权重下风险加权资产的总额。银行选择的外部评级机构，如果有两个评级结果，并且分别对应于不同的风险权重，银行应选用较高的风险权重(见表 6-5)。

表 6-5　风险权重

信用评级 风险权重	AAA 至 AA-	A+至 A-	BBB+至BBB-	BB+至B-	B-以下	未评级
国家	0%	20%	50%	100%	150%	100%
银行(方案 1)	20%	50%	100%	100%	150%	100%
银行(方案 2)	20%	50%	50%	100%	150%	50%
公司	20%	100%	100%	100%	150%	100%

(二) 内部评级法

具备完善的内部评级体系和规范的信息披露标准的大银行可采用内部评级法(internal ratings- based approaches，IRB)计算信用风险。

内部评级法相对于外部评级法而言，是指银行在满足金融监管机构监管标准的前提下，利用银行内部信用评级体系确定信用风险最低资本要求的方法。

1. 内部评级法的框架

内部评级法基本框架由 5 部分组成。

(1) 风险暴露类别的划分。

(2) 每一风险类别的风险要素。

(3) 根据风险权重函数，将每一风险类别的一组风险要素转换为该风险类别的风险权重。

(4) 采用内部评级法需要满足的最低标准。

(5) 监管当局对最低标准遵守情况的检查。

在实施内部评级法时，银行必须将银行账户中的风险划分为具有不同信用风险特征的五大资产类别，即公司、银行、主权、零售、股权。

采用内部评级法的银行可以根据自己对风险要素的估计值决定对特定暴露的资本要求。这些风险要素包括对违约概率(probability of default，PD)、违约损失率(loss given default，LGD)、违约风险暴露或违约敞口(exposure at default，EAD)及期限(Maturity，M)的度量。

内部评级法的基本框架如图 6-11 所示。

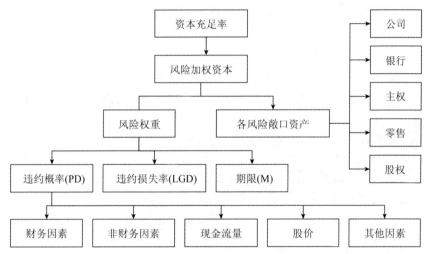

图 6-11　内部评级法的基本框架

内部评级法一般采用 3 种信用风险计量方法：标准法、内部评级初级法、内部评级高级法。有条件的银行要逐步向内部评级高级法过渡。

能够制定有效评级标准、严格测算借款人违约风险，但计算交易风险能力有限的银行，在无法满足高级法的条件下，采用初级法，由监管机构按确定的标准来评估违约损失率和违约风险暴露。

高级法由银行按自主确定的评级标准，自主确定违约风险相关参数。

初级法与高级法的区别在于：初级法的要求比较简单，银行只需计算违约概率，其余要素按照监管机构的参数即可。高级法则复杂得多，银行需要自行计算 4 个参数，且受监管机构限制较少。两种方法的具体区别见表 6-6。

表 6-6　初级法与高级法的对比

数据	初级法	高级法
违约概率	银行提供的估计值	银行提供的估计值
违约损失率	委员会规定的监管指标	银行提供的估计值
违约风险暴露	委员会规定的监管指标	银行提供的估计值
期限	委员会规定的监管指标或者由各国监管当局自己决定允许采用银行提供的估计值(但不包括某些风险暴露)	银行提供的估计值(但不包括某些风险暴露)

资料来源：根据 the Third Consulting Paper for Basel Capital Accord，2004 年整理

(1) 违约概率。新资本协议定义符合下列行为之一的为违约：债务人贷款逾期或欠息 90 天以上；除非采取追索措施，借款人不可能全额偿还债务。

测算违约概率主要有三种方法：使用银行内部违约数据；与外部数据对应；使用违约统计模型。违约概率是基于历史经验和实证依据基础上测算的长期平均违约概率的保守估计。属于同一级别的所有借款人认为具有相同的违约概率。

(2) 违约损失率。初级法下的违约损失率由监管当局根据交易的性质，包括是否有抵押品及抵押品的类型来确定。高级法的违约损失率由银行自行确定。

(3) 违约风险暴露。初级法的违约风险暴露由监管当局制定。对于表内项目，EAD 为名义贷款额；表外项目，EAD 的计算分为两种情况：初级法中，EAD 为贷款账面金额乘以信用转换因子，信用转换因子分别为 0、20%、50%、75%、100%。高级法中，每项资产的违约风险暴露由银行自行确定。

(4) 期限。初级法中，所有的债务均视为具有保守估计的 3 年平均期限。高级法中，期限为最大剩余期限与加权期限中的较大者，但有效期限最短 1 年，最长 7 年。

(5) 风险权重。标准法将信用风险暴露划分几个档次，每一档次对应一个固定的风险权重。对主权、银行同业、公司的风险暴露的风险权重各不相同。

主权国家及其中央银行债权的风险权重见表6-7。

表 6-7　主权国家及其中央银行信用风险权重

信用评级	AAA 至 AA-	A+至 A-	BBB+至 BBB-	BB+至 B-	B-以下	未评级
风险权重	0	20%	50%	100%	150%	100%

出口信贷机构(export credit agencies)风险权重见表6-8。

表 6-8　出口信贷机构风险权重

出口信贷机构风险等级	1	2	3	4 至 6	7
风险权重	0	20%	50%	100%	150%

对国际清算银行、国际货币基金组织、欧洲中央银行和欧盟债权的风险权重可以为 0。
对未评级公司债权的标准风险权重一般为 100%。已评级公司债权风险权重见表6-9。

表 6-9　已评级公司债权风险权重

信用评级	AAA 至 AA-	A+至 A-	BBB+至 BB-	BB-以下	未评级
风险权重	20%	50%	100%	150%	100%

逾期贷款的风险权重为 150%。
内部评级法风险权重的确定方法见图6-12。

2. 实施内部评级法的基本要求

有效的内部评级系统主要包括评级对象的确定、信用级别及评级符号、评级方法、评级考虑的因素、实际违约率和损失程度的统计分析、跟踪复评和对专业评级机构评级结果的利用等方面。此外，按巴塞尔资本协议的要求，还需要满足计算违约概率值、评级应用和信息披露方面等诸多要求。

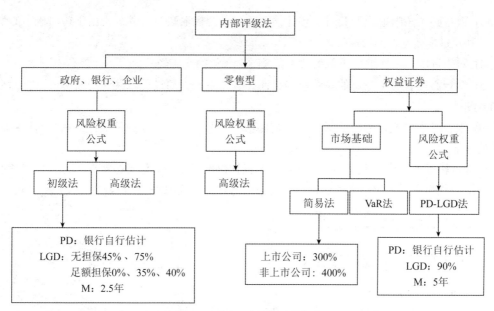

图 6-12　内部评级法的风险权重

实施内部评级法的基本要求具体如下。

(1) 内部评级体系中必须包含 2 个违约级别，6～9 个正常级别，其中至少包括 3 个财务状况较弱的级别和 3 个情况相对较好的级别；其中每个级别的风险额不应该大于总风险额的 30%。

(2) 评级单位必须保持相对的独立性并对客户的数据进行及时更新。

(3) 评级系统必须经过董事局的授权并有一整套完整的授权体系，每年经过内部审计和使用必要的外部审计，采取独立的信用风险控制单位对系统进行不断的检验修正，以保证整个体系的质量。

(4) 评级标准的覆盖面、保守性、基准及模型确认包括对级别的人为调高等情况都应该符合巴塞尔委员会所做的具体规定，以确保评级标准的可信度。

内部评级法对预测违约概率值的要求具体如下。

(1) 统计数据必须与银行的贷款额或资产规模相适应，统计环境应当与当前及未来相吻合，每年更新一次。

(2) 数据来自银行内部并反映了保险的标准，若数据不足，则数据必须有足够的稳健性。

(3) 使用外部调查数据时必须验证两者的评级系统及标准的可比性。

(4) 银行可以通过参照外部中介机构的评级结果与自身的内部评级结果的对应关系得出相应的违约特征，但必须验证其对应关系。

(5) 在有足够的精确度和完整度的保证下，银行也可采用统计的违约模型来对特定级别的违约率进行预测。

(6) 应至少有 5 年的观察数据。

(7) 银行必须采集足够的数据来对内部评级的应用进行检测，也作为向监管当局汇报的依据，这其中包括了评级基础数据、评级历史、违约数据直至级别迁移等一系列的数据保存。

巴塞尔委员会对银行应用内部评级法的要求具体如下。

(1) 内部评级必须贯彻到日常的风险评估管理过程中，同时渗透到每笔贷款的审批当中。

(2) 内部评级必须与贷款权限相联系，而且其所反映的风险分布必须向高级管理层汇报。

(3) 银行必须清晰地说明其对于预计损失的准备金提取政策，并分析由于违约概率的变化对其盈利及资本充足性的影响等。

(4) 对于资本充足性进行压力测试并参考过去 3 年的实施经验。

(5) 银行必须有一个充足的系统能够验证评级体系、评估过程以及违约概率值预测的准确性和持续性。

(6) 银行必须向监管当局证明评级系统足以使其保证内部评级和风险评估系统的持续性和有效的评估。

巴塞尔新资本协议对于采用内部评级法的银行提出了较高的信息披露要求，各项参考值的评估方法、预测数据生成、级别迁移等情况必须向外做出说明。

九、不良贷款预警与处置

（一）不良贷款的控制与管理

1. 不良贷款预警

贷款从风险出现到损失形成会经历一段时间，银行提早预警将能减少损失。

当客户出现以下信号时，银行应格外留意。

(1) 贷款客户财务出现危机征兆。具体情况包括：应收账款增加、存货周转速度放慢、流动资产占总资产的比例下降、资产与债务的比例低、销售额下降、呆账增加、赊销政策变化、贷款用途改变等。

(2) 管理出现危机征兆。具体情况包括：战略定位不准、管理制度松弛、管理出现漏洞、投机行为过重、产品老化、市场份额下降、销售集中等。

2. 不良贷款的预防与控制

(1) 拒绝策略。在贷款评估时，主动放弃或拒绝可能引发风险的贷款申请。

(2) 回避策略。银行在做信贷决策时，主动回避风险大的贷款申请，把贷款向效益优、信用佳的企业和项目倾斜。

(3) 分散策略。通过贷款审批的区域、行业、期限的适度分散来减少银行贷款损失。

(4) 转嫁策略。银行以特定方式将贷款风险损失转嫁给他人的做法。转嫁的途径主要有：向客户转嫁风险，一般要求客户提供抵押品或购买保险；向借款客户的担保人转嫁，一旦风险成为现实，银行可以行使追索权以减少损失。

(5) 补偿策略。包括将可能的风险因素计入贷款报价中；订立抵押条款、担保条款，以补偿损失；银行通过购买保险来获得风险补偿。

（二）不良贷款处置方法

1. 贷款重组

对于逾期贷款，通过对贷款结构(期限、金额、利率、费用、担保等)进行调整和重新安排的过程即贷款重组。

2. 贷款转让

贷款转让是贷款银行将未到期的贷款有偿转让给其他机构及主体的行为。

3. 破产清算

经破产清算，债权人可部分追回贷款，减少损失，这是债权人保护自身权益的最后手段。

4. 债转股

债权人经与债务人协商，将债权转成债务人一定数量的股权。

(三) 不良贷款处置流程

不良贷款处置一般分为三个阶段，即早期预警阶段、信贷资产移交阶段、信贷资产救治与保全阶段(见图 6-13)。

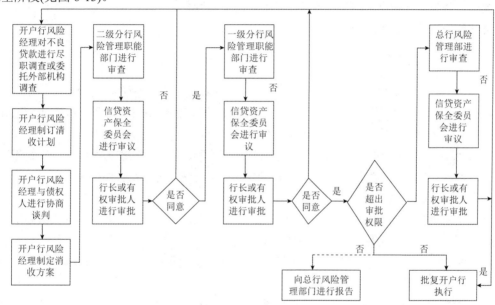

图 6-13　不良资产管理流程

1. 早期预警阶段

客户经理依据对客户的了解及诸多一手资料，探明企业财务的真实运转状况及出现预警信号的原由，争取在信贷质量出现问题的前期积极地寻找补救方案，如要求债务人新增抵质押物等。经客户经理与客户沟通后如果没有收到满意的答复，则可考虑向客户或其担保公司提交逾期催收函，要求借款公司做出书面答复，并要求及时还款。

2. 信贷资产移交阶段

当贷款质量出现恶化，符合将贷款移交信贷资产救治与保全部门的标准，经贷审会批准，转由信贷资产救治与保全部门负责。客户经理要协助信贷资产救治与保全部门制定重组方案，包括修订贷款合同(如改变利率、延长期限、改变授信方式、冻结贷款余额等)或其他整改措施；如都不成功则转入第三阶段，清收流程。

3. 信贷资产救治与保全阶段

专栏 6-3

信贷资产救治与保全经理基本扮演一个项目经理的角色，在法律和操作部门的专业支持下，积极有效地寻求资产清收价值的最大化。若涉及抵质押品的变现，则通过重新评估抵质押品的价值，更新系统相关资料。如果不涉及抵债资产，又没有什么其他选择，则申请核销。

第四节　授信管理

一、授信管理概述

授信是指银行向客户直接提供资金支持，或对客户在有关经济活动中的信用向第三方做出保证的行为。

授信管理是银行为控制授信业务风险而推出的管理模式，一般包括最高综合授信额度、授信额度和授信余额确定等职能。

(一) 银行授信原则

(1) 统一原则。银行应对授信实行统一管理，集中对客户授信进行风险控制。

(2) 差别化原则。授信应体现差别化，应根据不同地区的经济发展水平、经济和金融管理能力、信贷资金占用和使用情况、金融风险状况等因素，实行区别授信。

应根据不同客户的经营管理水平、资产负债比例情况、贷款偿还能力等因素，确定不同客户的授信额度。应根据各地区的金融风险和客户的信用变化情况，及时调整对各地区和客户的授信额度。

应在确定的授信额度内，根据当地及客户的实际资金需要、还贷能力、信贷政策和银行提供贷款的能力，具体确定每笔贷款的额度和实际贷款总额。

(3) 适度原则。银行应根据授信客体风险大小和自身风险承担能力，合理确定对客户的授信额度，防止过度集中风险。

(4) 预警原则。银行应建立风险预警机制，及时防范和化解客户授信风险。

(5) 权利与责任相匹配。

(6) 采取书面授信作为基本形式。

(7) 具备特殊情况下超授信的申请和审批制度。

(二) 授信种类

1. 按银行授信产品分类

按银行授信产品可分为表内授信和表外授信。

表内授信包括贷款、项目融资、贸易融资、贴现、透支、保理、拆借和回购等。

表外授信包括贷款承诺、保证、信用证、票据承兑等。

2. 按授信公开性分类

按授信公开性可分为内部授信和公开授信。

内部授信是银行内部制定的贷款限额，属于内部掌握，不对客户公开。

公开授信，也称为客户授信，是银行公开通知客户的授信额度，客户在这个授信额度内提款审批非常方便。

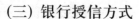

（三）银行授信方式

1. 基本授信

基本授信即银行根据国家信贷政策和每个地区、客户的基本情况所确定的信用额度。

2. 特别授信

特别授信即银行根据国家政策、市场情况变化及客户特殊需要，对特殊项目及超过基本授信额度所给予的授信。

银行的授信应有书面形式的授信书。授信书应包括以下内容：①授信人全称；②受信人全称；③授信的类别及期限；④对限制超额授信的规定及授信人认为需要规定的其他内容。

（四）授信风险

即无法按期收回的流动性风险；无法收回本息的财务风险；利率、汇率变动风险。

二、授信管理机制

1. 授信管理制度

授信管理制度由审贷分离制度、信贷授权审批制度、信贷委员会批准制度、企业授信额度制度等组成。

2. 授信管理机构

由董事会领导下的授信审查委员会行使授信审查职能。授信审查委员会定期举行会议，就具体的授信项目进行审批。

三、授信审查

授信审查的过程就是寻找风险点的过程，以及在风险评估和控制的基础上平衡风险与收益的过程。

（一）授信审查指导思想

(1) 按照"理性、稳健、审慎"的原则处理风险与收益的关系，遵循"适中型"的风险管理偏好。

(2) 具备辨证思维，全面、联系和发展地分析与思考问题。

(3) 区分主次矛盾，抓住核心风险点。

(4) 强调第一还款来源。

（二）信息收集

银行可通过互联网、政府、媒体、上下游客户、行业协会、现场调研等渠道获取和核实信息。

财务信息是授信审查的核心信息，非财务信息是财务信息的有力补充，有助于全面了解借款人的经营状况、竞争优势及发展前景。

在授信审查过程中，应尽可能通过现场调查获取一手信息，一手信息往往更为直观、真实和可信。

(三) 授信审查方法

授信审查方法具体如下：

(1) 对比和推理的方法。

(2) 行业分析方法。行业分析方法有指标分析、周期性分析、垄断竞争分析和五力模型分析等。授信审查人员平常应注意积累行业知识、了解行业竞争结构和参数，关注行业技术变革方向，为项目审查奠定基础。

(3) 客户审查。具体审查客户盈利模式和核心竞争力。

(4) 财务分析方法。主要有比率分析法、趋势分析法、结构分析法等。

(5) 固定资产项目评估方法。

(6) 合规审查。审查借款人是否合规经营，项目是否获得有关部门审批，土地、环评等要件是否齐备，是否违反国家宏观调控政策和产业政策，是否满足监管部门监管要求。

(7) 地区审查。审查地区金融环境、地区分行风险管理水平、地区产业集群和配套优势。

(四) 风险评估

风险评估就是在前期审查的基础上，对项目风险点的影响程度、发生概率和控制程度进行评估。

(1) 要掌握区分风险主次矛盾的分析方法，找到项目核心风险点。从风险对授信安全的影响程度、发生的概率、风险的可控程度来衡量各风险的风险水平，通过对各风险的排序来区分风险的轻重缓急，抓住授信的核心风险点。

(2) 要掌握具体行业或产品常见的风险点，并形成归类经验。

(3) 要了解风险运行的规律和机理，并能对核心风险的未来变化趋势进行判断。

(4) 要综合考虑风险发生概率和可控程度，提出风险控制措施，为最终授信方案设计做好准备。

(五) 方案设计

授信的基础性方案一般包括：金额、品种、期限、利率、担保和账户管理等。

方案设计要从经营视角出发，关注市场竞争态势，把握客户信贷需求，在满足风险控制和营销可行性的同时，提出授信方案或改进建议，关注方案在实际操作过程中的操作风险。

方案设计环节应关注以下几个方面。

(1) 市场。应从经营的视角出发，关注市场的竞争态势，了解业务竞争对手的情况和所处的营销环境，理解业务部门对项目的营销定位和提供的授信方案。

(2) 客户。要关注授信方案能否满足客户需求，如是否超出客户需求？在市场上的竞争力如何？对授信方案提出优化建议。

(3) 方案优化。要针对授信方案存在的风险点提供有针对性和可操作性的控制手段，并充分考虑后续放款及贷后监控中可能存在的操作风险。在项目可行的前提下对授信方案进行优化，包括授信总量的确定能符合客户的实际资金需求，授信产品及其组合能与客户的经营模式相匹配等。

(4) 风险缓释。对项目存在的风险点提供有针对性的控制手段，考虑业务操作中的可行性。主要措施包括但不限于：授信增信、对客户的部分财务指标和经营行为做出限制、对客户的现金流进行监管等。

(5) 风险提示。充分考虑在后续放款及贷后监控中可能存在的操作风险，提出对应的防范措施，要考虑贷款的全流程管理。

专栏 6-4

(6) 利率定价。加强利率定价管理，考虑客户综合回报率，体现风险与收益相平衡的原则。

四、授信操作流程

银行对零售客户的小额信贷业务(包括对私人客户和小型企业客户)多采取利用历史数据进行统计分析，建立评分卡的方法，通过电脑系统进行自动审批，一般不需要提交个人或委员会审批。

银行对公司客户的授信业务，通常的审批操作程序遵循了前后台分离、额度控制、分级审批(但不是层层审批)的基本原则，并在授信政策的指引下，进行动态的风险评级，以风险评级为基础，设置授信审批权限、设立客户的总量授信额度、组合管理、建立授信执行标准、进行授信定价、配置资本金、动态调整呆账准备金。

在授信业务审批的过程中，人的风险最为关键，也是银行管理层最需要控制的。

银行基本的授信业务审批程序如图 6-14 所示。对每个客户核定的授信限额(包括新增授信)同样按照该程序审批，授信限额内的单笔业务不需要再审批。

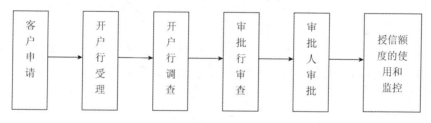

图 6-14　银行授信业务审批程序

1. 客户申请
即说明申请授信的使用用途、授信金额、期限、担保方式。

专栏 6-5

2. 开户行受理
(1) 审查客户资格。

(2) 受理客户申请。

(3) 收集相关资料。

3. 开户行调查
银行对授信业务流程的各项活动都必须进行尽职调查，授信工作尽职调查可采取现场或非现场的方式进行。必要时，可聘请外部专家或委托专业机构开展特定的授信尽职调查工作。

　　授信调查资料收集应注意收集技巧，并非资料越多越好，要注重资料的可用性，尽可能一次性提取，避免浪费作业时间，平时应建立资料情报网，与行业协会、企业所在区域行政管理机构建立密切关系，对已取得的相关资料分门别类地进行建档管理，以有效提升资料收集的效率。

　　首先，是客户基本情况调查。个人客户调查内容包括：年龄、教育程度、职业、婚姻状态、赡养人数、个人财富(年收入/不动产/存款/基金投资)、个人借款、信用卡/现金卡使用状况。企业授信调查内容(5P)包括：借款户资力(people)、借款用途(purpose)、还款来源(payment)、债权保障(protection)、授信展望(perspective)。

　　具体调查企业是否出现以下负面消息：

　　① 票信不良问题，如退票、拒往、缴息记录不正常、诉讼等。

　　② 企业内部人事问题，如家族企业成员或股东不合，资金挪用，经营系于负责人一人身上，财务主管更换等。

　　③ 公司财务不良，如金融负债过高、负债异常增加、营运长期亏损、应收账款过多、自有资金不足、投资不当(投资失利积压资金/经营者投资股票、期货失利/资金套牢，利息费用大于营业盈余/财务操作习惯以短支长)、关系企业拖累(担保)等。

　　④ 担保品，如股票(是否上市、负面事项)、不动产(产权不清)、机器设备 (保养不力)。

　　⑤ 综合评估，如中小企业经营能力、大型企业产业竞争力、授信期间、无担保授信信用风险、担保授信担保力。

　　其次，是对客户的信用分析。

　　最后，是担保情况的分析调查。

　　在授信资料收集完成后，要运用以下分析方法对收集的资料进行分析，目的是将各方面收集的原始资料变为具有参考价值的授信资料。

　　(1) 检验法。将不同渠道收集的资料对比分析来验证企业提供资料的真实度和诚信度。

　　(2) 估算法。授信资料不够完整时对拟授信企业的相关情况进行大体估计。

　　(3) 对比法。将企业与同行业中的其他企业进行对比分析，得到该企业在行业中的地位、技术先进性、市场范围、盈利水平等关键信息。

　　(4) 最高授信额度的拟定。

　　(5) 调查评价报告。

4. 审批行审查

　　(1) 客户的风险状况。

　　(2) 信用等级的复测和调整。

　　(3) 担保的有效性。

　　(4) 最高授信额度方案的适当性。

5. 审批人审批

　　审批人审批必须符合授信业务审批权限管理的规定。

　　西欧各家商业银行都实行审批个人负责制。由于审批人员身处当地的市场，能够迅速地对客户的要求做出反映，从而保证审批的时效性，同时易于做出正确的决定。如德意志银行的10

位高级审批人员分布于纽约、伦敦和我国香港三地，这些人员有三个主要特点：①不需要管理职员；②需要做出重大决定；③负责资产组合和授信政策分析、回顾。任何一笔授信业务(20亿欧元以下)有两名审批人员双签即获通过。这 10 名高级审批人员还可以根据需要确定转授权，但所有的转授权也都要实行个人负责制。在确定授权和转授权时，都要综合考虑业务品种、个人经验、知识结构、业绩能力等多方面的因素。

一般情况下，对于一笔授信业务，如果金额较小，一两天就可以完成审批；如果金额较大，则需要委员会审批，审批时间在 1 周左右。若业务比较紧急，也可以临时召开委员会会议，由委员会主席先行签署意见，再召集会议补充报批。

6. 授信额度的使用和监控

即根据客户使用授信额度的情况及风险状况调整或终止授信额度。

在授信期间，银行应通过非现场和现场检查，及时发现授信主体的潜在风险，发出预警风险提示。重点监测客户以下内容：客户是否按约定用途使用授信，是否诚实地全面履行合同；授信项目是否正常进行；客户的法律地位是否发生变化；客户的财务状况是否发生变化；授信的偿还情况；抵押品可获得情况和质量、价值等情况。

银行应根据客户偿还能力和现金流量，对客户授信进行调整，包括展期、增加或缩减授信、要求借款人提前还款并决定是否将该笔授信列入观察名单或划入问题授信。对列入观察名单的授信应设立明确的指标，进一步观察判断是否将该笔授信从观察名单中删去或降级；对划入问题授信的，应指定专人管理。

对于问题授信，银行应在确认实际授信余额后，重新审核所有授信文件，征求法律、审计和问题授信管理等方面专家的意见，对于没有实施的授信额度，依照约定条件和规定予以终止。依法难以终止或因终止将造成客户经营困难的，应对未实施的授信额度专户管理，并要求保证人履行保证责任，追加担保或行使担保权；对问题严重者，要向所在地司法部门申请冻结问题授信客户的存款账户以减少损失。

五、授信限额确定

银行授权基本上是对余额或总量的授权，一般根据业务品种、单一借款人、所在行业、所在国家设定不同的限额。其依据是客户的内外部评级、本行的行业政策、国家分析等因素。在每项限额下还分许多小项，如巴黎国民银行的国家风险限额又按照短期、中长期设立了出口融资、项目融资、能源及商品融资等多个分项限额。

企业对授信额度要从严把握。

(一) 授信限额的考虑因素

客户授信额度(customer maximum credit quota)的确定首先必须考虑客户的债务承受能力，其次是银行自身的损失承受能力，最后是银行主观上是否愿意向客户提供授信业务。

银行授信限额不能超出客户的债务承受能力，否则将增加银行信贷资产的损失概率，因此，客户的债务承受能力就是客户的最高债务承受额(maximum borrowing capacity，MBC)，它构成了银行授信的极限。

任何单一客户给银行带来的损失虽然不至于导致银行违约，但不意味着银行愿意承担这一损失。银行愿意承担的损失取决于该客户可能给银行带来的预期收益。只有客户给银行带来的预期收益大于预期损失，银行才能为客户授信。银行愿意承担的预期损失可称为客户损失限额(customer maximum loss quota，CMLQ)。银行分配给业务部门的经济资本，继续分配至该部门所承办的不同地区、行业的不同金融产品，直至分配到每个授信客户，则每个客户配置的经济资本即为客户损失限额。

确定客户授信额度还需考虑市场竞争态势和银行的经营战略，以及在其他银行的授信额。

(二) 单一企业授信额度的计算

客户授信额度(customer maximum credit quota，CMCQ)计算方法如下：

$$CMCQ=Min(MBC，CMLQ)-在其他银行的授信额$$

$$CMCQ=Min(MBC，CMLQ)\times本行对该客户的市场目标占有率$$

确定授信额度通常采用贷款损失比率模型。该模型的基本出发点是测量特定部门或行业的系统性风险损失相对于银行的全部贷款损失的关系来确定授信限额。

$$\frac{对\ i\ 部门的损失}{对\ i\ 部门的贷款}=\alpha+\beta_i$$

对 β 系数高的部门可设定较低的授信限额，对 β 系数低的部门设定较高的授信额度。

在实践中，对如何合理设定单一敞口的限额的方法有较大差异。包括巴塞尔银行委员会在内的国际组织推荐的标准是：对于单一客户，一个集团客户的敞口不能超过银行监管资本的25%。世界银行同时建议，对于无抵押的授信，应设定为不超过银行资本的 15%。有的欧盟国家要求，银行的大额敞口(欧盟界定为超过银行资本基础 10%的敞口)的总量不能超过银行资本金的 8 倍。对于一些特殊的客户，如中央政府、公共部门、银行同业，可以不设限，或给予较高的授信限额。银行授信较集中的地区或行业，应适当降低授信限额。

专栏 6-6

(三) 最高授信限额的计算

专栏 6-7

最高授信限额的计算公式如下：

$$最高授信限额＝本银行系统最高风险限额基数\times信用等级调整基数$$

$$本银行系统最高风险限额基数＝本行最高风险限额基数\times同业占比控制线$$

思考练习题

1. 简述银行信用管理体系。
2. 简述银行信用管理的内容。
3. 分析信用衍生产品的原理与用途。
4. 分析总收益互换交易双方的交易动机。
5. 银行信用风险有哪些？

6. 简述银行不良资产处理方法与流程。

7. 分析银行控制贷款风险的策略。

8. 阐述银行授信额度的确定方法。

9. 依据上市银行年报和宏观经济形势，设计银行信用评级标准，并评价银行信用状况。

10. 结合美国 2008 年金融危机，解读美国次级贷款是如何引发金融危机的。

11. 借鉴银行信用管理经验，分析社区银行经营特色，设计社区银行信用管理制度。

12. 结合互联网金融的实际，设计风险管理制度。

13. 案例：农村小额信贷信用风险与管理。

农村小额贷款近年来发展迅速，在解决农户资金需求方面发挥着十分重要的作用，深受农户欢迎。但在经营中，风险也十分突出。据调查报告显示，我国的小额信贷机构和项目已达到300 多家，较大的机构和项目的覆盖面达到 5000 户左右的农户，小的机构和项目的覆盖面不到1000 户。在这 300 多家小额信贷机构和项目中，能正常运行的不到五分之一。目前真正达到完全独立运作、达到财务可持续性的小额信贷机构更是微乎其微。小额信贷存在农户理解偏差、恶意拖欠、信用等级缺失等问题。

案例分析：请结合我国农村金融服务现状，提出改善农村小额信贷管理的建议。

- 了解信用监管的内容;
- 了解信用监管法律体系;
- 了解信用监管配套体系。

第一节 信用监管概论

一、信用监管的概念

信用监管是信用监管机构依据相关信用法规和信用市场发展状况,对信用市场参与人行为、信用产品和信用关系运行进行监督、规范、控制和调节等一系列活动的总称。

二、信用监管主体

信用监管的主体有政府相关部门、民间专业信用机构和国际信用组织。

政府信用监管部门几乎涵盖所有的政府部门,包括发改委、市场监督管理局、财政部、商务部、税务局、中央银行、银保监会、证监会、工信部、国资委、人力资源社会保障部、公安部、司法部、海关总署、文化和旅游部等部门;司法体系,法院通过对失信、毁信案件的审理和司法解释,发挥着信用监管的职能;信用自律组织,包括信用协会、信用评级协会等,这些机构通过自律管理发挥监管作用。

国际信用监管包括三大类:第一类,国际信用监管机构,包括巴塞尔银行监管委员会、国际清算银行、国际货币基金组织、世界银行、国际证监会组织、金融稳定理事会、国际保险监管者协会等;第二类,跨国信用保护公约及相关机构,包括《多边投资担保机构公约》《关于解决国家和其他骨架国民投资争端公约》《能源宪章公约》、国际投资争端解决中心等;第三类,国际信用自律组织,包括国际信用协会、亚洲信用评级协会、国际信用标准化组织等。

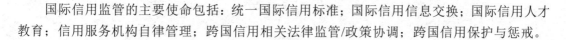

国际信用监管的主要使命包括：统一国际信用标准；国际信用信息交换；国际信用人才教育；信用服务机构自律管理；跨国信用相关法律监管/政策协调；跨国信用保护与惩戒。

三、信用监管目的

1. 防范信用风险
鉴于信用风险的突发性和破坏性，防范信用风险是信用监管的首要目的。

2. 规范信用行为
通过对信用活动的监管，对失信行为的惩戒，保障信用活动的有序、规范运作。

3. 健全信用制度
把社会普遍遵守的信用观念、信用准则以法律、法规的形式确定下来，借以调整信用关系，完善信用制度，推动企业完善信用管理制度。

4. 促进信用发展
通过对信用环境、信用行为的监管，可以确保信用活动规范有序地展开，增强诚信意识，推动信用文化建设。

四、信用监管特征

1. 广泛性
(1) 信用监管主体的广泛性。信用监管机构包括发改委、商务部、中央银行、银行监管当局、证券监管当局、保险监管当局、市场监督管理局等机构。

(2) 信用监管对象的广泛性。政府、企业、居民的投资、借贷、商业等活动都需接受信用监管和规范。

(3) 信用监管领域的广泛性。信用活动已扩展到经济、生活的方方面面，凡是存在信用活动的环节均是信用的监管领域。

2. 综合性
信用监管的理念和政策建立在多学科基础上，综合运用法律、行政和经济手段来付诸实施。

3. 透明性
信用监管法律、监管手段、监管结果，以及信用交易信息都须向社会或交易对方公布。

4. 基础性
信用监管是市场经济中各类监管的前提和基础。只有有效履行监管职能，才能保证市场经济的顺利运作。

5. 国际性
经济全球化的发展，一国的信用行为早已越过国境开始国际化，信用监管必须加强国际协调和信息沟通。

五、信用监管内容

(1) 建立征信数据环境。建立多层次的企业、个人信用数据库，并向特定对象开放信用数据库。

(2) 订立信用管理从业人员的职业道德和操守规则。信用从业人员理应成为信用的榜样。信用从业人员的职业道德和操守规则包括遵守信用程序、公正揭示信用信息、公平处理信用争议。

(3) 构建信用监管法律体系。制定信用监管法律，保护信用交易双方的合法权益，维护信用秩序。信用监管法律包括信用准入法律、信用信息保护法律、信用交易保护法律、信用惩戒法律等。

(4) 监管信用服务机构。政府对信用服务机构的监管主要体现在规范信用信息的开放、使用、传播，并要求监管对象遵守信用交易准则，培育信用服务市场的公平竞争机制。

(5) 建立和加强行业协会等民间机构的自律管理。信用管理协会等行业组织要通过制定行业发展规划、从业标准等来进行自律管理。

(6) 实施信用管理教育。通过信用管理教育，为信用行业发展培养合格的专门人才。

第二节　政府信用监管

一、政府信用监管概述

1. 政府在信用体系建设中的定位

鉴于政府作为信用法律的制定者，信用体系建设的倡导者、规划者、执法者，需要政府指定或建立一个部门，负责社会信用体系相关事务的监管。

2. 政府信用监管职责

政府信用监管系统是社会信用体系的重要组成部分，承担制定信用监管政策、执行信用监管法律的职责。

政府信用监管的职责包括：推动制定信用监管法律法规；制定信用行业发展规划和政策，负责信用市场建设和监管；宏观调控社会信用规模，维护信用环境秩序；规范信用行为，制定信用服务机构市场准入和日常监管标准，负责信用法律的执法，惩戒失信行为。

3. 政府信用监管对象

(1) 授信机构，包括银行、消费信贷机构、保险机构、信用卡机构、财务公司等，监管目的是维护各类金融机构授信活动的公平竞争秩序；保护消费者公平信用权益。

(2) 信用服务机构，包括征信机构、信用担保机构、信用数据公司、商账追收机构、信用修复机构、信用转移服务机构、信用协会等，监管目的是制定信用数据采集、维护和评估规范，保护公民隐私；制定市场准入标准，制定信用产品、服务规范和质量标准；对信用交易活动实施日常监管。

专栏 7-1

(3) 受信主体，包括各类企业和公民，监管目的是对失信行为实施联合惩戒，对诚实守信者给予保护和奖励。

二、政府部门信用监管职责

(一) 发改委的信用监管职责

发改委的信用监管职责主要有统筹有关部委，宏观监控社会信用总量和结构；负责对企业债券的审批；协调有关部委和社会信用资源，构筑社会统一的信用数据库；配合有关部委，协调信用监管政策，规范信用行为。

(二) 金融监管机构的信用监管职责

1. 中国人民银行的信用监管职责

中国人民银行履行中央银行职责，主要负责信用的宏观调控和监管，具体职责如下。

(1) 通过信贷登记制度，负责全社会信用规模与结构的日常监控。

(2) 设立预警机制，对银行和企业信用异常状况进行监控；通过对消费信贷和个人信用的监管，规范消费信用行为。

(3) 负责信用产品的日常监控；通过对清算及支付系统运行的监管，维护信用体系的有效运作。

(4) 信用危机救助。通过存款保险和最后贷款人制度，对金融机构的信用危机进行监管和救助。

(5) 信用数据。负责构建个人信用数据库，通过征信局负责信用数据的征集、分析，并向社会提供征信服务；负责对征信机构的日常监管。

2. 银保监会的信用监管职责

银保监会主要负责金融机构的日常信用监管，具体职责如下。

(1) 依法对全国金融市场实行信用监管，制定相关的法规；负责制定商业银行、保险公司信用风险评级标准；负责实施对银行、保险机构等金融机构的信用监管，督查金融机构建立信用风险评级体系，完善信用风险管理制度；对金融机构业务活动及其风险状况进行非现场监管和现场检查，对失信金融机构进行惩罚；审查、认定金融机构高级管理人员的任职资格；制定金融从业人员的基本资格标准。

(2) 处置金融机构的信用危机及突发事件，对已经或者可能发生信用危机，严重影响存款人和其他客户合法权益的金融机构实行接管或者促成机构重组，对有违法经营、经营管理不善等情形的金融机构予以撤销。

(3) 负责信用产品的审批和日常监控。

(4) 与中央银行合作，监控企业信用状况。

3. 证监会的信用监管职责

证监会主要负责证券市场的信用监管，具体职责如下。

负责制定证券市场交易规则和实施细则；分析证券交易行情，进行市场跟踪监控，及时发现和处理异常波动股票，打击过度投机；监管境内证券期货市场信息的披露、传播活动；处理与证券市场有关的上市公司重大突发事件。

负责对证券市场交易主体(券商、投资者、上市公司)失信行为的监督和查处；审核上市公司的信用行为，对上市公司规范运作、信息披露、募集资金使用、财务会计报告进行巡回检查和专项核查，审核并监督检查境内上市公司合并分立、资产重组等事项；监督境内上市公司及其董事、监事、高级管理人员、主要股东履行证券法规规定的义务；监管有关中介机构在收购兼并活动中的执业质量；审核会计师、资产评估师及其事务所从事证券期货中介业务的资格，并监管其相关业务活动。

(三) 市场监督管理局的信用监管职责

市场监督管理局负责对生产领域与流通领域的企业信用的日常监管，实行信用分类监管制度，制定市场准入和任职资格标准。

市场监督管理局与其他部门共享监管信息和数据，对失信者实施协同监管和联合惩戒，具体措施包括对当事人的市场准入和任职资格限制、融资限制、高消费限制、限制参与政府采购、限制参与工程招投标、限制土地招投标、限制取得政府资金支持等。

市场监督管理局依据监察企业信用指标所反映的信用状况，将企业信用标准分为守信标准、警示标准、失信标准和严重失信标准，实施分类管理。信用监管指标由市场准入、经营行为和市场退出三方面构成。市场准入指标主要监管在确认市场主体资格和经营资格过程中企业的信用状况变化情况，核心在于监察企业是否符合法定条件，提交的申请材料是否真实、合法、有效；经营行为指标主要监察企业在经营活动中的信用状况，核心在于企业是否守法经营，在交易活动中是否遵循诚实信用原则；市场退出指标主要监察企业在退出市场过程中的信用状况，核心在于退出市场是否依法进行清算。

(四) 其他政府机构的信用监管职责

1. 财政部的信用监管职责

财政部信用监管职责包括：制定会计准则，规范企业资金管理；对国有企业在资产与财务管理、对外投资等方面实施监督；对国有金融企业制定财务规范，规范投资、工资等行为。

2. 税务局的信用监管职责

税务局对企业的信用监管主要体现在督促企业依法纳税，评定纳税信用等级。

税务局依据纳税人遵守税收法律、行政法规以及接受税务机关依据税收法律、行政法规的规定进行管理的情况评定纳税信用等级。

纳税信用记录将是纳税人开展业务便利的"通行证"。税务局对纳税人依信用状况实施分类管理，对优秀纳税人实施免除税务检查、简化纳税申报手续等措施，以鼓励依法诚信纳税，提高纳税遵从度。对严重失信的纳税人，将建立起"黑名单"制度，并把违法当事人有关信息向银行、市场监督管理等相关部门通报。

3. 商务部的信用监管职责

商务部的信用监管职责包括负责商务领域信用建设工作，制定发展规划，组织拟定法律法规和标准并组织实施。

推动商务领域信用信息共享，组织实施商务信用分类监管；推动和规范商业信用销售和各类商业信用交易形式的发展，建立健全商业信用风险管理制度；指导和规范商务领域信用服务业发展；协调推动商业银行、担保公司、保险公司等金融机构创新金融产品，满足商贸企业和贸易活动的融资需求；组织开展商务领域诚信兴商宣传教育和诚信经营创建活动，指导和推进商会协会行业信用建设工作，促进行业自律。

第三节　个人信用监管

一、个人信用监管的定义

个人信用监管是指对个人信用、个人信用授信机构、个人信用服务中介机构等的规模、结构、运作进行控制、监督和管理的总称。

个人信用监管是整个信用监管体系的重要组成部分和基础。

二、个人信用监管的特殊性

1. 个人信用信息的披露与保护个人隐私权要协调统一

要妥善处理个人信息公开与个人隐私保护的矛盾，个人隐私必须得到保护，但涉及社会公共利益的信息，应进行适当协调，在小范围内公开隐私，以满足知情权的需要。

2. 实现个人信用记录的强制性

在征信国家，个人信用是被强制记录的，以保证个人记录的连续性、准确性和完整性。

3. 确定个人信用信息的格式和相关内容

由国家制定信用记录标准，确定个人信息记录的格式和相关内容。

4. 消费信用是个人信用监管的重点

消费信用是个人信用的主要形式，是信用监管的重点。

三、个人信用监管机构

个人信用监管机构设置的数目可以是一个，也可以是多个，这要视该国的大小、社会制度、法律规定、政府机构规模、经济市场化水平、有无开放征信数据、文化传统等诸多因素而定。

我国的个人信用监管职能就分散在不同的政府部门和司法机关，如人民银行征信局、市场监督管理局、发改委、法院等多个部门。

四、个人信用监管内容

(1) 根据国家宏观经济状况，就个人信用授信机构的信用投放总量，进行监测、度量、预警和控制，促进或抑制信用支付工具的投放。

(2) 促进个人信用管理相关法律的出台和实施，技术性解释相关法律的具体条款。

(3) 建立并监管个人信用信息征信系统，强制政府部门和社会相关企业、机构将征信数据以有偿或无偿方式交给有资质的专业征信机构。

(4) 监督和规范个人信用信息和征信数据的取得、使用和披露程序。

(5) 确定征信机构的行业标准，包括信用评级标准、信用报告标准、数据库技术标准等；监管信用服务机构，使其合法合理地利用征信数据和传播数据。

(6) 建立和实施失信惩罚机制。

(7) 实施诚信教育计划。

(8) 建立和监督政府守信机制。

第四节　信用监管法律体系

一、法律在信用监管中的地位和作用

市场经济与法制建设的内在联系是基于以下原因：

(1) 市场行为主体的权益需要由法律来保障。市场行为主体的经营行为，其合法权益需要法律的明晰界定和有效维护。

(2) 市场行为主体的行为需要用法律来加以规范。市场行为主体的行为用法律予以规范，交易双方的权利义务用法律来保护。

(3) 市场运行的规则需要由法律来协调统一。各类市场必须建立统一、明确的运行规则，法律则把这些规则固定下来，成为遵守的法则。

(4) 政府的行为必须由法律来加以规范约束。政府作为国家行政机构承担着管理社会生活、经济生活的责任，为减少对经济、社会运行的无效干预，客观上要求政府的管理行为规范、科学、合理，必须依法行事，约束自身行为。

(一) 法律在信用监管中的地位

1. 法律是信用信息收集与提供的基础

信用信息的获取与披露是信用管理的第一步，信用信息的真伪将直接影响信用管理的有效性。提供者能够提供真实的信用信息，使用者能够获得高质量、准确的信用信息是活跃市场交易、扩大市场交易规模、提升交易效率的前提。信用信息披露、收集、整理的完善性取决于社会是否存在着科学、公正的信息收集途径和信息处理方法，以及准确、及时的信息传输机制。

依法征信是解决信用信息真实、可靠的基础。法律具有强制性，有利于克服信息不对称问题，解决信息披露报喜不报忧的现象；法律具有权威性，使得各方都能接受；法律具有惩戒性，不依法行事的经济主体会受到应有的惩处。用法律来规范征信数据的收集与使用是信用管理的重要组成部分。

2. 法律是维护信用管理秩序的前提

信用管理秩序的维护需要法律的支持。从各国信用管理的实践来看，信用管理秩序的维护并不在于信用管理机构的多少，而在于与信用管理相关的法律法规是否健全、明确，是否为信用管理提供了有效运作的平台和依据。

在征信国家信用管理秩序的形成过程中，法律建设的作用是不容忽视的。一些具有良好信用管理秩序的国家正是因为具备了信用行业的相关立法，提高了司法部门的执法水平，信用管理秩序才得以规范，从而形成了发达的社会信用服务体系。相比之下，大多数发展中国家由于法律体系的不健全，导致信息披露不准确、不充分，信用管理和信用服务水平不高，失信现象突出。因此，依法立信已经成为发展中国家信用体系制度建设的当务之急。法律对信用主体的权利与义务以及相互之间的关系有明确的规定，必要的司法机构是失信惩罚的实施部门。在法律法规的保障之下，信用管理行业才能形成良好的运行秩序。

3. 法律是信用管理有效性的保证

法律所具有的威慑作用和惩罚作用是信用管理有效性的保证。在市场经济充分发展之前，信用管理主要是靠道德约束来维持，并以社会伦理、行为规范以及一定范围之内信用信息的充分传播为基础。自然经济状态下，生产力低下，市场局限在极小范围之内，经济主体之间的交易行为基本上表现为自然人之间的交换，交易双方信用信息交换较为全面，而且往往会重复进行多次交易。经济行为主体为了追求长远利益的最大化，必然会恪守诚信，否则在下次交易时就可能遭受别人的报复。换言之，在信用信息较为充分、交易重复进行的情况下，失信的成本较高。

工业文明与市场经济的发展使社会物质财富迅速增加，信用规模不断扩大，社会交易活动越来越突破时间和空间的制约，信用信息的不对称日益加剧。道德约束在信息不对称所造成的道德风险以及违约带来的巨大利益诱惑面前显得软弱无力，信用管理的规则发生了根本性的改变。信用管理由道德约束发展成为以法律为基础的制度化约束。只有当失信行为与主体在法律框架之下受到严厉的制裁，使之承受失信所带来的成本损失时，守信才会在全社会范围内成为一种自觉自愿的行为。

(二) 法律在信用监管中的作用

法律在信用监管中的作用是多方面的，其中保护个人隐私权、促进公平竞争以及构建有效的失信惩罚机制是最核心的作用。

1. 保护个人隐私权

法律是信用市场主体权益保护的依据。信用市场主体是在信用领域活动的个人和法人组织，包括各类信用产品的提供者、管理者以及消费者。法律定义了市场主体在交易中的地位、权利和义务，确定了一系列市场主体应当遵守的规则与条例。法律的权威性、客观性与基础性有助于市场主体依法行事。在征信领域对个人的征信难免会触及一些个人的隐私，依法征信可以实现对个人隐私权的保护。法律可以防止通过窃取、骗取等非法手段获得信用信息。征信机构在进行提供信用信息的商业行为时，必须征得被征信者的许可，信息服务对象应该根据法定或者约定的事由，在善意使用的原则下确定。信用信息的收集过程应仅限于客观事实，坚持客观公正的价值取向。法律还赋予被征信者及时纠正错误信息、更新过时信息的权利。

2. 促进公平竞争

信用管理的立法有利于维护市场竞争秩序，促进公平竞争。法律要求任何授信机构或企业必须准确披露不同贷款的成本和信用条款，以消除在信用交易中所存在的信息不对称现象，使受信者能够在使用不同信用支付工具的条件中做出最优的选择。法律依照平等竞争的原则，赋予个人享有平等取得授信的权利。任何授信机构都不得因消费者的民族、性别、婚姻状况、年龄、宗教信仰等方面的原因，而拒绝消费者的信用申请。

法律保证任何合格的信用机构，不论规模大小、性质如何，都能够在同业之内获得相同的义务以及经营任何信用产品的权力。法律规定能够促使信用机构在经营过程中遵守相关的规定，从事不正当恶性竞争的行为必然会受到法律的制裁。

3. 构建有效的失信惩罚机制

社会信用体系建设的中心环节就是建立有效的失信惩罚机制，完善的法律环境有利于构建有效的失信惩罚机制。经济行为主体选择失信还是守信，关键是要进行失信的成本和收益对比。当失信的成本高于收益时，就会选择守信；反之则选择失信。当社会上缺乏信用管理的法律规范时，失信者不能受到严厉的制裁而守信者也不能得到应有的保护，社会信用秩序就会混乱，守信者少，失信者众，社会资源的配置难以实现优化组合。在法律框架下，违约失信者必然受到严厉的惩处，使其失信行为的成本远高于收益，由此才能形成真正有效的失信惩罚机制，使失信者难以立足于现代经济社会之中，从根本上遏制信用秩序混乱的现象。

二、国外信用监管的法律体系

发达国家一般都建立了较为完善的信用监管法律体系，以保障社会信用环境的正常运行。

（一）美国信用监管法律体系

美国信用管理的相关法律和法规是随着信用市场的发展而逐步颁布并完善起来的。信用管理行业在美国最初诞生于19世纪40年代，到20世纪30年代有了长足的发展，其现代信用管理蓬勃发展是在50年代。与现代信用管理的发展相适应，20世纪60年代末到80年代间，美国在原有的信用管理法律、法规的基础上，进一步制定了与信用管理相关的法律，经过不断完善，形成了一个完整的框架体系。

美国基本信用管理的相关法律共有17项(见表7-1)，几乎每一项法律都进行了若干次修改，涉及信用数据采集、信用信息披露、信用服务、信用保护等层面。

表7-1　美国信用管理相关法律一览表

中文译名	英文名称	主要内容
公平信用报告法	Fair Credit Report Act (or FCRA)	规范信用报告行业的基本法
平等信用机会法	Equal Credit Opportunity Act	所有申请人都仅仅被考虑与实际申请资格有关的因素，不得以某些个人特征而被拒绝授信

(续表)

中文译名	英文名称	主要内容
公平债务催收作业法	Fair Debt Collection Practice Act	规范专业商账追收类公司的法律
公平信用结账法	Fair Credit Billing Act	保护消费者，反对信用卡公司和其他任何开放终端信用交易的授信方在事前提供给消费者以不精确的收费解释和不公平的信用条款
诚实租借法	Truth in Lending Act	成立消费信贷国家委员会，消除不合理信用交易
信用卡发行法	Credit Card Issuance Act	信用卡发卡机构不得向没有提出书面申请的人发卡(不包括到期更新卡情况)
公平信用和贷记卡公开法	Fair Credit and Charge Card Disclosure Act	规范信用卡或贷记卡发行公司的行为，要求发卡机构必须将有关卡的性质公开，向授信人表达清楚
电子资金转账法	Electronic Fund Transfer Act	规范金融机构电子转账活动，规定了参与活动的金融机构的权利、义务和其他责任
储蓄机构解除管制和货币控制法	Depository Institutions Deregulation and Monetary Control Act	取消了信贷利息的限制
甘恩—圣哲曼储蓄机构法	Garn-St German Depository Institution Act	对非银行金融机构开放了许多种类的金融业务，扩展了储蓄来源，取消了对储贷会的放贷利息上限
银行平等竞争法	Competitive Equality Banking Act	特许商业银行合法从事承销有价证券业务
房屋抵押公开法	Home Mortgage Disclosure Act	规定存款机构必须对所服务的社区详细地说明有关抵押贷款的具体手续和要求
房屋贷款人保护法	Home Equity Loan Consumer Protection Act	规定在申请人个人住房贷款的初期，金融机构必须对消费者揭示更广泛的信息
金融机构改革—恢复—执行法	Financial Institutions Reform, Recovery and Enforcement Act	防范不良贷款的发生
社区再投资法	Community Reinvestment Act	要求金融机构开发新的信用手段，向消费者提供低利息的信贷服务
信用修复机构法	Credit Repair Organization Act	规范信用修复机构的业务操作
格雷姆—里奇—比利雷法	Gramm—Leach—Bliley Act	扩大了信息共享的范围。金融机构必须向消费者告知它想同第三方共享的有关消费者的信用信息

　　美国的 17 项信用监管法律基本上可以被分为两类：一类法律旨在规范管理征信机构的操作，以保护消费者的各项权益。这类法律的主要起草单位是"信用报告协会"和"全国信用管理协会"，第一执法和权威技术性解释法律条文的政府部门是"联邦交易委员会"。另一类法律旨在指导和规范金融机构，立足于维护金融机构之间的公平竞争，并对金融机构向市场投放信用和发放信用工具做出限制。这类法律的主要执法和权威性、技术性解释法律条文的政府机构是联邦储备委员会。

　　美国信用监管法律体系的目的是维护业内公平竞争和保护消费者隐私权。在美国现行信用管理法律条文中，直接规范的目标都集中在规范授信、平等授信、保护个人隐私权等方面。商业银行、金融机构、房产、消费者信用调查和商账追收行业受到了直接和明确的法律约束。其中最重要的《公平信用报告法》定义了消费者信用报告的内容，包括消费者信用评价、信用状况、信用能力以及个人消费特点、性格、生活方式等，规定消费者个人有权了解信用报告并规范信用调查机构对信用调查报告的传播范围。对于消费者信用调查报告中的负面信息，规定消费者具有对负面信息的申诉权利以及负面信息在指定年限后应被删除。

美国没有专门用于规范工商市场信用销售和工商企业信用调查的法律，法律多出于保护消费者个人隐私权和针对公民个人的授信。除了有关立法以外，联邦政府还出台了一些与信用有关的法规，其中最著名的有《统一商业准则》，宗旨是使与消费者信用有关的法律简单、明确和符合现代信用销售发展，帮助消费者更好地了解信用条款所对应的收费。

(二) 欧洲国家信用监管法律体系

属于大陆法系的欧洲国家在信用管理方面的立法是在 20 世纪 70 年代以后逐步完善的。

德国是建立信用管理专业法律的先驱。早在 1934 年，德国就建立了个人信用登记系统，并出台了一些相关的操作规则。1970 年联邦德国颁布了《分期付款法》，1977 年颁布了《通用商业总则》，该总则中的一些条款是用来指导消费信贷业务的。英国议会在 1970 年通过了《消费信贷法》，这是一部消费者保护类的法律。

从历史发展角度来看，欧洲一直有着统一的诉求，伴随着经济政治一体化进程的加快，欧盟通过了一些超国家的法律规范。1981 年，欧洲理事会通过了《关于个人数据自动处理中保护个人问题的协议》。1995 年 10 月，欧洲议会出台了《欧盟个人数据保护法》，该法的地位相当于美国的《公平信用报告法》，是欧盟范围最重要的信用管理法律规范。

(三) 发展中国家信用监管法律体系

发展中国家由于受发展阶段的限制，法律体系不够完善，因此它们在信用制度的建设中十分注重建立与完善有关信用管理的立法。

印度于 1998 年开始研究信用管理相关立法问题，印度的中央银行曾就建立印度的社会信用体系问题向国会提交一份白皮书，并成立了全国性的消费者信用调查机构——信用信息局。

斯里兰卡的信用信息局是依据《斯里兰卡信用信息局法案》建立的，该法案规定除中央银行外的所有放款机构，有法定义务向信用信息局提供信息局希望收集的任何信用信息，未按照要求提供信用信息的将受到处罚。

泰国是在银行的推动下逐步完善信用立法工作的。1998—1999 年，泰国银行家协会建立了信用局委员会，《信用局法案》《数据保护法案》等相关法案也相继出台。随着各项相关法案的出台，泰国的监管框架已基本建立。

尼泊尔信用中介服务机构由于没有相关的法律条款约束，虽然成立多年，但始终处于发展的初级阶段，信用局的工作缺乏效率。

(四) 信用监管立法的国际合作与协调

伴随着经济全球化的浪潮，国家间的经济交往日益频繁，由此形成了全球范围内对信用数据的大量需求。计算机、通信技术以及自动化数据处理技术的广泛发展，也为信用数据实现大规模流动以及瞬间流动提供了可能，大量的数据能够实现跨国界乃至跨大陆的传输。虽然大多数发达国家和部分发展中国家已经通过了个人数据保护的相关立法，但各国法律的差异还是有可能妨碍个人数据自由地跨界流动。征信数据在国际流动客观上要求信用管理立法的国际合作与协调。

在信用管理立法国际协调方面，最为突出的就是经合组织(OECD)1980年通过的《个人隐私保护及个人数据国际交流准则》，指出个人数据的跨界流动有助于经济和社会发展；国际的立法协调有助于克服各国立法间的差异性，通过对诸如隐私和信息自由流动这种相互对立的基本价值观进行协调来实现共同的利益，并确定了基本的实施原则：

(1) 限制收集原则。应在限定的范围内收集个人数据，获得任何此种数据都应使用合法和公正的手段，而且在适当的时候应该让数据主体了解并征得其认可。

(2) 数据质量原则。个人数据应该与其使用目的相关，而且应该在为实现其目的所必需的范围内准确、完整并得到及时的更新。

(3) 阐明目的原则。阐明收集个人数据的目的不能晚于收集数据的时间，而且后续使用应该仅限于实现这些目的或那些与之不相斥，并且一旦有变更便及时得以阐明的目的。

(4) 限制性使用原则。除按照所阐明的目的使用外，不应将个人数据泄露、提供给别人或用于其他目的。

(5) 安全保障原则。应该有合理的安全保障措施来保护个人数据，以防止数据丢失以及未经授权而被入侵、破坏、使用、修改或泄露。

(6) 公开性原则。应该有一个普遍性政策来确保个人数据的发展、应用和政策的公开性；应该随时提供生成个人数据并确定其性质的方法、使用数据的主要目的以及数据管理者的身份和常用住址。

(7) 个人参与原则。个人有权在合理的时间内，以合理的价格和方式从数据管理者或别处获悉数据管理者是否掌握与其有关的数据。

(8) 责任原则。数据控制者有责任遵守以上原则。

第五节 信用监管配套体系

一、信用文化建设

(一) 信用文化概述

信用文化是指在一定的社会发展阶段，社会对信用理念、信用思维方式、信用价值取向、信用行为、信用制度等方面的概括。

1. 中国的信用文化

诚信在我国文化中一直以传统美德加以颂扬，被认为是中华文化的基本道德准则，是"进德修业之本""立人之本"和"立政之本"，是诸子百家学说的伦理基础。

长期居于主流文化地位的儒家学说认为，诚信为任何社会不可或缺的道德要求和行为准则。孔子在《论语·为政》中指出："人而无信，不知其可也。"意思是说一个人若不讲诚信，则将一事无成。孔子进而将诚信作为治国之策，如孔子对弟子颜渊说："自古皆有死，民无信不立"（《论语·颜渊》），便是说自古以来人总是要死的，如果人民不信任，不讲诚信，则国家朝政就立不住脚了。

春秋时期，帮助齐桓公成就霸业的宰相管仲强调："先王贵诚信，诚信者，天下之结也。"（《管子·枢言》）意思是说诚信的统治者会得到天下人的拥护，才能取得天下的"结"，即凝聚力。

作为中国古代理学的代表人物，朱熹对诚信的阐述十分具体，他说："凡人所以立身行己，应事接物，莫大乎诚敬。诚者何？不自欺不妄之谓也。敬者何？不怠慢不放荡之谓也。"（《朱子语类·卷一一九》），意思是说，一个人在确立人格、为人处世、待人接物方面，一定要把诚信放在首位。

2. 西方的信用文化

重诺言、守信用、不虚假、不失信一直受西方文化所推崇。西方的"信"是一种契约信任，是基于市场经济和法制文化的历史氛围产生和发展起来，侧重于在法理意义上的信用。这种"信"重理性、辨法理，讲究公平正义，法理至上，不被血缘、乡缘、情感所支配和诱导，以理性维护自己的权利和义务，正是这种公平至上使得信用最终成为西方制度文化的重要组成部分。

古希腊思想家亚里士多德认为，"公正不是德性的一部分，而是整个德性"，在论及商品交易时，认为交易双方要"进行公正的联系，否则就不可能建立恰当的平衡关系"，并且强调德性高于财富，德性统帅财富。

英国古典政治经济学代表亚当·斯密认为，人是"经济人"，是利己的，但同时也是有道德的，有同情心，是守信的。亚当·斯密的市场经济思想蕴含着一个基本的前提，即在经济交换中，一切经济行为都是自由的过程，人们必须按照公平和信用的原则，才能与他人发生经济交往，并从中获得自己的利益。个人对自身利益的追求应与社会利益是一致的。人们追求个人利益，推动了整个社会的发展。否则，如果普遍存在商业欺诈行为，那就既不利于商人自己，也不利于社会利益。因为，作为价值规律的"看不见的手"——等价交换原则，包含着普遍公正和信用的基础，这也是经济伦理的基础。

3. 东西方信用文化比较

(1) 东西方信用文化的共同点，具体如下。

① 基本含义相近。东西方信用文化都包含尊重实际存在、诚实无欺、讲究信用、信守诺言等含义。

② 都对诚信予以足够的重视。西方社会把信用视为社会正常运行的必要条件和前提，视诚信为生命，其信用管理相对完善，一个诚信缺失的人在社会中无立足之地，工作生活都面临危机。我国传统道德不仅将诚信作为立身处世之道，而且视之为立国之基、兴业之宝。

(2) 东西方信用文化的差异，具体如下。

① 中国人的信用基本上是人格信任，而西方人的信用则是一种契约信任。

② 中国人的信用在本质上以道德为支撑，西方人的信用则以法律为基础。

③ 中国人的信用观是伦理意义上的，重在感性、情理，而西方的信用观更多的是法理意义上的，重在理性、法理。

④ 我国的信用建设缺少有效的制度和机制保障，西方的信用具有比较完备的制度和机制保障。

(二) 信用文化建设内容

(1) 升华中国传统信用文化。摒弃传统文化中有关信用的负面因素，提升信用文化境界，塑造适应时代要求的信用文化。

(2) 积极吸收世界其他民族的优秀信用文化。对世界其他民族和国家的信用文化要兼收并蓄、为我所用。

(3) 塑造信用文化中的社会资本。良好的社会资本不但有利于信用机制的形成和发展，而且可以降低交易成本，保证信用传统的维护和信用机制的形成。

(4) 扩大信用文化中的"信任半径"。打破以血缘、地缘形成的人际关系圈，扩大信用半径，将信用精神从家庭成员辐射到社会成员。

(5) 发展契约文化。契约的前提是平等、自由、理性和互利，契约文化下的信用是一种与任何身份无关的诚信，是具有普适性的规范伦理原则。契约包含的价值原则和行为准则是涵盖全体成员的，用于处理普遍的社会关系的道德准则。只有发展这种非人格化的信用，才能支持陌生人的交易，克服身份关系圈的高信任和身份圈外的低信任。

二、失信惩戒机制

失信惩戒机制是社会信用体系中的重要环节，是信用市场的激励约束机制，能够有效制约和降低不良信用的形成、生长和扩散，保护和激励良好信用的发展，维持着社会信用体系的正常运转。

(一) 失信惩戒机制的内涵

失信惩戒机制是由市场各授信主体共同参与的，以企业和个人征信数据为依据，对失信主体发起的集体惩戒行为，以约束信用主体行为的机制。

(二) 失信惩戒机制的作用

有些不良行为往往没有触犯法律，不能绳之以法；另外不良信用行为较为也普遍，如诉诸法律，成本又太高，而不良信用的惩戒机制则可以有效地起到制约作用。

1. 最大限度地消除信息不对称造成的失信行为

由于信用体系中个人和企业完整的信用记录，使得个人和企业的信用信息置于全社会的监督之下，加大了违约成本，可以有效地矫正由于信息不对称造成的失信行为。

2. 对任何失信行为进行实质打击

失信惩戒机制是以威慑作用为主的，力求将失信的动机消灭在萌芽中。对于形成事实的失信行为，其效果是要在相当长的受罚期间内，使失信企业不能进入市场经济的主流，加大失信企业的经营成本，使失信的个人无立足之地。这种实质性的打击和威慑方式会减少市场上存在的各种失信行为，维护市场的公平竞争原则，有助于企业赊销赊购成功率的提高。

3. 自动惩戒失信行为

惩戒机制不向任何企业和个人打招呼，也不对失信者进行任何思想道德方面的教育，甚至会在失信行为者不知情的情况下，就开始实施对其的处罚。例如，个人信用的专业数据库将用于评价个人的信用成套地记录下来，包括失信记录。在不通知当事人的情况下，有偿地提供给与当事人交易的授信人和其他各类交易对方。授信人可以在全面了解失信者的不良信用记录以后，决定是否与之交易或交往。

4. 具有惩戒失信行为的广泛机制

企业和个人征信数据库覆盖全国乃至全球，便于失信记录在全国乃至全球范围内传播。如果一个人有了经济失信记录，就能够通过失信记录的传播功能，让所有愿意了解失信记录的个人、企业和机构掌握。如企业有违约失信行为出现，失信企业会遭到提供服务的各类机构的抵制，如不能取得贷款，供应商不对其赊销生产资料，甚至政府监管部门不允许其营业执照得以正常年检等。

（三）惩戒机制对失信的成本

(1) 剥夺失信者在一定时期内市场准入的机会。

(2) 剥夺失信者在一定时期内的信用消费便利。

(3) 剥夺失信者在一定时期内的生活便利。

（四）失信惩戒机制的内容

1. 惩戒机制的功能

(1) 具备完备的惩戒尺度，能对不守信用的当事人进行相应的惩处。

(2) 快速收集不诚信信息。

(3) 保存不良信用记录。

(4) 对失信当事人做出处罚决定(这种处罚不具有司法或刑法处罚性质)。

(5) 将处罚决定快速通报给执行机构。

(6) 接受被处罚人的申诉。

(7) 对诬告者诉诸法律。

2. 惩戒机制的执行机构

根据征信国家的经验，信用管理处罚机制的执行单位可以是政府机构，也可以是法律或政府有关机构委托的民间机构。

执行机构的作用是对被判定有不良信用记录的责任人和处罚意见公告给某一行业的全体成员，让它们根据处罚通知一致拒绝同被处罚者进行交易。

3. 惩戒机制实施的前提条件

(1) 立法和政府监管部门的支持。

(2) 建立联合征信平台。

(3) 构筑各行业有关信用服务组织，并联网向会员提供信用信息服务。

(4) 管理、经营个人和企业信用数据库。

4. 黑名单制作与发布

失信惩戒机制的主要工作之一是制作失信企业和个人的黑名单，并以合法的形式向合法的用户传播其交易对象的不良信用记录。

国际上制作黑名单有两种完全不同的理念和做法：一是以美国为代表的市场自然形成的征信机制，在对失信记录进行处理时，其做法是"基于事实，仅基于事实"，是否与失信者交易或交往，完全由信用记录使用者自己判断和决定。二是黑名单由有关政府部门或者声誉卓著的征信机构发布，在一个失信企业或个人被登上黑名单之前，会经过一系列的信用处理和信用评分过程，它力图清晰而明确地解释失信者被登上黑名单的理由，各市场主体根据黑名单，直接实施对失信行为的惩罚。

5. 惩戒机制的管理和监督

惩戒机制的管理和监督是对惩戒机制环节的管理和监督，包括征信平台的管理，黑名单制作和发布的规范，消费者个人信用调查报告机构的监督、立法，客户申诉的仲裁，个人隐私权的保护，民间信用管理组织的业务监控等。

监督管理的工作重点是：对被处罚应该做出权威的标准尺度及解释；对于信用管理者使用的技术和设备方案做出评估或审查。

（五）惩戒与教育

失信惩戒机制对失信行为有预先的警示作用，阻止失信行为的产生，但重点是行为事后的惩罚。失信行为既成事实，便会导致对社会财富的实质上的损害。因此，促进市场主体诚实守信，需要通过对市场主体进行诚信教育，使诚信成为市场主体的自觉行为，这样既能预防失信，又能大大降低社会交易成本。

三、信用保险制度

信用保险是以商品赊销和货币借贷中债务人的信用作为保险标的，以债务人到期不能履行其契约中债务清偿义务为保险事故，由保险人承担被保险人(即债权人)因此遭受的经济损失进行赔偿的一种保险。

信用保险制度有利于保障债权人利益；有利于企业经营的正常运行；有利于促进信用体系的建立和完善；有利于促进国民经济的发展；有利于国际贸易和投资的发展。

（一）信用保险的种类

1. 国内信用保险

国内信用保险亦称商业信用保险，是指在商业活动中，一方当事人为了避免另一方当事人的信用风险，而作为权利人要求保险人将另一方当事人作为被保证人，并承担由于被保证人的信用风险而使权利人遭受商业利益损失的保险。其险种有如下几种。

(1) 赊销保险。赊销保险是为国内商业贸易(批发)中延期付款或分期付款行为提供信用担保的一种信用保险业务。从国外的实践来看，赊销保险适用于一些以分期付款方式销售的耐用商品，如汽车、船舶、住宅及大批量商品等。这类商业贸易往往数额较多、金额较大，一旦买方无力偿还分期支付的货款，就会造成制造商或供应商的经济损失。因而，需要保险人提供买方信用风险保险服务。

(2) 贷款信用保险。贷款信用保险是保险人对银行或其他金融机构与企业之间的借贷合同进行担保并承担其信用风险的保险。在国外，贷款信用保险是比较常见的信用保险业务，是银行转移放款中信用风险的必要手段。

在贷款信用保险中，放款方(即债权人)是投保人，在保险单出具后成为被保险人。这是因为，银行对放出的款项具有全额可保利益，通过保险后，当借款人无力归还贷款时，可以从保险人那里获得补偿，然后把债权转让给保险人追偿。

(3) 个人贷款信用保险。个人贷款信用保险是指以金融机构对自然人进行贷款时，由于债务人不履行贷款合同致使金融机构遭受经济损失为保险对象的信用保险。它是国外保险人面向个人承保的较特别的业务。由于个人的情况千差万别，且居住分散，风险不一，保险人要开办这种业务，必须对贷款人贷款的用途、经营状况、日常信誉、私有财产物资等做全面的调查了解，必要时还要求贷款人提供反担保，否则，不能轻率承保。

2. 出口信用保险

出口信用保险是指以出口贸易中国外买方按期支付贷款的信用作为保险标的，或以海外投资中借款人按期还贷的信用作为保险标的的保险，由债权人(出口商或贷款银行)为了保证自己的债权利益向保险公司投保，保险人对被保险人(债权人)因国外买方或借款人到期不能履行清偿债务而造成的相关损失负经济责任。

出口信用保险的种类主要如下。

(1) 根据买方提供信用期限长短，分为短期出口信用保险和中长期出口信用保险。

(2) 根据贸易活动中使用银行融资方式的不同，分为买方出口信贷保险和卖方出口信贷保险。

(3) 根据保障风险的不同，分为只保商业风险、只保政治风险和两者兼保的出口信用保险。

3. 投资保险

投资保险是指保险人对被保险人因政治原因，如政府的没收、征用、外汇汇兑限制，或因战争、罢工、暴动等而受到的经济损失承担赔偿责任的保险形式，又称政治风险保险，其承保对象一般是海外投资者。通常，外国的投资保险保障的是本国投资人在外国投资的风险，而我国的投资保险保障的是外国投资者在我国投资的风险，这说明我国的投资保险是为了配合引进外资的政策，满足投资人的需要而开办的。

(二) 存款保险制度

1. 存款保险制度的产生

20世纪30年代的经济大萧条，美国先后有9108家银行倒闭，其金融体系遭受重创。为了应对危机，美国国会采取了一系列行动，包括1933年6月通过的《格拉斯－斯蒂格尔法》，其中很重要的一条就是成立美国联邦存款保险公司(FDIC)。1933年7月，FDIC正式成立。

为了消除银行倒闭形成的后患，其他国家纷纷建立了存款保险制度。自存款保险制度建立以来，在保护存款人利益、维护金融稳定方面发挥了至关重要的作用。

2. 存款保险制度的目的与功能

(1) 存款保险制度建立的目的。存款保险制度的目的在于保护存款人的利益和维护金融业的安全，具有维护银行安全、保持银行体系稳定的作用。

美国 1933 年《格拉斯-斯蒂格尔法》把建立存款保险公司的目的表述为：重振公众对银行体系的信心；保护存款人的利益；监督并促使银行在保证安全的前提下进行经营活动。

(2) 存款保险制度的功能。存款保险制度的功能有：保护功能、稳定功能、救助功能、监督功能、提高市场运作效率功能。

3. 存款保险制度的具体组织形式

存款保险制度的组织形式可以多种多样，因需要和各国国情的不同而不同。综合起来大体上分为三种形式：一是由官方创建并管理，如加拿大、英国和美国；二是由官方和银行界(如银行同业公会)共同创建并管理，如比利时、日本、荷兰、西班牙；三是由非官方的银行同业公会创办的行业存款保护体系，如法国、德国、瑞士、奥地利。

建立存款保险制度的国家在实行存款保险制度时，均单独成立相应的保险营运机构，如美国的联邦存款保险公司(FDIC)，英国、德国的存款保护委员会，法国的银行协会，日本的存款保险机构等。

(三) 融出资金的信用保证

要确保融出资金本金和利息的安全回收，实现融出资金的安全性，信用保证是其主要措施。

融出资金的信用保证包括以下几类：保证贷款、抵押贷款、质押贷款、融出资金的保证保险。

1. 保证贷款

保证贷款是指以第三者承诺在借款人不能偿还贷款时，按约定承担一般保证责任或连带责任而发放的贷款。保证人的主体是具有代为清偿能力的法人、其他经济组织或者公民。

2. 抵押贷款

抵押贷款是指以借款人或第三者的财产作为抵押发放的贷款。当债务人不能履行时，债权人有权按法律规定以该财产的折价或者以拍卖、变卖该财产的价款优先受偿。

3. 质押贷款

质押贷款是指以借款人或第三人的动产或权利作为质押发放的贷款。动产质押或第三者将其动产(如原材料、半成品、成品、商品等生产资料和一般的生活资料)移交给债权人占有，将动产作为债权的担保。权利质押凭证有汇票、支票、本票、存款单、仓单、提货单等票据；债券和依法可转让的股份、股票等有价证券；依法可以转让的商标专用权、专利权、著作权中的财产权等知识产权；依法可以质押的其他权利。

4. 融出资金的保证保险

融出资金的保证保险是指当债务人(被担保人)不按合同规定履行其义务，而导致债权人(被保险人)的经济利益遭受损失时，由保险人(担保人)负责向债权人履行损失赔偿责任的保险。

四、信用增级制度

（一）信用增级的概念

通常中小企业融资困难与其资产不够优质、信用不明有关，需要靠第三方机构提升自身品质，即需要信用增级。

信用增级分为内部信用增级和外部信用增级。内部信用增级指的是依靠资产库自身为防范信用损失提供保证。外部信用增级是借由外部第三方机构提供信用增级。

（二）信用增级机构

信用增级机构是指资产证券化交易各方之外的外部第三方信用提供者。一般是在内部信用增级无法达到所需的发行评级时才需要外部信用增级机构提供信用支持。

（三）信用增级的工具

信用增级工具分为外部信用增级工具和内部信用增级工具。

1. 外部信用增级工具

外部信用增级工具包括专业保险公司提供的保险、担保、信用证、现金抵押账户和信用互换。

(1) 保险。在外部信用增级中，最简单的形式是专业保险公司所提供的保险。

(2) 担保。企业担保是企业保证使具有完全追索权的债券持有人免受损失。企业担保可以针对整个交易，也可以针对交易中的某个档级。在许多交易中，发行人自己为某些较低信用等级的档级提供担保。与专业保险不同，企业担保可以向投资级以下的交易提供。

(3) 信用证(LOC)。信用证是由金融机构发行的保险单。在 LOC 的保护下，当损失发生时，金融机构必须弥补某一指定金额。

(4) 现金抵押账户(CCA)。这在信用卡应收款中是非常普通的信用增级形式。CCA 是向发行信托机构提供的再投资于某些短期合格投资的贷款。贷款金额可以通过从交易中获得的额外利差来偿还。所有由 CCA 担保的档级的损失将由账户中的收入来弥补。

(5) 信用互换。信用互换主要是借助第三方的信用实力来增加自身债券的偿付能力。在信用互换交易中，参与互换协议的一方(A)定期向另一方(B)支付一定的费用，当标的债券出现偿付风险时，由 B 对 A 给予一定的补偿。该种补偿可以是固定价值，可以是债券面值与现值的差额，也可以针对基差等风险予以补偿，形式各异，安排灵活，适用于不同结构的资产支持证券。该种安排的成本一般比银行担保、信用证等低，不会过度加重发行人成本，既可以保证投资人权利、解决资产证券化产品的信用风险问题，又可以实现信用风险在不同交易主体间的转移，发挥不同金融机构的比较优势，有利于整个金融市场的平衡发展。

大多数外部信用增级工具的主要缺点是容易受信用增级提供者信用等级下降风险的影响。像前四种增级方式都受到信用增级提供者自身信用等级的限制，不可能达到比自身信用等级高的信用评级，因此证券的信用评级直接受信用增级提供者信用品质的影响。但是，

CCA 与它们不同，因为对证券提供担保的是现金账户，所以证券的信用评级不受担保人的影响。

2. 内部信用增级工具

内部信用增级是由基础资产中所产生的部分现金流来提供的，最大优点是成本较低，具体如下。

(1) 直接追索权。保有对已购买的金融资产的违约拒付而向发起人直接追索的权利，通常采取偿付担保或由发起人承担回购违约资产的方式。它分为完全追索权和部分追索权，部分追索权较常见。这种方式可以利用发起人的财力进行补偿，缺点在于评级机构对资产证券的评级不会高于发起人的资产信用评级，而且过多的直接追索权容易导致真实出售的效力受到怀疑。

(2) 优先/次级结构。这是常用的一种内部信用增级手段。优先/次级结构是指通过调整资产支持证券的内部结构，将其划分为优先级证券和次级证券或更多的级别。在还本付息、损失分配等方面，优先级证券都享有某种优先权。优先权的安排可以有多种形式，例如，现金流首先用于偿还优先级证券的利息和本金，欠付次级或其他级别证券的本息则被累积起来。在这种结构安排下，优先级证券的风险在很大程度上被次级证券吸收，从而保证优先级证券能获得较高的信用级别，但回报也相应较低，次级证券回报则相应较高。这种根据不同投资者对不同风险和回报的不同偏好划分不同评级的投资交易，有利于证券更加符合资本市场的上市标准，获得更好的发行条件，扩大投资者队伍，降低综合成本，提高证券的适销性和发展规模。

(3) 超额抵押。发行人建立一个大于发行的证券本金的抵押资产组合，以大于本金的剩余资产作为本金的担保，即被证券化的资产实际价值高于证券的发行额，发行人在向原始权益人购买证券化资产时不支付全部价款，而是按一定比例的折扣支付给原始权益人，在发生损失时，首先以超额部分的剩余资产予以补偿。超额抵押主要应用于发生负债而不是资产出售的证券化债券。如果在证券偿还期间，抵押资产的价值下降到预先设定的某一金额以下，发行人就必须增加抵押资产。

(4) 现金储备账户。现金储备账户的资金主要来源于两个部分：一是利差，即基础资产组合产生的收益超出支付给投资者的本息以及特殊目的公司(special purpose vehicle，SPV)运作费用的差额部分，实际上是 SPV 从事证券化业务的净收入。二是 SPV 的自有资金。现金储备账户的资金累积越多，投资者的利益就越有保障，资产支持证券的信用级别也就相应得到提高。

(5) 回购条款。作为信用增级的一种辅助条款，回购条款通常规定，当抵押资产组合的未清偿余额低于一个指定额(一般为最初本金余额的 5%到 10%)或在规定期限内，一个具有较高信用级别的第三方参与人必须回购所有未偿付抵押资产。回购收益用于立刻清偿或存放于信托账户继续支付。因为在整个资产组合临近到期时，组合内尚未得到清偿的资产数目已经人为减少，资产的信用质量会变得很不稳定，回购条款保护投资者免受可能发生的损失。在其他条件不变的情况下，回购期限越短，回购金额下限越高，对投资者的保护程度就越高。

(6) 担保投资基金。这是内部信用增级中较新的一种方式，与现金储备账户类似，这种结构也是与优先/次级结构联系起来一起使用的。与现金储备账户不同的是，信用增级的提供者并非向发行人贷款，而是将这笔资金作为投资基金投资于交易的一部分。

在实践中，大多数发行人使用内部和外部信用增级手段的结合实现信用增级。例如，超额抵押和利差账户都可以使现金流获得投资级的信用评级，然后再利用专业保险公司提供的保险就可获得 AAA 的信用评级。

专栏 7-2

思考练习题

1. 阐述信用监管的特征与内容。
2. 阐述个人信用监管的内容。
3. 如何对不良信用行为进行惩戒？
4. 存款保险制度有哪些功能？
5. 结合我国信用现状，分析信用文化的内涵。
6. 结合我国信用现状，分析信用监管的法律体系建设要点。
7. 阐述信用增级的方法。
8. 案例：住房抵押贷款证券化在我国是一个创新业务，但我国保险险种少、风险覆盖率低的现状制约了住房抵押贷款证券化产品的推广。为降低住房抵押贷款证券投资者的风险，保护投资者权益，必须探索住房抵押贷款证券化信用增级的模式。

案例分析：请结合我国的具体国情，设计信用增级模式。

参考文献

1. 郑也夫. 信任论[M]. 上海：上海人民出版社，1997.

2. 朱德武. 危机管理——面对突发事件的抉择[M]. 广州：广东经济出版社，2002.

3. 苏伟论. 危机管理——现代企业实务管理手册[M]. 北京：中国纺织出版社，2000.

4. 佘廉. 企业预警管理理论[M]. 石家庄：河北科学技术出版社，1999.

5. 高民杰，袁兴林. 企业危机预警[M]. 北京：中国经济出版社，2003.

6. 谢旭. 客户管理与账款回收：企业信用风险防范实例[M]. 北京：企业管理出版社，2001.

7. 约翰·考埃特，爱德华·爱特曼，保罗·纳拉亚南. 演进着的信用风险管理[M]. 北京：机械工业出版社，2001.

8. [美]米歇尔·科罗赫，丹·加莱，罗伯特·马克. 风险管理[M]. 北京：中国财政经济出版社，2005.

9. 李志辉. 现代信用风险量化度量和管理研究[M]. 北京：中国金融出版社，2001.

10. 胡永宏，贺思辉. 综合评价方法[M]. 北京：科学出版社，2000.

11. 赵先信. 银行内部模型和监管模型[M]. 上海：上海人民出版社，2004.

12. [美]安东尼·桑德斯. 信用风险度量：风险估值的新方法与其他范式[M]. 北京：机械工业出版社，2001.

13. 石新武. 资信评估的理论和方法[M]. 北京：经济管理出版社，2002.

14. 郭亚军. 综合评价理论与方法[M]. 北京：科学出版社，2002.

15. 陈玉菁. 客户信用分析技巧[M]. 上海：立信会计出版社，2010.

16. 朱毅峰. 银行信用风险管理[M]. 北京：中国人民大学出版社，2006.

17. 俞敬明，孙杰，林钧跃. 国家信用管理体系[M]. 北京：社会科学文献出版社，2001.

18. 林钧跃. 社会信用体系原理[M]. 北京：中国方正出版社，2002.

19. 张海星，张晓红，齐海鹏. 国家信用[M]. 大连：东北财经大学出版社，2000.

20. [美]布赖恩·科伊尔著. 信用风险管理[M]. 周道许，关伟主译. 北京：中信出版社，2003.

21. 曾康霖，王长庚. 信用论[M]. 北京：中国金融出版社，1993.

22. 陈忠阳. 金融风险分析与管理研究——市场和机构的理论、模型与技术[M]. 北京：中国人民大学出版社，2001.

23. 林钧跃. 消费者信用管理[M]. 北京：中国方正出版社，2002.

24. 吴晶妹. 现代信用学[M]. 北京：中国金融出版，2002.

25. [美]罗伯特·科尔等. 消费者与商业信用管理[M]. 北京：清华大学出版社，2003.

26. [美]赛希尔·邦德. 信用管理手册[M]. 北京：清华大学出版社，2003.

27. 章彰. 商业银行信用风险管理[M]. 北京：中国人民大学出版社，2002.

28. 谢旭. 挑战拖欠——东方国际保理中心的理论与实践[M]. 北京：对外经济贸易出版社，2003.

29. 石晓军，陈殿左. 信用治理：文化、流程与工具[M]. 北京：机械工业出版社，2004.

30. 石晓军. 信用风险度量、组合管理：理论基础与模型[M]. 武汉：武汉大学出版社，2001.

31. 赵晓菊，柳永明. 金融机构信用管理[M]. 北京：中国方正出版社，2004.

32. 赵晓菊，柳永明. 信用风险管理[M]. 上海：上海财经大学出版社，2008.

33. 宋清华，李志辉. 金融风险管理[M]. 北京：中国金融出版社，2003.

34. [法]乔埃尔·贝西斯. 商业银行风险管理[M]. 深圳：海天出版社，2001.

35. 赵先信. 银行内部模型和监管模型[M]. 上海：上海人民出版社，2004.

36. 李志辉. 现代信用风险量化度量和管理研究[M]. 北京：中国金融出版社，2001.

37. 王受怡. 金融企业信用风险管理[M]. 北京：中国经济出版社，2003.

38. 尹灼. 信用衍生工具与风险管理[M]. 北京：社会科学文献出版社，2005.

39. [瑞士]Manuel Ammann. 信用风险评估——方法·模型·应用[M]. 北京：清华大学出版社，2004.

40. 朱毅峰，吴晶妹. 信用管理学[M]. 北京：中国人民大学出版社，2005.

41. 刘戒骄. 个人信用管理[M]. 北京：对外经济贸易大学出版社，2003.

42. 李新庚. 信用论纲[M]. 北京：中国方正出版社，2004.

43. [美]乔纳森. 戈林(Jonathan Golin)著.银行信用分析手册[M]. 王欣，焦绪凤，王丽萍译. 北京：机械工业出版社，2004.

44.[美]迪米特里·N. 克拉法. 信用衍生产品和风险管理[M]. 北京：机械工业出版社，2002.

45. 叶陈毅. 企业信用管理[M]. 北京：高等教育出版社，2008.

46. 吴青. 信用风险的度量与控制[M]. 北京：对外经济贸易大学出版社，2008.

47. 魏国雄. 信贷风险管理[M]. 北京：中国金融出版社，2008.

48. 关建中. 国家信用评级新论[M]. 北京：中国金融出版社，2011.